Fritz Mierau

ZWÖLF ARTEN DIE WELT ZU BESCHREIBEN

Essays zur russischen Literatur

1988

Verlag Philipp Reclam jun. Leipzig

Mit 12 Silhouetten

ISBN 3-379-00347-6

Reclams Universal-Bibliothek Band 1236
1. Auflage
Reihengestaltung: Lothar Reher
Lizenz Nr. 363. 340/104/88 · LSV 8030 · Vbg. 15,2
Printed in the German Democratic Republic
Grafischer Großbetrieb Völkerfreundschaft Dresden
Gesetzt aus Garamond-Antiqua
Bestellnummer: 661 388 1
00250

MIERAU

ZWÖLF ARTEN DIE WELT ZU BESCHREIBEN

Universal Bibliothek

KUNSTWISSENSCHAFTEN

Vorbemerkung

Gefragt, was diese Texte zusammenhalte, antwortete ich am liebsten: die Kraft welterfahrener Häuslichkeit.
Die Antwort ist heikel. Angesichts von soviel Unrast und Umgetriebensein, angesichts von Selbstaufgabe, gewaltsamem Tod und Weltverweigerung muß sie überraschen, wenn nicht Bedenken wecken.
Tatsächlich: Keiner von den zwölf ist seines Ortes gewiß und keiner seiner Ausfahrt froh. Die Familiarität mit der Bombe, wie sie Andrej Bely erzählt, Alexander Bloks Nachricht von einer Musik des Weltorchesters, das gemeinasiatische Bewußtsein in Liedern, das Welimir Chlebnikows Epen singen – Häuslichkeit vermutete man in solchem Weltverkehr zuallerletzt. Noch die leisesten sprechen vom Biographieverlust. Mandelstam lobt ihn, Anna Achmatowa beklagt ihn. Und die Ausfahrten: Die am weitesten gelangten, bis nach Nord- und Mittelamerika, Sergej Jessenin und Wladimir Majakowski, nahmen sich nicht lange danach das Leben. Ganz zu schweigen von erzwungener Ausfahrt, die Mandelstam im nördlichen Tscherdyn beinahe um den Verstand gebracht hätte und im fernöstlichen Wladiwostok schließlich in den Tod führte.
Wenn ich dennoch bei meiner Antwort bleibe, so weil ich die selbstverständliche Vertrautheit dieser zwölf mit der Gefährdung des Menschen beobachte. Nicht daß man sich im Ungenügen einrichtete. Aber der geistige Raum, an dem sie gemeinsam bauen, erlaubt einen so zärtlichen wie unfeierlichen Umgang miteinander, daß alles Moralisieren und Lamentieren von vornherein ausgeschlossen bleibt.
Stören wird man sich in diesem Raum und einander nicht grün sein, aber doch immer deshalb, weil nur der ganz andere der allernächste sein kann. Als Anna Achmatowa Blok von einem Dichter erzählte, den er störe, antwortete er: „Das verstehe ich, mich stört Tolstoi." Und ich bin bereit zu sagen, daß die Kraft welterfahrener Häuslichkeit, wie sie hier gemeint ist, darin besteht, diese Störungen zu leben, auszutragen, auszuhalten.

Verkehrsformen und Örtlichkeiten einer so verstandenen Häuslichkeit sind kaum geläufig. Zwischen dem Domizil Kornej Tschukowskis im finnischen Kuokkala und dem Maximilian Woloschins im tatarischen Koktebel hat es immer wieder Häuser gegeben, in denen sich mit Freuden alles versammelte, was sich störte. Noch fehlen wichtige Zeugnisse. Der Briefwechsel zwischen Viktor Schklowski, Juri Tynjanow, Roman Jakobson und Boris Eichenbaum, der hier in einem winzigen Auszug vorgestellt wird, ist ein Schlüsselereignis unter den Verkehrsformen, der Briefroman einer geistigen Liebe mit dem Jubel der Vereinigung, den Schmerzen der Entzweiung und der unstillbaren Sehnsucht nach der Höhe und Sammlung, die diese Gemeinsamkeit verheißt und gewährt. Bekannter sind die wechselnden Gruppierungen der Schriftsteller, in denen jene Störungen auf die Spitze getrieben werden: bis zum Skandal, zur Farce, aber dann auch bis zur Rettung. Die erbitterten Kämpfe zwischen Symbolisten, Futuristen und Akmeisten beschließen zwei Rettungen, die nichts mit einem Ausgleich der Positionen, nichts mit dem Ende der Störungen zu tun haben, sondern die Parteien erneut auf die Höhe existentieller Ausschließlichkeit heben, die es auszuhalten gilt. Mandelstam rettet Andrej Bely, und Anna Achmatowa rettet Majakowski. Wie, das lese man in diesem Buch.

7. Januar 1987 *Fritz Mierau*

„Das Einhorn durchbohrt den Ritter“ Symbolistische Rußlandbilder

1. Kunst und Leben. 2. Der „gelbe Zauber“. 3. Lösungen

> … und jetzt bin ich, was ich bin: einer aus dem Untergrund: denken Sie ja nicht, daß ich im Namen sozialer Utopien oder Ihres Eisenbahn-Denkens handle […] Wir sind alle Nietzscheaner […] Sie auch […] obwohl Sie es niemals zugeben werden […] Für uns Nietzscheaner wird die agitatorisch gestimmte und von sozialen Instinkten getriebene Masse (so würden Sie es ausdrücken) zum ausführenden Apparat (ebenfalls Ihr Ingenieursvokabular), in dem alle Menschen (sogar solche wie Sie) eine Klaviatur darstellen, auf der die flinken Finger des Pianisten (Achtung: der Ausdruck stammt von mir) mühelos spielen und Schwierigkeiten um der Schwierigkeiten meistern. So sind wir alle.
> – Sportsmen der Revolution?
> […]
> – Also sind Sie ein Provokateur? Bitte nicht beleidigt sein: ich spreche von rein gedanklicher Provokation.
> – Ich? Ja, ja, ja, ich bin ein Provokateur […] im Namen einer großen Idee […] einer geistigen Strömung […] Ich könnte sie eine allgemeine Todessehnsucht nennen.
>
> *Andrej Bely: Petersburg*[1]

Unter den Romanen der russischen Symbolisten war Andrej Belys „Petersburg“ (1913/14) sicher der mit dem größten Anspruch und den reichsten Folgen.
Bely lieh sich zum Schauplatz nicht Antike, Renaissance und petrinisches Rußland wie Dmitri Mereshkowski in dem Roman-Traktat „Christ und Antichrist“. Nicht den deutschen Humanismus wie Valeri Brjussow in der stilisierten Beichte „Der Feurige Engel“ (1907/08). Er blieb auch nicht in der russischen Provinz wie Sologub im novellistischen „Kleinen Dämon“ (1907) und begnügte sich in Petersburg nicht mit einem Kleinbürgerhaus wie Alexej Remisow in

Waleri Brjussow

den lyrischen „Schwestern im Kreuz" (1910).[2] Andrej Bely nahm Petersburg als Metropole, das Petersburg des Europa-Mythos, das Rußland ein Fenster nach Europa aufgestoßen haben sollte, das aber nun nach dem Willen des Verfassers im Revolutionsherbst 1905 einen „Mongolen" zum prominentesten Senator hat. Ein Petersburg ohne Alltag, ein Petersburg der Maskeraden, der Hirngespinste und Schattenexistenzen, ein Petersburg des gesteuerten Trugs, der permanenten Provokation.

Die jüngeren Symbolisten hingen an diesem Roman, weil er das Buch ihres Daseins, ihrer Ängste, ihrer hellen Verzweiflung im Augenblick der Krise ihrer Kunst- und Lebensauffassungen war, und sie haben es nicht nur geistig mitgetragen: Alexander Blok gab im entscheidenden Moment Geld – 500 Rubel, damit der Roman in einigermaßen gesicherter Ruhe weitergeschrieben werden konnte. Wjatscheslaw Iwanow kam bei einer Lesung auf den Titel, der Belys ursprüngliche Varianten umgriff: Er hatte nämlich immer geschwankt zwischen „Wanderer" und „Schatten", womit das Verfahren benannt war, und „Die Lackkutsche" und „Der rote Domino", wodurch die Attribute der beiden Hauptakteure hervorgehoben wurden. Einer „Eingebung des Grauens", schrieb Iwanow dann in seiner Besprechung, verdanke man das Buch, des Grauens vor einem allmächtigen Nihilismus, der das christliche Rußland vom Osten wie vom Westen bedrohe. „Osten oder Westen?" sollte der Titel jenes drei-, eventuell vierteiligen Zyklus über die Schicksale Rußlands an der Jahrhundertwende sein, als dessen zweiten Band Bely sein „Petersburg" sah.[3]

Folgt man Boris Pasternak, so bedeutet „Petersburg" wirklich nicht nur den Gipfel und die Krise, sondern auch die Abbiegung des Symbolismus: Beim Tode Andrej Belys 1934 war es zweifellos vor allem dieser Roman, mit dem Pasternak, der sich als Schüler Belys begriff, seine hohe Meinung vom Erstgeburtsrecht des russischen Symbolisten als europäischem Kunstrevolutionär begründet sah – er stellt den Russen ausdrücklich vor Proust und Joyce.[4] Aber auch in der tiefsten Skepsis derer, die wie Ossip Mandelstam die „Extraktion von Pyramiden aus den Tiefen des eigenen Geistes" nicht mehr mitmachten und weder einen „Bewußtseinsoperateur" zum Erzähler noch eine „klinische Katastrophe" zum Roman haben wollten, klingt der Respekt nach angesichts der Großartigkeit des Unterfangens: Kein russischer Schriftsteller habe die vorrevolutionäre Unruhe und Beängstigung so auszusprechen gewußt wie Andrej Bely in „Petersburg".[5]

Entzücken und Verdruß, beide hatten denselben Grund – Belys Symbolismus. Mit den jüngeren russischen Symbolisten verstand Andrej Bely damals das Symbol, wie es von Platon und Aristoteles bis in die Spätantike aufgefaßt worden war – nicht als Symbol von etwas, sondern als Symbol aus etwas, aus vielen gegensätzlichen Teilen, die in dieser Begegnung nicht aufgehen, sondern in ihrem verführerisch erhellenden Zusammenhang frei überblickt und voll genossen werden können. So erhellend aber das Symbol „Petersburg" ist, so bindend ist es doch auch. Wird diese Bindung stark (bis zum Verdruß) empfunden, dann richtet sich die Neugier wieder auf die gegensätzlichen Teile selber. Gerade diesen Lösungen verdankt „Petersburg" die anregenden Folgen.

1. Kunst und Leben

Als Andrej Bely 1911 die Durchbohrung des Ritters den Hauptfiguren seines neuen Romans, dem Senator Apollon Apollonowitsch Ableuchow und seinem Sohn Nikolai, ins Wappen setzt, da existiert der Regierungssenat, eine Gründung Peters I., fast auf den Tag genau zweihundert Jahre – nicht die mächtigste Behörde, denn Ministerkomitee und Staatsrat standen über ihm, wohl aber Urbild und Inbegriff petrinischer Verwaltungs- und Kontrollinstitutionen. Woher die Sicherheit, mit der hier dem Petersburger Wirklichen Geheimrat Erster Klasse ein spektakulärer Tod aufgegeben wird? Siebenmal das Wappen, siebenmal der Tod: Mission, Mahnung, Orakel? Grübelnd vor dem Wappen der Sohn, der im Auftrag einer Terrororganisation seinen Vater mit einer Bombe umbringen soll:

„Sein Blick fiel auf die beiden Greifen, die die breite Freitreppe flankierten; ihre aufgerissenen Rachen schimmerten

Fjodor Sologub

Wjatscheslaw Iwanow

rötlich im Morgenlicht, und ihre Klauen hielten Ringe für Fahnenstangen. Über den Greifen war das Wappen der Ableuchows in Stein gehauen, ein Ritter mit wallenden Federn und Rokokolocken, den ein Einhorn durchbohrte. Wie ein Fisch, der an der Oberfläche entlangglitt, schoß ihm der Gedanke durch den Kopf, daß Apollon Apollonowitsch, der hinter dieser Tür lebte, selbst der durchbohrte Ritter sei. Gleichzeitig kam ihm ein anderer Gedanke, der aber nicht die Oberfläche erreichte, sondern in der trüben Tiefe blieb; das alte Familienwappen bezog sich auf alle Ableuchows: er, Nikolai Apollonowitsch, würde auch durchbohrt werden – aber von wem?“[6]

Die eigentümlich theatralische Wucht der Exekution läßt auf eine imaginative Kraft und ästhetische Befugnis, aber auch auf einen exhibitionistischen Offenbarungszwang ohnegleichen schließen. Tatsächlich ist „Petersburg“ als letzter, vielleicht als Bilanzroman des russischen und des europäischen Symbolismus das Bild des modernen Provokations-, Agenten- und Geiselnahmeterrors, wie er sich einem lüstern ausschweifenden mitteleuropäischen Spießerhirn darstellt.

Man denke sich einen Dichter, der – vertraut mit den Einsichten von Baudelaires „Blumen des Bösen“ und „Spleen von Paris“, Huysmans’ „Gegen den Strich“ und Wildes „Bildnis des Dorian Gray“, vertraut mit Nietzsche, Ibsen und Strindberg – seine Einbildungskraft dem monströsen Dasein eines Terroristen und Provokateurs vom Format des Russen Asef zuwendet und dessen Doppelexistenz in einem Selbstversuch auf sein eigenes Bewußtsein projiziert: Jewno Asef, Diplomingenieur für Elektrotechnik (Sprengstoffspezialist!), von 1893 an fünfzehn Jahre in den Diensten der zaristischen politischen Polizei und seit Januar 1900 mit 500 Rubeln monatlich ihr höchstbezahlter agent provocateur bzw., wie er sich selber zu nennen vorzog, „Mitarbeiter der Regierung“, stand gleichzeitig über fünf Jahre lang bis zur Entdeckung 1908 an der Spitze der „Kampforganisation“ der Sozialrevolutionären Partei, der größten und erfolgreichsten Terrorzentrale der damaligen Welt. Asef hat Hunderte von Revolutionären verraten und im gleichen Augenblick Attentate auf die höchsten Beamten und auf die Zarenfamilie organisiert, etwa auf Plehwe

(1902), sogar auf den Zaren Nikolai II. (mit Wissen und Billigung seiner Majestät).[7]
Bedingung für diesen Doppelerfolg war die Aufgabe eines früheren Grundsatzes der politischen Polizei gewesen, daß nämlich die Agenten nur an der Peripherie, unter den Sympathisanten der revolutionären Bewegung gesucht werden sollten. Jetzt hatte man seine Leute im Zentrum. Beiden Seiten schwebte dabei nichts Geringeres vor als die äußerste Steigerung der eigenen zerstörerischen Effektivität durch die Dienste des anderen. Die satanische Gegenutopie wechselseitiger Vernichtung beherrschte die Köpfe: Die Zentren aller revolutionären Organisationen bestehen weiter – unter Glas. Die Polizei ist von jedem ihrer Schritte unterrichtet und kann selber entscheiden, welche Aktion sie als ungefährlich zuläßt und welche sie als schädlich verhindert. Dies die Polizeiutopie. Asefs Provokateursutopie sah als Krönung und logischen Abschluß seines innigen Umgangs mit der Gegenseite die Sprengung, die spurlose Beseitigung der Geheimpolizei mit allen ihren Akten vor – so sein Vorschlag in der „Kampforganisation" vom Revolutionsoktober 1905, in dem unser Roman spielt.
Andrej Belys entscheidender Einfall war, sich mit diesem virtuosen Rollenspiel rückhaltlos zu identifizieren. Und so übereignet er seinen Figuren alles, was ihm lieb und teuer war: das Denken seiner bevorzugten Philosophen – Kants und Solowjows, Nietzsches, Steiners; die Petersburgiana des russischen 19. Jahrhunderts von Puschkin und Gogol bis Dostojewski und Mereshkowski; die Oper – Wagners „Parsifal", Tschaikowskis „Pique Dame". Er stattet diese Terroristen und Provokateure mit seinen eigenen Triumphen und Nöten aus: dem Untergrundleben seiner Kindheit und Jugend, den Ritter- und Einhornmythen der Jünglingszeit, der Freundfeindschaft mit Alexander Blok, der katastrophal scheiternden Liebe zu Brjussows Freundin Nina Petrowskaja und Bloks Frau Ljubow Dmitrijewna[8], dem Haß des Moskauer Professorensohns auf das (auch literarisch) usurpatorische Petersburg. Alles gibt er preis und hunzt er hin, bis die frevlerische Szene gelingt: Peters Werk in Asefs Händen, mehr noch – ununterscheidbar Provokateur und Senator, einer mit des anderen Mitteln wohlgerüstet.
Es ist diese hemmungslose Selbstauslieferung, die dem

Konstantin Balmont

Buch seine geistige Authentizität garantiert. Denn indem sie den so intimen wie universellen Vortrag all des Trugs und Wahns ermöglicht, der im Moment der Revolution dem Zusammenprall der Rußlandhoffnungen und Rußlandängste vieler Generationen entspringt und die Hirne der Terroristen und Provokateure martert, schafft diese Selbstauslieferung zugleich den angemessenen Raum für ihre Offenbarung, ihre Exhibition: die Schaubude. „Petersburg" erzählt ein Bewußtseinsspiel, und zum Erzähler erfand sich Andrej Bely einen Spielmeister, der Gewalttätigkeit und Larmoyanz, Gleißen und Schrecken, Kalkül und Wahnsinn des Terrors mit der Rednerkunst und Redetrunkenheit eines Schaustellers und Illusionisten auf- und abtreten läßt, einen Mann, in dessen Improvisationen, in dessen reißendem Strom von Worten sich Schläue und Rührseligkeit der Terroristen aller Lager mit dem Zungenreden des Sehers und dem Tiefsinn des Sprachingenieurs verschränken: „‚Die Seelen sind gestimmt wie Instrumente und geben ein Konzert [...] Der Dirigent hinter den Kulissen braucht nur sein Stöckchen zu heben [...] Mit einem Wort: ein Konzerttrio und Rußland im Parkett.'"
Hier kam dem Dichter zupaß, was die Zeitgenossen im Umgang mit ihm oft genug irritiert hat, was aber mehr war als eine Besonderheit seiner geistigen Verfassung: Man hat stets den Eindruck gehabt, als sehe, ja als höre sich dieser Andrej Bely unausgesetzt selber zu, wie er lebe, wie er rede, als lebe er also gar nicht, sondern spreche, spiele Szenen aus dem Stück, das „Andrej Bely" heißt. Das stimmte genau. Nur daß das kein Makel war, sondern die Mitte seiner Ästhetik.
Es könnte so scheinen, als habe Andrej Bely in reinster Form die von Friedrich Nietzsche Ende der achtziger Jahre (besonders an Wagners Beispiel) schaudernd vorausgesagte (und selbst gelebte!) „Heraufkunft des Schauspielers" in den Künsten verkörpert. „Die absurde Erregbarkeit seines Systems", schrieb Nietzsche über den modernen Künstler, „die aus allen Erlebnissen Krisen macht und das ‚Dramatische' in die geringsten Zufälle des Lebens einschleppt, nimmt ihm alles Berechenbare: er ist keine Person mehr, höchstens ein Rendezvous von Personen, von denen bald diese, bald jene mit unverschämter Sicherheit heraus-

schießt. Eben darum ist er groß als Schauspieler: alle diese armen Willenlosen, welche die Ärzte in der Nähe studieren, setzen in Erstaunen durch ihre Virtuosität der Mimik, der Transfiguration, des Eintretens in fast jeden *verlangten* Charakter."[9] Andrej Bely – der „Argonaut", der Mystiker, der Kantianer, der Nietzscheaner, der Sozialdemokrat, der Anthroposoph – alles Schauspielerei?

Es war Belys Grundproblem: Bis nahe an die „Petersburg"-Zeit galt ihm in seiner Auffassung vom Symbolismus das Leben des Künstlers wirklich als das eigentliche Kunstwerk – Roman, Gedicht, Essay waren wie die jeweiligen Haltungen (der „*verlangte* Charakter"?) Bruchstücke daraus, glücklichstenfalls sogar mit dem Adel des Dilettantismus. Doch „Petersburg" ist anders gedacht. „Petersburg" sollte das Ganze sein. Ahnt man die Versuchung einer Terror- und Provokationsmaskerade? Der Mann wußte, was ihm fehlte. Durchaus aufs Ganze aus, aber bisher verurteilt zu kleinen Schritten: wie verlockend mußte es sein, endlich einmal alles mit einem Schlage zu erledigen, zu genießen, das „Rendezvouz von Personen" zum Massaker zu machen – mit einer Bombe, einer Durchbohrung, einem Symbol.

So groß die Versuchung, so groß die Ängste. Alexander Blok hatte eben in einer Deutung von Wjatscheslaw Iwanows Vortrag „Das Vermächtnis des Symbolismus" (1910), der dem Dichter erneut das Priesteramt zuwies, voller Verzweiflung die Kunst der Symbolisten in der Krise (am „toten Punkt des Triumphs") als eine „ungeheuerliche und glanzvolle Hölle" beschrieben und den Dichter als Zauberer, der mit Hilfe von Dämonen/Doppelgängern/Verschwörern nichts anderes zu schaffen wisse als – „eine schöne Puppe": „Meine eigene Zauberwelt wurde zur Arena meines persönlichen Wirkens, zu meinem ‚anatomischen Theater' oder zu meiner *Schaubude*, wo ich neben meinen wundersamen Puppen eine Rolle spiele [...]" Andrej Bely hatte inbrünstig zugestimmt und Valeri Brjussow, den einstigen Lehrer, des Verrats geziehen, weil der das Dichteramt und die Autonomie der Kunst verteidigte.[10]

Es gab nur eine Möglichkeit, der Gefahr der „schönen Puppe" zu begegnen und Kunst und Leben gleichermaßen zu gewinnen: den Exzeß der Entblößung.

Es mußte zugegeben werden, daß die Hoffnungen des Jahr-

hundertbeginns auf den Aufbruch in die neue Welt des Geistes getrogen hatten. Es mußte zugegeben werden, daß das Mysterium der geistigen Liebe in der Nachfolge Solowjows, der Liebe „zur Weltseele, zur Sophia, der Weisheit Gottes, zur Freundin der Lichtwege" nicht hatte vereinbart werden können mit dem trivialen Roman der irdischen Sehnsüchte – wie viele Male.[11] Es mußte zugegeben werden, daß das ganze Ritterkonzept des Moskauer „Argonauten"-Zirkels zusammengebrochen war, wie es hier in einem Brief Belys vom 19. April 1903 entwickelt worden war:
„Ihre schwarzen Konturen sind in goldene Panzer geschmiedet. Strahlend gehen nun Geharnischte unter den Menschen und erregen Spott, Angst, Ehrfurcht. Es sind die Ritter vom Orden des Goldenen Vlieses. Ihr Schild ist die Sonne."[12]
Als Andrej Bely im Juni 1911 Alexander Blok die „Ernüchterung" gesteht, ahnt noch niemand das Ausmaß, die Unerbittlichkeit und die exhibitionistische Lust der Abrechnung von „Petersburg". „Wir hatten gedacht", so Bely, „wir seien schon die Verkünder des Lichts und der Sieg liege hinter uns; doch das *Licht* war erst die Einladung zur Prüfung der Zukunft: wir sahen uns *schon als Ritter,* doch die *Ritterschaft* würde erst in der Zukunft unseren Dornenweg krönen."[13]
Was dann den Roman ausmacht, ist freilich etwas anderes: Er erzählt von der Ritterschaft nicht die Not ihrer Vertagung auf die Zukunft, sondern den Zauber ihres Untergangs. Der Ritter vom Orden des Goldenen Vlieses stirbt: Er stirbt im Senator, dem „Ritterchen" der Regierung. Er stirbt in seinem Sohn, dem Ritter der Erkenntnis und verhinderten Ritter der Liebe. Er stirbt im Ritter der Revolution, unserem „Pianisten", „Sportsmann" und „Provokateur" aus Todessehnsucht. Der Ritter vom Orden des Goldenen Vlieses stirbt im „Ritter mit wallenden Federn und Rokokolocken", und all die Schwerter, Helme, Hellebarden, Schilde und Uniformen, die in dem wappengeschmückten Hause der Ableuchows rosten und modern, sind Dekoration für Salon und Kostümball, wenn es hochkommt für einen Empfang. Das Einhorn trifft nur noch die Rüstung, die „schöne Puppe."

2. *Der „gelbe Zauber"*

Der böse Zauber von „Petersburg" kommt aus der Allgegenwart der Provokation. Lüstern wird durch künstliche Reizung das Geheimste aufgerührt und ausgeforscht und mit Aufwiegelung und Überdruß, mit Drohung, Verdächtigung und Nötigung so lange experimentiert, bis es kein Entrinnen mehr gibt, es sei denn – in den Wahnwitz der Exekution.

Es gibt in dem ganzen Text keine Begegnung, die nicht durch Provokation zustande käme und über Angst, Mißgeschick und Peinlichkeit in einen terroristischen Akt, in eine Durchbohrung mündet. Jede Gebärde ist vieldeutig, jede Reaktion verräterisch, jeder Blick eine Suggestion, jeder Wortfetzen wird zum Zeichen, zur Botschaft, zum Auftrag. Alles ist getränkt vom „Aroma irgendwelcher satanischer Exzesse"[14]. Konzepte und Werkzeuge der Durchbohrung dominieren den Text.

Provoziert durch die Revolution, möchte der Senator die Inseln jenseits der Newa, wo der Aufruhr brütet, am liebsten aber ganz Rußland (oder gar die Welt?) mit den Pfeilen der Prospekte durchbohren: die Geometrie des Newski-Prospekts ist der Inbegriff seines Staatsgedankens.

Der Sohn, der von einer ganz anderen Durchbohrung träumte, wird um sein Liebesabenteuer mit Sofja betrogen und richtet seine Wut nun gegen den Schuldigen jener Ur-Durchbohrung, den Vater, er sieht sich hervorgegangen aus einer Vergewaltigung seiner Mutter, gezeugt in Wollust und Ergebenheit. Im Krampf der Erbitterung, in der Ohnmacht eines fehlschlagenden Selbstmordversuchs verspricht er Terroristen den Anschlag auf den Senator. Die Bombe, die ihm ins Haus gebracht wird, bewirkt über die manischen Verschluckungsphantasien die Durchbohrung von innen – Bewußtseinsdurchbrüche.

Und der Terrorist, der Nietzscheaner unserer Eingangspassage, der Bombenbeschaffer, der Conan Doyle und die Apokalypse liest, der „Unfaßbare", mit dem der Aufruhr von den Inseln über die Brücken auf den Newski-Prospekt dringt und der sich selbst als die „Quintessenz der Revolution" versteht? Ihn bringt ein furchtbarer Verdacht um den Verstand. Der Verdacht, daß ein ganz anderer Provokateur,

ein „Provokateur höheren Typs", ein Polizeispitzel, in der Terrororganisation über ihn bestimme und den Senatorensohn, den er nun auch noch des Verrats bezichtigt, in diese ausweglose Lage manövriert habe. In einem Anfall von Wahnsinn, der ihn als der „Eherne Reiter", das vom Sockel steigende Denkmal Peters ereilt und sich „als ein glühender Metallstrom in seinen Adern ergießt", durchbohrt er den Verräter mit einer Nagelschere und wird am nächsten Morgen rittlings auf dem Leichnam gefunden – irre.
Hier liegt der Angelpunkt der Konstruktion: Wie der Terrorist nicht weiß, wo das Polizeikalkül beginnt, so weiß der Sohn nicht, wo der Vater in ihm endet. Immer richtet sich der Akt gegen den Akteur selber: Petersburg, das sich selbst zugrunde richtet. Um diese Selbstvernichtung zu arrangieren, macht Andrej Bely – Provokation der Provokationen – seine Petersburger Europäer auf dem Wege des Bewußtseinsdurchbruchs zu „Mongolen". Der böse Zauber ist ein „gelber Zauber". Gelb ist der Stammbaum des Senators. Ableuchow ist Ablai-Uchow, Urenkel eines Fürsten der kirgiskaisachischen Horde, der einst in die Dienste der russischen Zaren getreten war. Gelb, mongolisch erscheint dem Terroristen der jüdische Polizeispitzel, dessen Doppelspiel ihm den Verstand raubt. Gelb, japanisch ist die Wohnungseinrichtung der vom Spitzel und dem Sohn des Senators angebeteten Sofja; der Spitzel schenkt ihr einmal sogar eine Puppe mit gelbem Gesichtchen. Gelb sind die Tapeten, deren Muster dem Terroristen orientalischen Besuch vorgaukeln. Gelb, tatarisch sind die bevorzugten Hauskleider des Senatorensohns: Chalat, Pantoffeln, Scheitelkäppchen. Überhaupt: „In allen Russen fließt doch mongolisches Blut."[15] Und hört man nicht hin und wieder ein Getrappel wie von den „eisernen Reitern" Dschingis-Khans?[16]
Den Begriff Mongolen verwendet Bely dabei so summarisch, wie das damals üblich war, als man alle gelbhäutigen, schlitzäugigen, breitschädligen Völker Asiens dazurechnete – Nordasiaten, Chinesen, Japaner, ebenso aber alle turk-tatarischen Völker, die Turanier und sogar die Finnen.
Auf der „astralen Reise" eines Bewußtseinsdurchbruchs (man könne, bemerkt der Erzähler, das ruhig auch Traum nennen) wird dem Sohn des Senators der Mongolen-Auftrag seines Geschlechts in Erinnerung gebracht:

„In der Tür, hinter der die Unendlichkeit begann, erschien ein Kopf und verschwand wieder; es war der Kopf eines Gottes; seine kirgisischen Vorfahren, die mit tibetischen Lamas in Verbindung gestanden hatten, regten sich immer wieder im Blut der Ab-Lai-Uchows. Seine Neigung zum Buddhismus rührte wahrscheinlich daher, daß das mongolische Erbe, das in Millionen von Zellen in seinen sklerotischen Adern pulsierte, wieder zum Durchbruch gekommen war."

Wer war das? Konfuzius? Buddha? Sein Urgroßvater Ab-Lai? Kronos selbst? Da erinnerte er sich: Er war ein alter Turanier, viele Male schon wiederverkörpert, dieses Mal als russischer Adliger in geheimer Mission, der Mission des Zerstörers. Nun war sein Meister gekommen, um Rechenschaft zu fordern. Und er holt die Hefte mit seiner Metaphysik:

„‚Paragraph eins: Kant (Beweis, daß auch Kant Turanier war).

Paragraph zwei: Der Wert begriffen als Niemand und Nichts.

Paragraph drei: Soziale Beziehungen gegründet auf den Wert.

Paragraph vier: Zerstörung der arischen Welt durch das Wertsystem.

Schluß: Das uralte Werk der Mongolen.'

Aber der Turanier antwortete: ‚Die Aufgabe ist nicht verstanden: statt Kant muß stehen – Prospekt. Statt Wert – Numerierung: nach Häusern, Etagen und Zimmern – bis in alle Ewigkeit.

Statt neue Ordnung – Zirkulation der Bürger des Prospekts – gleichmäßig, geradlinig.

Nicht die Zerstörung – die Konservierung Europas …

Darin besteht das Werk der Mongolen.'"[17]

Erschrecken und plötzliches Begreifen: Dieser alte Turanier, der ihn einst in allen Regeln der Weisheit unterrichtet hatte, war sein Vater. Gegen ihn hatte er seine Hand erhoben und so seine Aufgabe gar nicht erkannt. Das konnte nichts anderes sein als das Jüngste Gericht. Die Zeit stand still. Nikolai Apollonowitsch erwacht. Er war auf der Bombe, einer „Sardinenbüchse mit schrecklichem Inhalt", nämlich Sprengstoff und Zeitzünder, eingeschlafen. In einem Rückblick von 1922/23, als eine neue Fassung des Romans abgeschlossen war, hat Andrej Bely das „Mongolen"-Konzept von „Petersburg" noch einmal ausführlich dargestellt: Die Verfinsterung drohe vom Osten wie vom Westen, als Selbstherrschaft wie als Sozialherrschaft. Die Erwartung der nahen Katastrophe für das Jahr 1913 habe sich mit der Erwartung neuer Aktivitäten des „Ostens (Mongolen, Tataren)" verknüpft. Daher zeige er den Sohn des Senators als einen Denker, der „mit Hilfe Kants, eines *Reaktionärs* in der Erkenntnis, eine soziale *Revolution* ohne Geistigkeit" anstrebe. In der „Hülle des Ariers", unter dem „‚blutigen Domino' (der Revolution)" versteckt sich der Turanier. „Die beherrschende Note des *Tatarentums*, des *Mongolismus* in meinem ‚Petersburg' bedeutet – Tausch der geistigen und schöpferischen Revolution (die keine Revolution mehr wäre, sondern ein neuer Impuls für die Menschheit) gegen finstere Reaktion, Numerierung, Mechanisierung; die soziale Revolution (‚Der rote Domino') verwandelt sich in den Aufruhr der Reaktion, wenn die geistige Wende im Bewußtsein ausbleibt, Ergebnis – die Statik des für alle Zeiten numerierten Prospekts im sozialen Bewußtsein [...]"[18]

Man wird das Ausmaß dieser „Mongolen"-Provokation der Symbolisten und den Grad ihrer Bewältigung in „Petersburg" besser ermessen, wenn man bedenkt, daß selbst ein nüchterner deutscher Nationalökonom beim Nachdenken über die Folgen der zweihundertfünfzig Jahre Mongolenjoch (1236–1480) in Rußland vorübergehend von einem ähnlichen Unbehagen ergriffen worden war. „Das Moskowiter Reich", hieß es da in einer Analyse, „wurde in der schrecklichen und nichtswürdigen Schule mongolischer Sklaverei genährt und aufgezogen. Zu Kräften gelangte es nur, weil es in der Kunst des Sklaventums zum Virtuosen wurde. Selbst nach seiner Emanzipation spielte es die traditionelle Rolle des zum Herrn gewordenen Sklaven weiter. Peter der Große schließlich war es, der das politische Gewerbe des Mongolensklaven mit dem stolzen Ehrgeiz des mongolischen Gebieters vereinte, dem Dschingis-Khan in seinem Testament die Eroberung der Erde vermacht hatte." In einem Gewaltakt habe Peter die neue Hauptstadt in Schußweite der Grenze errichtet und so seinem Reich „be-

wußt ein *exzentrisches Zentrum*" gegeben, das auf noch zu ziehende Grenzen hindeutete. Es war Karl Marx, der, möglicherweise unter dem Einfluß von Alexander Herzen,[19] 1856/57 Peter I. diese „mongolische" Mission und seinen zeitgenössischen Erben die „Vorbereitung zur Universalmonarchie" zugetraut hatte.[20]
Im Ausgang des Jahrhunderts kam hinzu, daß die russische Geschichtsphilosophie unter dem Eindruck der antieuropäisch-antikolonialistischen Aktivitäten in Ostasien dem Mongolenproblem eine eschatologische Fassung gab. Der Mystiker Wladimir Solowjow vertrat am Ende seines Lebens 1890 bis 1900 die Ansicht, der Panmongolismus weise auf die letzten Dinge der Welt, den Jüngsten Tag. 1899 beschloß er seine „Drei Gespräche" mit einer „Kurzen Erzählung vom Antichrist" und stellte ihr die erste Strophe seines Gedichts „Panmongolismus" voran, in dem er 1894 Moskau, dem „Dritten Rom", den Untergang von Byzanz, des „Zweiten Rom", prophezeit hatte: „Ein viertes aber gibt es nicht." „Panmongolismus" – der Name klinge wüst, doch schmeichle er dem Ohr wie eine Vorahnung.[21] „Panmongolismus" (die „Todessehnsucht" unseres Provokateurs?) als Werkzeug der Vorsehung:
Das zerstrittene Europa, so läßt Solowjow den Mönch Pansophius voraussagen, vom Kampf gegen die islamische Welt in Anspruch genommen, wird im 20. Jahrhundert ein Opfer der von Japan ausgehenden, gegen die Christianisierung Asiens gerichteten panmongolischen Ausdehnung. Binnen kurzem sind Asien und Europa erobert. Fünfzig Jahre dauert die Herrschaft der Mongolen: Europäische und östliche Ideen durchdringen sich wie in einem neuen Alexandria. Beendet werden soll das mongolische Regiment durch die Arbeit zahlreicher Geheimgesellschaften und das Auftreten eines großen Spiritualisten, Asketen und Menschenfreundes, der sich als Messias fühlt, im 21. Jahrhundert Europa einigt und die soziale Frage löst, aber, als er in Jerusalem, wohin der Sitz seiner Regierung verlegt worden war, auf einem ökumenischen Konzil das Patronat über alle Kirchen usurpieren will, als der Antichrist erkannt wird. Nachdem er noch kurze Zeit mit dem Papst seiner Wahl, dem Magier Apollonius, der aus dem Osten gekommen war, regiert hat, wird er vor dem Entscheidungskampf gegen die Juden, die

sich gegen ihn erhoben haben, von dem Krater eines im Roten Meer aufbrechenden gewaltigen Vulkans verschlungen. Die wahre Vereinigung der Kirchen aber vollzog sich als die wahre Vereinigung der Menschen im Zeichen der Offenbarung Johannis in der arabischen Wüste: „Und es erschien ein groß Zeichen im Himmel, ein Weib mit der Sonne bekleidet, und der Mond unter ihren Füßen [...]“[22]

Der „Boxeraufstand“ in China, so Solowjow in einem Kommentar, habe wenige Monate nach dem öffentlichen Vortrag des Textes in Petersburg seine Auffassung vom Ende der Weltgeschichte bestätigt. Nicht junge, neue Völker, wie seinerzeit beim Untergang der alten Welt, seien in die Geschichte getreten, sondern „Großväterchen Kronos selbst in Gestalt des uralten Chinesen Deng Mi“: das Ende der Geschichte falle mit ihrem Anfang zusammen. Das Drama der Geschichte sei aus; es bleibe ein Epilog, der freilich wie bei Ibsen selber noch fünf Akte haben könne.[23]

Was Rußland in den folgenden Jahren widerfuhr, mußte den Symbolisten Solowjows Voraussage einer Theokratie gegen Christus bestätigen: der Sieg der Japaner über die russische Flotte bei Tsushima im Mai 1905, der Verlust von Port Arthur, die Anerkennung Japans als Großmacht, die Revolution. Als sich dann 1908 noch herausstellte, daß die gefürchtete antizaristische Terror-„Kampforganisation“ der Sozialrevolutionäre von dem jüdischen Polizeiagenten Asef geleitet worden war und über Finnland von der japanischen Regierung Geld bekommen hatte, da war das Entsetzen allgemein. „Petersburg“ würde die „Mongolen“ bewältigen, indem es sich dem Entsetzen nicht einfach stellt, sondern sich in seiner rückhaltlosen Identifizierung dem Zauber des Grauens ergibt, die Lust an der Provokation genießt und den Eros des Terrors preist. Am 26. November 1911 – zusammen mit dem Dank für die 500 Rubel – schreibt Andrej Bely an Alexander Blok: „Dein Brief hat mich furchtbar erregt, freudig erregt; alles, was Du mir schreibst, ist mir aus kleinsten Andeutungen *mehr als bekannt*: der *gelbe Zauber* – ergib dich und – das Automobil, die Tataren, die japanischen Gäste, weiter – Finnland oder *‚etwas‘* in Finnland, weiter – Helsingfors, Asef, die Revolution – genau dieselbe Skala.“[24]

Was Blok Bely anvertraute, ist verlorengegangen, aber eine

gleichzeitige Notiz aus Bloks Tagebuch führt die „Skala" vor, die Bely gemeint haben muß:

„*Diese* Scheußlichkeiten drehen sich die ganze Woche im Kreis um mich – von überallher taucht eine schreckliche Fratze auf, als wollte sie sagen: ‚Aaah ... was bist du denn für einer? ... Wozu strengst du dich an, denkst nach, machst was, baust was, wozu?' So die gesamte Menge auf dem Newski [...]

Wir reden – und gähnen ein wenig – von der ‚gelben Gefahr'.

Anitschkow sagte mir einmal gutmütig (diesen Sommer): ‚Sie denken zu eng. Tsushima ist ein unbedeutendes Ereignis. Mit Japan führte nicht Rußland Krieg, sondern Europa!'

So denken alle Offiziere bis hin zum ersten, welcher sorglos mit seinen Eskorten schnäpselt. [...]

Alles quillt, rasch faulen die Fäden der Nähte von innen (‚vermodern'), und außen bleibt noch der Schein. Aber nur ein bißchen zupfen, und alle Pelze gehen auseinander, und die schmutzige, schmutzige Fratze eines zerquälten, blutleeren, vergewaltigten Leibs kommt ans Licht.

So auch wir: Wir gähnen zur gelben Gefahr, und *China ist schon unter uns*. Unaufhaltsam und zielstrebig wird das purpurne Blut der Arier zu gelbem. *Das* und nichts anderes bezeugen die Fressen in der Trambahn [...] Es bleibt ein kleiner letzter Akt: die äußere Eroberung Europas. Das wird still und auf eine süß nur äußerliche Weise geschehen. Das gewandte Japanerpüppchen legt das feste Händchen freundschaftlich dem Arier auf die Schulter, blickt mit den ‚lebhaften, schwarzen, neugierigen' Äuglein in die zinnenen Augen des *einstigen* Ariers. [...]

Der Sinn der Tragödie – HOFFNUNGSLOSIGKEIT des Kampfes; aber es ist hier keine Verzweiflung, keine Schlaffheit, kein Armesinkenlassen. Eine hohe Weihe wird verlangt."[25]

Was Bely mit „Petersburg" schaffte, ermißt man bei einem Blick auf ein paralleles Vorhaben Bloks. 1910/11 entwirft er eine erzählende Versdichtung mit „Milieu und Fabel", das Poem „Vergeltung": Die Entwicklung dreier Persönlichkeiten, des „Vaters", des „Sohnes" und des „Enkels", sollte in enge Beziehung gesetzt werden zu den bestimmenden Ereignissen der wechselnden geschichtlichen Etappen: Russisch-Türkischer Krieg, Volkstümlerbewegung, Leben der Intellektuellen in den Zeiten Pobedonoszews, Revolution 1905. Am Schluß sollte die sozial aktive Persönlichkeit eines neuen Menschen stehen. Im letzten Sproß beginne das Neue sichtbar auf das Milieu seiner Umgebung zu wirken. So beginne das Geschlecht, das selbst die Vergeltung der Geschichte, des Milieus, der Epoche an sich erfuhr, seinerseits Vergeltung zu üben. Er habe zeigen wollen, so Blok, wie sich seine „Rougon-Macquarts" allmählich von der „adligen russischen ‚education sentimentale!'" befreien. Dieser Rückgriff auf das französische 19. Jahrhundert, auf „Milieu und Fabel" besiegelt das Schicksal des Poems: es scheitert.[26]

Andrej Bely schlägt den entgegengesetzten Weg ein. Kein Milieu, keine Fabel, keine Helden, Konturenlosigkeit – die Gliederung in acht Kapitel mit langen, aber nichtssagenden Überschriften und Puschkin-Mottos deutlich von nur gespielter Ernsthaftigkeit. Statt dessen ein Text, der seinen Gegenstand – den „gelben Zauber" der Erstarrung – mit einer Leichtigkeit, einem Charme und einem Tempo angeht, als gelte es eine Posse. Alles freilich fiebrig und hocherregt – „spleenig" heißt es einmal, daß es ständig umkippt: vom Leichten ins Nervöse, in den Rausch, vom Charmanten ins Großsprecherische, Beschwörende, vom Tempo in die Hektik. Bely bekennt sich bei der Schilderung seines Umgangs mit Gogols „Petersburger Erzählungen" ausdrücklich dazu: „‚Petersburg'", schrieb er in seinem Buch „Die Kunst Gogols", „verwandelt die Geschraubtheit des ‚Mantel' in einen durch die ‚Nase' verulkten Fiebertraum, dessen Thema ‚Die Aufzeichnungen eines Wahnsinnigen' sind."[27]

Was als Konturenlosigkeit und Gestaltschwäche erscheinen mag, erweist sich als eine Durchlässigkeit (soll man sagen – Durchbohrung?) der Figuren, Zustände und Zeiten, als ein Gestaltwandel, ein Sprachamalgam, eine Kunst der Übergänge, die aller historisch-genetischen Zusammenhänge spottet. Der Senator ist der alte Turanier und ist Gogols Akaki Akakiewitsch. Der „Eherne Reiter" wird Terrorist. Wahn wird Wirklichkeit. 1905 zum Jüngsten Gericht. Nicht auszumachen, ob die politische Provokation des Attentats nur dazu da ist, um der geistigen Provokation dahinter –

Belys innerem „Mongolismus" bzw. Bloks „China ist schon unter uns" – Figürlichkeit und Geschehen zu verschaffen. Andrej Bely hat auf dieser Sicht immer sehr bestanden: der eigentliche Schauplatz des Romans sei die Seele einer im Roman gar nicht vorkommenden, völlig überreizten und vom Zusammenbruch bedrohten Person, deren Bewußtsein in fataler Weise von ihren spontanen Lebensäußerungen getrennt sei; die Figuren seien dann die Gedanken dieser Person, die die Bewußtseinsschwelle nicht ganz erreicht hätten, Gedanken im Entstehen, Vorbewußtes, krüppelhaft.

3. Lösungen

Die Kritik hatte ziemliche Schwierigkeiten mit „Petersburg". Der symbolistische Bewußtseinsroman paßte in kein Muster, verulkte Staats-, Erziehungs- und Gesellschaftsroman. Man verstand vor allem nicht, wer eigentlich erzählt. Aber gerade in den negativen Beschreibungen begann, was dann von der Literatur selber in großer Weise betrieben worden ist: die Lösung von „Petersburg". Eine Anstrengung, die nicht Sache der Kenner oder Dichter allein ist, sondern jede Lektüre von „Petersburg" begleitet. „Petersburg" sei die Attacke eines Rationalisten gegen das Rationalistisch-Unrussische der Metropole. Keine Gestalten – Maschinen begegnen dem Leser, der zu ihnen keinen „menschlichen Kontakt" finde. Der Roman sei antisemitisch und zeige für den Senator mehr Verständnis als für die Revolutionäre, die nur in zwei Kategorien vorkämen, als „betrogene Dummköpfe und niederträchtige Betrüger".[28]
Bely habe mit seiner „kurzsichtigen Verachtung" die große Chance verpaßt, sich zu den „kategorischen Gesten eines Jonathan Swift" aufzuschwingen. „Petersburg" bleibe ein „Papierstädtchen", der leiseste Windhauch wehe es um.[29]
Ein Rendezvous der Schemen und Schatten biete der Dichter: Der Schemen eines Ministers fürchtet den Schemen eines Revolutionärs, der Schemen eines Provokateurs spricht mit dem Schemen eines Spions. Nichts mehr stehe dieser Welt der Schemen entgegen wie eben noch bei Tolstoi und Dostojewski – alles beherrschend nun Kälte und Hohn.[30]

Bely sei es nicht gelungen, seine neue Kosmogonie ästhetisch überzeugend im Alltag der Bürokratie und der Revolution zu erzählen.[31]

Neben Wjatscheslaw Iwanow war es vor allem Nikolai Berdjajew, der die neue Schreibweise, den neuen geistigen Rhythmus an „Petersburg" erkannte und das Buch als den bedeutendsten Roman seit Tolstoi und Dostojewski pries, dem man in der Gegenwart nur die Musik Skrjabins zur Seite stellen könne. Entscheidend besonders, daß Bely gerade nicht auf die Moskauer Slawophilie hereingefallen sei, die Petersburg immer als unrussisch verschrie, sondern Dostojewski folge, der das wahnwitzig Russische an Peter, seiner nördlichen Granitfeste und seiner Bürokratie genau erfaßt habe. Bely nehme das in seinem „astralen Roman" an einem Endpunkt auf – seine Ästhetik der Durchlässigkeit fasse die kosmischen Ungewißheiten der Epochenwende:

„Die Gestalt der Menschen selber", schrieb Berdjajew am 1. Juli 1916, „dekristallisieren und zerstäuben, verlieren ihre festen Grenzen, die den einen Menschen von anderen und von den Dingen seiner Umgebung trennen [...]"[32]

Herausgefordert durch diese im wesentlichen apologetische Betrachtung, konterte der Kritiker der Zeitschrift „Apollon", in der sich 1910 mit der Diskussion um Zustand und Aussichten das Ende des russischen Symbolismus offenbart hatte, mit einem heftigen Angriff auf die Erzählerposition in „Petersburg" und beschrieb wider Willen die Leistung des Buchs.

Keinen „Steuermann" finde der Leser im Erzähler vor, sondern einen Gerüchtemacher, der mit Augenzwinkern und Anzüglichkeit allerhand Zweideutigkeiten vortrage, die mehr verschweigen als aussprechen. Der „Sinn der nationalen Existenz" Rußlands könne so nicht begriffen werden. Der Zusammenhang Petersburgs mit dem slawischen Rußland sei in dem Mongolenwahn untergegangen; doch ohne das Verhältnis von Zentrum und Peripherie zu schildern, werde man nie etwas über die wahre Bedeutung der Hauptstadt herausbekommen. Und dann der entscheidende Satz:

„Wenn Gogol, für dessen unmittelbaren Fortsetzer Nikolai Berdjajew Andrej Bely hält, der erste Kleinbürger der russischen Literatur war, dann ist der Autor von ‚Petersburg', ob

er das will oder nicht, ihr ‚erster Spießbürger'." Andrej Bely habe sich nicht über Petersburg erheben können wie Puschkin, Gogol und Dostojewski, er kranke an Petersburg, er leide an Petersburg wie einst Puschkins Jewgeni am „Ehernen Reiter", Peter dem Großen. Der „Eherne Reiter" sei aber eben von einem Puschkin geschrieben, nicht von einem verängstigten, in den Wahnsinn getriebenen kleinen Beamten Jewgeni. Lese man „Petersburg", dann könne man sich des Eindrucks nicht erwehren, als habe Jewgeni nun zur Feder gegriffen.[33]
Herabsetzend gemeint – aber es traf den Kern. Der Spießbürger – Gegenfigur zum aristokratischen Staatsbürger/Staatslenker wie zum antiabsolutistisch-demokratisch aufbegehrenden Kleinbürger, der Spießbürger, das beschränkt lebende und denkende Opfer nationaler Strategien, wie ihn Puschkin in Jewgeni dargestellt und als Irren auf einem Petersburger Newa-Löwen reitend hatte enden lassen, dieser Spießbürger war es, der hier den Mund auftun durfte. Und was erlebt man: Dieses ewige Schwanken zwischen Schwadronieren und Lamentieren, diese aus aufgeschnappten Brocken, Gerüchten und halbverdauten Doktrinen zurechtgezimmerten Überzeugungen und eine Großmannssucht und Anmaßung, die auch noch spießbürgerlich über die Spießbürgerlichkeit zu räsonieren weiß.
Ganz gleich, ob Bely selber, ob die, die ihn akzeptierten, das im Auge hatten – „Petersburg" ist die erste große Selbstdarstellung des Spießers. Des Spießers als abdankendem Senator, als verhindertem Vatermörder, als Provokateur. Allenthalben die Spießerphantasmen ausgedehnt ins Riesige, Imperiale, „Mongolische", in den „gelben Zauber", wenn man so will, ins Solowjowsche. Das zeigt schon den Umschlag in der Wertung. Neben: Solowjow, vom Spießer verklumpend nacherzählt, muß gelten: der Spießer, von Solowjow entklumpend gegliedert.
Was der „Apollon"-Kritiker mit den anderen vermißte, war der gewohnte Abstand des Autors zu seinen Figuren. Hier gab es den ordnenden und wertenden Erzähler nicht mehr. Hier hatte man einen Possenreißer und Bewußtseins-Schausteller, der gelegentlich von den Figuren nicht zu unterscheiden war. Hier wurde nicht verdammt, hier war man nicht einmal entrüstet, hier wurden Symptome zusammen-

getragen, Anhaltspunkte, kleinste Abweichungen im Verhalten, in den Gewohnheiten, stärker: es wurde aus allen Sphären hereingerissen (zum Entzücken der Kommentatoren: jedes Wort ein Zitat), was tauglich scheint, um die Szene zu stellen: der „Ritter" ist zum „Spießer" geworden, und der hat eine Reihe von Ängsten und Tücken, mit denen „alle Menschen (sogar solche wie Sie)" zu rechnen haben.
Wenn die Lektüre von „Petersburg" der russischen Kritik Mühe bereitete, die russische Literatur kannte diese Schwierigkeiten auch. Der Unterschied war, sie nahm „Petersburg" als Symbol zunächst einmal an und machte den Roman dann zu einem ihrer wichtigsten Abstoßpunkte. Sie löste sich von dem Buch, um Gegenvorschläge zu machen, einzelne Stränge weiterzuverfolgen oder auch das Ganze von anderen Voraussetzungen her völlig neu anzugeben. Das beginnt mit Alexander Bloks Revolutionspoemen von 1918 „Die Zwölf" und „Skythen", umfaßt die späteren Varianten von „Petersburg" (besonders die von 1922) und geht über Mandelstam, Babel, Samjatin, Pilujak und Gorki bis zu Platonow, Achmatowa, Bulgakow und Pasternak. Die ersten, die sich von „Petersburg" lösten, waren die Symbolisten selber. Bloks „Zwölf" folgen dem Roman zwar in ihrem Doppelgesicht von Sturmgesang und Maskenspiel – die Zwölfer-Patrouille der Rotgardisten ist ein halber Weihnachtsumzug und der Erlöser im Schneegestöber vor ihr ein Bilderbogen-Christus mit dem Kranz aus weißen Papierrosen.[34] Aber die entscheidende Bindung von „Petersburg" ist gelöst: die Revolution ist frei vom „gelben Zauber". Kurz darauf, in den „Skythen", die Wendung des „panmongolischen" ins „skythische" Rußlandkonzept. Das Poem trägt die vier Zeilen aus Solowjows Gedicht „Panmongolismus" zum Motto, die der Mystiker 1899 seiner „Kurzen Erzählung vom Antichrist" vorausgesetzt hatte, begreift aber nun die revolutionären Russen nicht länger als gefangen und vergiftet vom „gelben Zauber", sondern als das freie Volk der Skythen, das zwar nicht unempfindlich ist für die Lokkungen des Panmongolismus, aber Europa liebt und versteht und gewillt ist, wie in alter Zeit den Schild zwischen Europa und die barbarischen Horden zu halten. Es war natürlich weniger der Reiter mit Pfeil und Bogen und schon

gar nicht der geschichtliche Skythe der Schwarzmeersteppen des ersten vorchristlichen Jahrtausends, der hier beschworen wurde, als vielmehr der von Dostojewski erwartete eurasische Typus vornehmer Weltmenschlichkeit, der sich zur Doppelheimat des Russen – Europa und Asien – bekennt.

Inspiriert von dem sozialrevolutionären Kritiker Iwanow-Rasumnik, verstanden sich nach 1917 als „Skythen" neben Andrej Bely und Alexander Blok unter anderem auch die Bauerndichter Nikolai Kljujew und Sergej Jessenin, was als bedeutsame Union von Intelligenz und Volk gefeiert wurde. Zwei Sammelbände erschienen unter diesem Namen, und das „Skythen"-Konzept beherrschte auch die Freie Philosophische Assoziation in Petrograd (1919 bis 1924).[36]

Iwanow-Rasumnik war sogar der Meinung, daß die Kürzungen und Änderungen von „Petersburg", die Bely für die neue Berliner Ausgabe von 1922 vornahm, eine Wendung vom „Panmongolismus" zum „Skythischen" erkennen ließen. Während 1913 die Revolution für Bely ein Akt finsterer Mächte gewesen sei, das Ideal sozialer Gerechtigkeit – ein Vorwand, der Untergang im Namen der Menschheit – ein falscher Kreuzesweg und der revolutionäre Kampf – Blutdurst, der nur zu Lüsternheit und östlichem Chaos (Panmongolismus) führe, sei sie 1922 ein Akt lichter Kräfte, der Tod in der Revolution – wirkliche Passion, der Kampf – ein Blutopfer, gerichtet gegen das Chaos des Ostens und die geistlose Ordnung des Westens.[37]

Wenn das in bezug auf Bely auch übertrieben scheint und eher die ursprüngliche Ambivalenz als eine Entwicklung anzeigt (Bely blieb auch nach der Berliner Fassung bei seinem „mongolischen" Konzept), so bildet das „skythische" Rußlandbild doch einen bezeichnenden Übergang zur Annahme und Erforschung der eurasischen Grundlagen russischer Geschichte und Kultur. Die einflußreichste Erscheinung wird Welimir Chlebnikow, der in seinen Dichtungen, Essays und Geschichtsberechnungen ein eurasisches Wunschleben entwarf, ein „gemeinasiatisches Bewußtsein in Liedern". Schon 1913 schloß er die kleine Schrift „Über die Erweiterung der Grenzen der russischen Literatur" kategorisch mit dem Satz: „Das Hirn des Landes darf nicht rein großrussisch sein. Besser es wäre kontinental."[38] 1918 setzte Chlebnikow in seinem Beitrag zu den maximalistischen Entwürfen der Revolutionszeit gegen Petersburg Astrachan, den Mündungspunkt der Wolga in das Kaspische Meer als Ausgangsort eines neuen Festlandbildes und entsprechenden Kontinentalkonzepts:

„Ich denke mir, daß an der Wolgamündung die mächtigen Wellen Rußlands, Chinas, Indiens sich begegnen und daß hier der Tempel zum Studium der menschlichen Rassen und Erbgesetze gebaut wird, um durch die Kreuzung der Stämme eine neue Menschenrasse künftiger Asiensiedler zu begründen; die indische Literatur studierend, wird man sich daran erinnern, daß Astrachan das Fenster nach Indien ist."[39]

Nur wer die Sprache des geistigen Maximalismus mißversteht, wird das für Phantasien eines Eugenikers halten. In Wahrheit handelt es sich um Chlebnikows Versuch, den geschichtlichen Kode Astrachans für Rußland zu entschlüsseln. Was er hier in die Zukunft projizierte, war längst im Gange gewesen. Viele Großreiche der Vergangenheit hatten das Kaspische Meer und die Gegend um Astrachan berührt oder sogar zum Grenzland gehabt: Von Norden die Reiche der Skythen, Hunnen, Awaren, Chasaren, die in der Gegend des heutigen Astrachan ihre Hauptstadt Itil hatten, der Mongolen und Russen, und von Süden die Reiche der Perser, Griechen, Araber, mehrerer Turkvölker. Und als der Herrscher der Chasaren 730 zum mosaischen Glauben übertrat, war der Weg in das russische Reich um Kiew frei: viel hat nicht gefehlt, und der Anschluß Kiews an Byzanz wäre nicht erfolgt.

Gelöst vom „gelben Zauber", wurden auch Revolution, Provokation und Terror neu gesehen. „Petersburg" erwies sich dabei als von zwei entgegengesetzten Positionen her beerbbar: Jewgeni Samjatin, der in den „Skythen"-Sammelbänden veröffentlicht hatte, schreibt 1921 den Tagebuch-Roman „Wir", eine grandiose Polizeiutopie, Triumph der Ableuchowschen Geometrisierung der Prospekte und des Eros der Überwachung im Maschinenreich des Großen Wohltäters. Religiöse Verklärung des Terrors und Ästhetisierung der Unfreiheit gehen Hand in Hand, gut zu lesen in dieser Passage über den „Tanz der Maschinen":

„Warum ist der Tanz schön? Die Antwort: Weil er eine unfreie, eine gebundene Bewegung ist, weil sein tieferer Sinn die vollkommene ästhetische Unterwerfung, die ideale Unfreiheit ist. Wenn es stimmt, daß unsere Ahnen in Augenblicken der höchsten Begeisterung sich dem Tanz hingaben (religiöse Mysterien, Militärparaden), dann kann das nur das eine bedeuten; der Trieb zur Unfreiheit ist dem Menschen angeboren, und wir in unserem heutigen Leben tun nur bewußt …"

Der Aufruhr, die Flucht aus der angebeteten Zivilisationsmaschinerie in eine „grüne" Restwelt endet mit einem Fiasko: von der Planung her war der Ausbruch von den „Beschützern" kontrolliert worden. Wer sich nicht an der Seele operieren lassen will, stirbt auf der „Maschine des Wohltäters".[40]

Während Samjatin „Petersburg" vollkommen geometrisierte und so auf kleinstem Raum zusammenzog, versuchte Maxim Gorki das Ganze zu soziologisieren. Was Andrej Bely im Bewußtsein seiner einen Person in wenigen Gedankenfiguren konzentriert hatte, delegierte Gorki erneut auf die 800 Personen seiner Romanchronik „Klim Samgin", die vierzig Jahre russischer Politik und Ideengeschichte mit verteilten Rollen bieten sollte. Das imposante sozialpsychologische und sozialpädagogische Unternehmen gedieh langsam, gelang aber nicht, Gorki starb darüber.[41] Man fühlt sich an Bloks Poem „Vergeltung" erinnert, an dem der Dichter auch bis zum Tode gehangen hatte. Ob aber geometrisch zusammengezogen oder soziologisch verteilt – die Lösung vom „Petersburg"-Modell war noch nicht vollbracht. Es war vor allem Ossip Mandelstam, der 1922 in den beiden Essays „Die Natur des Wortes" und „Die Geburt der Fabel" die neue Bewegung der russischen Prosa an die Lösung von Andrej Bely band. Der höhere Utilitarismus Belys, der die Sprache der mystischen Intuition, der Anthroposophie opfere, bedeute im Leben der russischen Sprache Krankheit, weil er das Wort unbarmherzig zwinge, allein dem Temperament seines spekulativen Denkens zu gehorchen. „Von seinem raffinierten Wortschwall berauscht, verzichtet er auf keine Nuance, keine Wendung seines kapriziösen Denkens und sprengt die Brücken, die zu überqueren ihm lästig ist. Das Ergebnis – nach einem momentanen Feuerwerk ein

Scherbenhaufen, das trostlose Bild der Zerstörung statt der Fülle des Lebens, organischer Ganzheit und tätigen Gleichgewichts." Der Erzähler als „Operateur", die Prosa als „klinische Katastrophe". Sobald der erste Erzähler auftauche, der von Andrej Bely unabhängig sei, werde sich die russische Prosa bewegen. Aussichtslos sei der Weg zurück ins Protokoll des Milieus. Aussichtsreich dagegen die Vertiefung in das, was Mandelstam eigenwillig Folklore nennt: die privaten Briefe, die Erzählungen im Familienkreise, die Tagebücher und Erinnerungen, die Eingaben und Kanzleiberichte, Gerichtsakten und Annoncen. Hier werde die Fabel geboren wie der Schmetterling aus der Raupe; noch freilich gewahre man eher das Fressen der Raupe als den Flug des Schmetterlings.[42]

Diese neue Bewegung war zum Zeitpunkt der Prognose von den verschiedensten Seiten schon in Gang gekommen. Mandelstam selber war daran beteiligt mit seinem „Rauschen der Zeit" und „Die ägyptische Briefmarke", die das Petersburg-Thema von der „Folklore"-Seite aufnahmen. Einige Außenseiter in der Prosa steuerten Entscheidendes bei: Chlebnikow die Astrachan-Prosa „Esir" und Viktor Schklowski „Zoo oder Briefe nicht über die Liebe". Auch die Bely-Abhängigen waren auf dem Wege: Samjatin, Pasternak mit „Shenja Lüvers' Kindheit" und Gorki mit den „Erinnerungen an Leo Tolstoi" und „Bemerkungen aus dem Tagebuch".[43]

Die eigentliche Lösung von „Petersburg" ist aber auch hier an einen Mann geknüpft, der aus der Sicherheit einer folkloregesättigten Gegenstadt erzählen kann – an Isaak Babel aus Odessa. Kaum in Petrograd angekommen, hatte Babel 1916 eine neue leichte helle Kunst entworfen, deren Messias, ein „russischer Maupassant", aus den sonnigen, meerumspülten Steppen des Südens kommen werde.[44] Das Zauberwort hieß Odessa. Odessa: die Fähigkeit und Lust zur Assimilation, die unbegrenzte Aufnahmebereitschaft einer russisch-jüdischen Hafenstadt mit französischer Kolonie, deutschen Elementen und – ukrainischem Hinterland. Odessa: die Stadt des Getreideumschlags, des grünlichen Dunsts von geschüttetem Weizen, die Stadt der Oliven aus Griechenland, des Öls aus Marseille, des Malaga aus Lissabon und der Orangen aus Jerusalem. Aus dieser Sphäre tritt er einem leibhaftig entgegen – der Sproß Odessas. Levantinisch anschmiegsam, ohne die geringsten Schwierigkeiten im Umgang mit den Leuten und so sehr verliebt in die Welt des Organischen, daß er das Geborenwerden nicht nur an den vielen Kindern in seinen Geschichten und Schauspielen bestaunte, sondern noch an seinen eigenen Sätzen. Weltoffen, mit einer unersättlichen Neugier, die ihm erlaubte, den Inhalt einer Damenhandtasche, gar eines fremden Liebesbriefs, den er für einen symbolischen Rubel zu sehen bekam, mit der gleichen Unbefangenheit auszukundschaften wie den GPU-Chef Jagoda, dessen Frau er gut kannte und mit dem er nach einem Besuch bei Gorki plötzlich allein war, zu fragen: „Genrich Grigorjewitsch, sagen Sie bitte, wie soll man sich verhalten, wenn man Ihnen in die Fänge gerät?" Worauf der lebhaft geantwortet habe: „Alles abstreiten, was für Anschuldigungen wir auch vorbringen, immer ‚nein' sagen, nur ‚nein', alles leugnen – dann sind wir machtlos."[45] Das ist die „Folklore", aus der Babels Geschichten gemacht sind. Sichtbar bis zur Halluzination der Körperlichkeit: lasziv Petersburg, lodernd die „Reiterarmee", weltweise Odessa, unerbittlich die Kollektivierung, Traum und Grauen der Kindheit.[46] Nach alledem könnte angedeutet sein, daß „Petersburg" und die Lösungen von „Petersburg" einen umfassenderen Vorgang bezeichneten als den Gipfel und die Abbiegung einer Prosaform. Hier wurde eine Kultur abgelöst. Futurismus, Akmeismus und Proletkult setzen bei dieser Ablösung unterschiedliche Akzente – doch davon ein andermal.

Spätestens mit Alexander Bloks Tod am 7. August 1921 war der russische Symbolismus endgültig zu Ende. Was folgte, waren Erinnerungen, Geschichtsschreibung, Selbstanalysen, Legendenbildung. Mit den „Erinnerungen an Blok"[47] beginnen Andrej Belys nie vollendete vielbändige Memoiren ihr Bild der russischen symbolistischen Kultur. Der Schrecken, die Unwiderruflichkeit und – die Komik dieser Ablösung, dieses Augenblicks der Besinnung – sie sind nie eindringlicher beschrieben worden als in dem Bericht über Andrej Belys skandalösen Abschied von Berlin am Abend des 8. September 1923. Zwei Jahre hatte er in Deutschland gelebt und über ein Dutzend Bücher neu oder wieder herausgebracht, jetzt kehrte er nach Moskau zurück. Das mach-

ten damals viele so, und alle waren auf gutbesuchten Abschiedsessen mit guten Wünschen bedacht worden. Aber keiner hatte je einen Toast ausgebracht wie Andrej Bely, und keinem war je von einem guten Freund so die Gefolgschaft verweigert worden wie ihm: „Es war ein Toast gewissermaßen auf sich selbst. Die Gestalt Christi stand in diesen Minuten in diesem genialen Narren in Christo auf: er wünschte, daß man auf ihn das Glas erhebe, weil er abreise, um gekreuzigt zu werden. Für wen? Für Sie alle, meine Herren [...] für Chodassewitsch, Muratow, Saizew, Remisow, Berdjajew, Wyscheslawzew ... Er fahre nach Rußland, um sich kreuzigen zu lassen für die ganze russische Literatur, der er sein Blut hingebe.
‚Aber nicht für mich!' sagte da leise, aber bestimmt Chodassewitsch von seinem Platz aus. ‚Ich möchte nicht, daß man Sie, Boris Nikolajewitsch, für mich ans Kreuz schlägt. Ich kann Ihnen diesen Auftrag beim besten Willen nicht erteilen!'
Bely stellte sein Glas ab, sah mit blinden Augen vor sich hin und erklärte, Chodassewitsch töte immer alles mit dem Gift seiner Skepsis, und er, Bely, breche seine Beziehungen zu ihm ab. Chodassewitsch wurde bleich. Alle redeten durcheinander, drehten die Kreuzigung in einen Scherz, eine Metapher, eine Hyperbel, eine Figur der Redekunst. Doch Bely war nicht zu halten [...] In seiner vom Wein erhitzten Phantasie sah er sich von Feinden umringt, die seinen Untergang herbeisehnten, seine Heiligkeit bezweifelten und seiner Verdammnis mit ironischem Lächeln begegneten [...] In diesen Minuten sah er sich wenn nicht als Christus, so doch als der Heilige Sebastian, von Pfeilen durchbohrt – die Mauern fallen, die Drachen reißen ihren Rachen auf, er war bereit zu sterben – *für niemanden!*"[48]

Die Szene offenbart den Symbolisten ganz und wirft ein letztes Licht auf die Exekution unseres Ritters.

Wladislaw Chodassewitsch, ein Neoklassizist, der Bely nahe-, aber dem Symbolismus sehr fern stand und dessen Frau Nina Berberowa hier des Dichters abgewiesenen Kreuzestod schildert, hat wenige Jahre später das authentisch Symbolistische der Berliner Entzweiung begründet: Belys Auftritte – sie sind wie die geistige Bruderschaft mit Blok, wie die Liebe zu Bloks Frau, die Duellforderungen

(Bely–Blok, Blok–Bely), die dramatischen Briefwechsel, wie die wilden Geständnisse, immer Leben und Kunst ungeschieden, und man kann sicher sein, daß Andrej Bely in Berlin noch auf dem Höhepunkt der Exaltation sich selber zusah und sekundierte.

Für das Wappen der Ableuchows gilt alles das in gleichem Maße. Soviel Kunst in Belys Berliner Auftritt steckte, soviel Leben steckt in der Kunst des Petersburger Wappens. Heraldisch ist es unhaltbar. Das Einhorn war als Wappentier und Schildhalter auch in Rußland weit verbreitet, die russischen Großfürsten führten es zum Beispiel, es gab auch durchaus das Gegenüber von Einhorn und Gepanzertem, aber die Durchbohrung des Ritters im Wappen widersprach allen Übereinkünften. Das Wappen ist, wie alles in „Petersburg", nicht von historischer, sondern von geistiger Authentizität. Die theatralische Wucht der siebenfachen Exekution zeigt Belys Symbolisierung auf kleinstem Textraum. Das Einhorn trifft den Ritter nur noch als die spießig „schöne Puppe", den Rokokoritter, den Bely deutlich in der Landschaft eines nordischen Neorokoko der russischen Jugendstilmaler (Somow, Bakst, Sudejkin, Benois) ansiedelt. Ein ungleicher, kläglicher, unansehnlicher Kampf, könnte man meinen, der nichts mehr zu tun hat mit dem hoheitsvollen Gegenüber Alexanders und des Einhorns in und auf den alten Darstellungen.

Um diesen Akt zu vollziehen, mußte Bely dem Wappen-Einhorn den Sinn der Gewalt (wie bei den frühen Kirchenvätern) geben, den bösen Zauber des Teufels (wie in der pseudobasilianischen Fassung des Physiologus), die Macht des Todes (wie in dem Gleichnis vom Einhorn in „Barlaam und Josaphat").[49] Im Gegensatz aber zu Kirchenvätern, östlichem Gleichnis und Physiologus, der vor dem Einhorn-Teufel warnt, weil er, „den Menschen mit Vernünfteleien durchbohrend", ihn von den Geboten Gottes scheide, dient bei Bely die „vernünftelnde" wie jede andere Durchbohrung (bis zu der der Bombe) dazu, um sein Spiel vom Jüngsten Gericht aufzuführen. Petersburg muß an sich selbst zugrunde gehen, damit ein neues Rußland, eine neue Welt beginne.

Es war die äußerste Konsequenz seiner Ästhetik, wenn er für diese Konstruktion die Einhorn-Mystifikationen seiner

Jünglingszeit hergab: 1903 hatte er Visitenkarten verschickt, auf denen sich Einhörner empfahlen. Das gehörte zu den „Kentauren-Galopps" und „Bockstänzen", die die „Argonauten"-Ritter aufführten, und Valeri Brjussow hat aus Gesprächen damals notiert, daß Bely, obwohl er sicl meist auf einen Scherz herausredete, daran lag, eine „‚Atmosphäre' zu schaffen [...] als ob diese Einhörner tatsächlich existierten" und durch sein Zimmer liefen.[50] Später, in den „Erinnerungen an Blok" (1922) gab Andrej Bely eine einleuchtende Deutung dieser Mystifikationen:
„Wir selber warfen die Hülle der Witzeleien über unsere geliebte Morgenröte [...] trieben unseren Ulk und amüsierten uns bei dem Gedanken, wie wir wohl den ‚uneingeweihten' Leuten erscheinen müßten und was für Sophismen und Paradoxe herauskämen, wenn wir in übertriebenen Schemen das outrierten, was nicht in Worte zu kleiden ist, d. h., wir erblickten eine ‚Harlekinade unserer selbst'."[51]
Die Durchbohrung findet in der Schaubude statt. Auch das Einhorn ist längst nur noch die Maske auf dem Ball, die dem Senator, dem „Ritterchen" des Senats, überraschend entgegenstürzt und seinen Herzanfall beschleunigte. Aber: Der Vorhang fällt. Das Spiel ist aus. Das „Konzerttrio" tritt ab. Die „Todessehnsucht" ist gestillt. Die Durchbohrten erheben sich wieder. Der Senator dankt ab und schreibt seine Memoiren. Der Sohn, der nach einer Ägyptenreise gealtert zurückkehrt, liest den ukrainischen Mystiker Skoworoda. Wer um den Verstand kam, lebt jetzt seinem Wahn. Nur der Doppelagent ist nicht mehr da, ein Leichnam blieb, nicht zu identifizieren: wer wollte sagen, wer das wirklich war.

April 1983

1 Andrej Belyj, Peterburg, Moskau 1981, S. 85, 91. Die von L. K. Dolgopolov exzellent kommentierte und mit Dokumenten versehene Ausgabe des Romans bietet die Druckfassung von 1913/14, die 1916 zum erstenmal als Buch erschien. Deutsch liegen drei Ausgaben vor: Die Übersetzung von Nadja Strasser (München 1919), die eine selbständige kürzere mittlere Fas-

sung zwischen der von 1913/14 und der von 1922 darstellt und russisch nicht existiert. Und die Übersetzungen von Gisela Drohla (Wiesbaden 1959, München 1962, Frankfurt [Main] 1976) und von Günter Dalitz (Berlin 1982), die sich beide auf die um ein Drittel kürzere Fassung von 1922 stützen. Zur Textgeschichte des Romans vgl. in der Ausgabe Moskau 1981, S. 526–583, 624–640.
Von den neuesten Belyj-Untersuchungen seien als besonders anregend genannt: Ada Steinberg, On the Structure of Parody in Andrej Belyjs „Peterburg". In: Slavia Hiersolymitana 1977. Bd. 1, S. 132–146. S. Janecek (Hg.), Andrey Bely. Kentucky 1978. Lena Szilard, K probleme specifiki prozy Andreja Belogo: Jurodstvo kak mental 'naja osnova povestvovanija. In: Blok–Bely 100. Debrecen 1980, S. 117–129. Hans-Jürgen Gerigk, Belyjs „Petersburg" und Nietzsches „Geburt der Tragödie". In: Nietzsche-Studien, Bd. 9, 1980, S. 356–373. Johannes Holthusen, Andrej Belyj: Petersburg. In: Der russische Roman. Hg. von Bodo Zelinsky, Düsseldorf 1979. Miroslav Drozda, Petersburgski grotesk Andrejà Belogo. In: Umjetnost Riječi. 1981, Izwanredi swezak, S. 133–154. Maria Deppermann, Andrej Belyjs ästhetische Theorie des schöpferischen Bewußtseins. Symbolisierung und Krise der Kultur um die Jahrhundertwende. München 1982. Vladimir E. Alexandrov, Unicorn Impaling a Knight: The Transcendent and Man in Andrei Belyi's Petersburg. In: Canadian-American Slavic Studies. 16. 1982. No. 1, S. 1–44.

2 Aleksandr Blok – Andrej Belyj, Perepiska (Briefwechsel). Moskau 1940. Reprint München 1969, S. 276–280.

3 Vjačeslav Ivanov, Vdochnovanie užasa (Eingebung des Grauens). In: Rodnoe i vselenskoe (Irdisches und Kosmisches). Moskau 1917, S. 89–100. Ivanow-Razumnik, „Vostok ili Zapad?" („Osten oder Westen?"). In: Russkie vedomosti vom 4. 5. 1916.

4 Boris Pasternak, Boris Pilnjak, Grigorij Sannikov: Andrej Belyj. In: Literaturnaja gazeta vom 9. 1. 1934.

5 Osip Mandel'štam, [Rez. zu] Andrej Belyj. Zapiski čudaka (Aufzeichnungen eines Sonderlings). In: Osip Mandel'štam, Sobranie sočinenij v 2 tomach, Bd. 2. New York 1966, S. 375, 465.

6 Peterburg, Moskau 1981, S. 217. Petersburg, München 1962, S. 171.

7 Boris Nikolajewsky, Asew. Die Geschichte eines Verrats. Berlin 1932.

8 Vgl. Aleksandr Blok: Pis'ma k žene (Briefe an seine Frau). Moskau 1978. Ljubov' Blok: I byli i nebylicy (Wahrheit und Dichtung). Bremen 1978.

9 Friedrich Nietzsche. Aus dem Nachlaß der 80er Jahre, Bd. IV,

S. 422. Die fröhliche Wissenschaft. Zweites Buch. 99. Fünftes Buch. 356, 361. In: Werke II, Frankfurt (Main), Berlin, Wien 1976, S. 380, 497f., 508f., und Der Fall Wagner. In: Werke III, S. 364f., 371ff.

10 Vjačeslav Ivanov, Zavety simvolizma (Das Vermächtnis des Symbolismus). In: Apollon 1910, No. 8, 2. Abteilung, S. 5–17. Aleksandr Blok: O sovremennom sostojanii russkogo simvolizma (Über den gegenwärtigen Zustand des russischen Symbolismus). In: Apollon 1910, No. 8, 1. Abteilung, S. 21–30. Valerij Brjusov, O „reči rabskoj", v zaščitu poezii (Über Sklavensprache, zur Verteidigung der Poesie). In: Apollon 1910, No. 9, 2. Abteilung, S. 31–34. Andrej Belyj, Venok ili venec (Kranz oder Krone). In: Apollon 1910, No. 11, 2. Abteilung, S. 1–4.

11 Zum Verhältnis der russischen Symbolisten zu Solov'ev vgl. die Einleitung von Z. G. Minc zu: Vladimir Solov'ev, Stichotvorenija i šutočnye p'esy. Leningrad 1974.

12 A. V. Lavrov, Mifotvorčestvo „Argonavtov" (Mythenbildung bei den „Argonauten"). In: Mif. Fol'klor. Literatura. Leningrad 1978, S. 144.

13 Aleksandr Blok – Andrej Belyj, Perepiska (Briefwechsel). Moskau 1940. Reprint München 1969, S. 262.

14 Peterburg, Moskau 1981, S. 136. Petersburg, München 1962, S. 107.

15 Peterburg, Moskau 1981, S. 43, 64, 92. Petersburg, München 1962, S. 34, 73.

16 Peterburg, Moskau 1981, S. 348, 361. Petersburg, München 1962, S. 270, 279.

17 Peterburg, Moskau 1981, S. 235–238. Petersburg, München 1962, S. 185–189.

18 Andrej Belyj: Načalo veka (Anfang des Jahrhunderts). Berliner Fassung, zit. nach: Peterburg, Moskau 1981, S. 504f., Anmerkung.

19 Du dêveloppement des idées révolutionnaires en Russie par A. Iscander. In: Aleksandr Gercen, Sobranie sočinenij v 30 tomach, Bd. 7. Moskau 1955. Die Schrift war seit 1851 in mehreren französischen und deutschen Ausgaben erschienen.

20 Karl Marx, Enthüllungen zur Geschichte der Diplomatie im 18. Jahrhundert. Hg. und eingeleitet von K. A. Wittfogel. Frankfurt (Main) 1981, S. 126, 129f.

21 Vladimir Solov'ev, Kurze Erzählung vom Antichrist. Übersetzt und erläutert von Ludolf Müller. München 1951. Vladimir Solov'ev, Sobranie sočinenij, Bd. 8. S. Peterburg 1903, S. 586.

22 Offenbarung Johannis 12,1.

23 Vladimir Solov'ev, Stichotvorenija i šutočnye p'esy. Leningrad 1974, S. 104f.

24 Aleksandr Blok – Andrej Belyj, Perepiska (Briefwechsel). Moskau 1940. Reprint München 1969, S. 280.
25 Alexander Block, Ausgewählte Werke, Bd. 3. Berlin 1978, S. 252f.
26 Alexander Block, Vergeltung. In: Ausgewählte Werke, Bd. 1. Berlin 1978, S. 217–234.
27 Andrej Belyj, Masterstvo Gogolja (Die Kunst Gogols). Moskau, Leningrad 1934.
28 Ohne Verfasser, [Rez. zu] Andrej Belyj: Peterburg. In: Russkie zapiski 1916, No. 7, S. 270–273.
29 Sergej Bobrov, Bumažnyj gorodok (Ein Papierstädtchen). In: Sovremennik 1914, No. 12, S. 240–247.
30 I. Ignatov, [Rez. zu] Andrej Belyj: Peterburg. In: Russkie vedomosti vom 13. 2. 1914.
31 B. A. Grifcov, Roman Andreja Belogo. In: Sofija 1914, No. 3, S. 991.
32 Nikolaj Berdjaev, Astral'nyj roman (Ein astraler Roman). In: Birzevye vedomosti vom 1. 7. 1916.
33 Aleksandr Gidoni, „Omračennyj Petrograd" („Und verfinstert Petrograd"). In: Apollon 1916, No. 9–10, S. 37–50.
34 Vgl. hierzu Jurij Lotman, Blok i narodnaja kul'tura goroda (Blok und die städtische Volkskultur). In: Nasledie A. Bloka i aktual'nye problemy poetiki. Tartu 1981, S. 7–26.
35 Zum Problem des eurasischen Rußland-Verständnisses vgl. N. S. Trubeckoj, K probleme russkogo samopoznanija (Zum Problem der russischen Selbsterkenntnis). Paris 1927, besonders O turanskom elemente v russkoj kul'ture (Über das turanische Element in der russischen Kultur), S. 34–53.
36 Stefani Hoffmann, Scythian Theory and Literature, 1917–1924. In: Art Society Revolution. Russie 1917–1921. Stockholm 1979, S. 138–164.
37 Ivanov-Razumnik, Veršiny (Gipfel). A. Blok, A. Belyj. Petrograd 1923.
38 Velimir Chlebnikov, O razširenii predelov russkoj slovesnosti (Über die Erweiterung der Grenzen der russischen Literatur). In: Neizdannye proizvedenija. Poemy i stichi. Moskau 1940, S. 341f.
39 Velimir Chlebnikov, Otkrytie narodnogo universiteta. Mysli po povodu (Eröffnung der Volksuniversität. Gedanken zum Anlaß). In: Neizdannye proizvedenija. Poemy i stichi. Moskau 1940, S. 351.
40 Jewgeni Samjatin, Wir. Zürich 1977, S. 11.
41 Vgl. Ralf Schröder, Gorkis Erneuerung der Faust-Tradition. Faust-Modelle im russischen geschichtsphilosophischen Roman. Berlin 1971.

42 Osip Mandel'štam, O prirode slova (Die Natur des Wortes). Literaturnaja Moskva. Roždenie fabuly (Das literarische Moskau. Die Geburt der Fabel). In: Sobranie sočinenij v 2 tomach, Bd. 2. New York 1966, S. 288, 374, 377.

43 Vgl. hierzu Jurij Tynjanov, Literaturnoe segodnja (Literarisches heute). In: Poetika. Istorija literatury. Kino. Moskau 1977. Deutsch in: Juri Tynjanow, Poetik. Leipzig 1982, S. 65–92.

44 Isaak Babel, Werke, Bd. 2. Berlin 1973, S. 94.

45 Antonina Pirožkova, Babel' v 1932–1939 godach (Babel in den Jahren 1932–1939). In: I. Babel'. Vospominanija sovremennikov. Moskau 1972. Ergänzungen aus dem Manuskript im Isaak-Babel-Archiv Moskau.

46 Vgl. dazu meinen Text „Im Zeichen Babels“ in diesem Band, S. 80ff.

47 A. V. Lavrov, Mifotvorčestvo „Argonavtov“ (Mythenbildung bei den „Argonauten“). In: Mif. Fol'klor. Literatura. Leningrad 1978, S. 186f.

48 Nina Berberova, Kursiv moj (Hervorhebung von mir). München 1972, S. 186f.

49 Vgl. RDK, Bd. 4. Stuttgart 1958, Sp. 1506–1544. J. W. Einhorn, Spiritalis Unicornis. München 1976.

50 Vgl. Aleksandr Blok – Andrej Belyj, Perepiska (Briefwechsel). Moskau 1940. Reprint München 1969, S. 63. Valerij Brjusov, Dnevniki (Tagebücher). Moskau 1927, S. 134.

51 Andrej Belyj, Vospominanija o Bloke (Erinnerungen an Blok). Deutsch als „Im Zeichen der Morgenröte“.

Drei kleine Romane von Michail Kusmin

Eine neue deutsche Kusmin-Ausgabe beginnt am besten mit drei kleinen Romanen aus den Jahren 1906 bis 1909. Sie trugen dem eben als Dichter, Komponist und Interpret der „Alexandrinischen Gesänge" berühmt gewordenen Michail Kusmin auch den Ruf eines glänzenden Erzählers ein, dem alles gleichermaßen glücke: der Liebes- und der Abenteuerroman ebenso wie der historische Roman. Freilich hat die Leichtigkeit und Grazie, mit der Kusmin das Entzücken der Männerliebe, die Abenteuer eines Toren und die Taten des Großen Alexander erzählte, sofort Mißtrauen erregt. Das Grüblerische fehlte so ganz, und man vermutete rasch, dem Erzähler mangle es an Betroffenheit. Noch 1940 fand Anna Achmatowa, für deren erstes Gedichtbuch Kusmin eine Einleitung geschrieben hatte, daß in seinen Händen alles zu Spielzeug werde. Und in den Memoiren Iwan Bunins erscheint Kusmin gar als ein Gotteslästerer, der mit dem Evangelium in der einen und Boccaccio in der anderen Hand gestorben sei. Doch die Bezauberung hat überwogen. Alexander Blok feierte 1919 gerade das „Kapriziöse und Launische" als befreiend und pries Kusmin als den Künstler schlechthin – ein „kompliziertes Musikinstrument". Boris Pasternak widmete 1923 Kusmin seine Erzählung „Luftwege" und eröffnete drei Jahre darauf in einer kleinen Botschaft an den Dichter, die er in eine eben erschienene Auswahl eigener Gedichte schrieb, den geheimen Sinn der Widmung von 1923: „Luftwege" verbanden wie die Helden seiner Erzählung auch ihn selber mit diesem Kameraden im Geiste, und es sind maßgeblich unsere drei Romane, die ihn in der Verbundenheit mit Kusmin bestärkten, ja ihn ein überraschendes Angebot machen ließen. „Vergangenen Winter", heißt es bei Pasternak, „las ich Ihre drei Bände Prosa, und das war mir die liebste Lektüre des Jahres [...] Irgendwie schwebt mir eine Begegnung mit Ihnen in Gesellschaft von Marina Zwetajewa vor, wenn sich das bei Ihnen fügt, und in Gesellschaft von ihr und R. M. Rilke, wenn wir ins Ausland kommen. Den Grund für diesen Traum, der sich nicht um Ihre Sympathien kümmert, finde ich in meinem Gefühl eines strömenden wechselseitigen Angezogenseins.“ Pasternak meinte die frühe Sammlung der Prosa von Kusmin von 1910 bis 1913, deren erster Band als Hauptstücke „Flügel“ und „Aimé Leboeuf“ vereinte und deren zweiter Band mit den „Taten des Großen Alexander“ eröffnet wurde. Aus der Begegnung ist nichts geworden, aber wie eine späte Antwort auf jene Einladung entwarf Marina Zwetajewa zehn Jahre darauf, als Michail Kusmin vierundsechzigjährig in Leningrad starb, in Paris ihr Porträt des Dichters. Es enthält eine Vision des Künstlers, die aller Zeitgenossen Zeugnis übertrifft. Nirgends sonst ist Kusmins Erlesenheit in der Weise verstanden worden: als ganz selbstverständlich, doch so selten, daß viele Schwierigkeiten hatten, in ihr die Natur des Dichters zu sehen. Als sie, die Moskauerin, dem Petersburger begegnete, hatte sie aus dem Klatsch nur im Ohr: „Manieriert und angemalt.“ Und dann die Erfahrung: „Manieriert war er nicht: da war die natürliche Eleganz eines fremdländischen Wesens, eine besondere Eleganz des Knochenbaus (auch Skelett ist nicht gleich Skelett, das gilt nicht nur für die Seele!), da war der zur Seite fliegende kleine Finger beim Teetrinken – so hatte ihn im 18. Jahrhundert La Fayette gehalten, der Befreier Amerikas, so hatte in der Conciergerie der mutigste aller Dichter, André Chénier, aus dem Zinnbecher getrunken –, da war außer der persönlichen Eleganz des Knochenbaus die körperliche Tradition, ein körperliches Erbstück, die ‚Manier‘ war angeboren.

Da war die Sèvres-Tasse.

Da war im Petersburg des 20. Jahrhunderts ein Franzose von der Insel Martinique.

Und ‚angemalt‘. Angemalt war er. Gleichmäßig, haltbar, dunkelbraun, maurisch, mulattisch, wie der Herrgott. Nur: er war nicht ‚angemalt‘, sondern gemalt, gekocht gar – ob im Höllenkaffee lyrischer Schlaflosigkeit, in der Nußessenz aller Märchen, in der ererbten fremdländischen Beimischung seines Blutes – ich weiß es nicht. Ich weiß nur, gleichmäßiger und brauner und – gleichmäßiger und mir verwandter habe ich nie ein Gesicht gefärbt gesehen. Außer vielleicht das Gesicht unseres schokoladenbraunen Hauses in der Dreiteichegasse.

Doch aus diesem zigeunerischen Kaffeesud, Kaffeebrand

Michail Kusmin

kommt mir ein anderes verwandtes Licht entgegen: Silber. Der Anzug war silbern, die Aura der traum-leichten und traum-freien Gebärden war – silbern, der Ärmel, aus dem die Zigeunerhand sah – silbern. Silbern der (einfach graue, langweilige) Ärmel, vielleicht – von dem Zigeunerischen der Hand? So oder so – zwei Farben, zwei Töne – nußbraun und silbern – ein drittes gab es nicht."

„Flügel"

Es war diese Welterfahrenheit eines Russen, die Kusmin in seinen ersten Roman „Flügel" schrieb. 1905 verfaßt, 1907 im Novemberheft der symbolistischen Zeitschrift „Die Waage" gedruckt, erlebte er als Einzelausgabe vier Auflagen und wurde in beide Werkausgaben aufgenommen. Mit dem kleinen Buch wurde so gut wie alles über den Haufen geworfen, was im Rußland der Jahrhundertwende als recht und billig galt. Schon der Weg des jugendlichen Helden aus der Petersburger Herrengesellschaft, die dem antiken Griechenland huldigt, zu den Altgläubigen an die Wolga und von da weiter ins katholische Italien schuf eine unerhörte Konstellation. Kusmin zog zusammen, was bisher in streng getrennten Unternehmungen betrieben worden war. Da rückten plötzlich die Petersburgiana der russischen Literatur von Puschkin bis Dostojewski und die Altgläubigenschilderungen von der Wolga, etwa Melnikow-Petscherskis, nahe an Dimitri Mereshkowskis Antike- und Renaissancebilder in der gelehrten Romantrilogie „Christus und Antichrist". Mit der räumlich-zeitlichen Trennung der Sphären wurde ihre geistige Trennung aufgekündigt, ihre Gefangenschaft in sich selber. Antike und Altrußland sind nahe, einfach und verständlich wie die Betulichkeit der Vorortzüge oder die Geschäftigkeit der schwimmenden Fischhandlungen an der Petersburger Fontanka. Kusmin braucht diese Zusammenführung der Zeiten und Räume, um die Heranbildung des jungen Mannes zum Einverständnis mit seiner Liebe zu erzählen: er wird von einem Mann geliebt und liebt ihn wieder. Die Stationen wechseln schnell, und tatsächlich hat dieses Erwachen des Jungen zum Geliebten des Philosophen nichts Grüblerisches. Denn durch die

wechselnden Bilder der Betörungen und Eifersüchteleien, der Verfallenheiten, raschen Genüsse und Selbstmorde, der geschichtlichen Reminiszenzen und Kunsterlebnisse scheint, je weiter, desto deutlicher, ein Mythos, der dem Roman auch den Titel gab: Platos Flügel- oder Befiederungsmythos aus dem Phaidros-Dialog über die Liebe.
Der Satz, den der junge Mann bei einem Spaziergang aufschnappt, dieses „... und die Menschen sahen, daß jede Schönheit, jede Liebe von den Göttern kommt, und wurden frei und kühn, und ihnen wuchsen Flügel ...", erweist sich als das Bildungskonzept des Philosophen, das unmittelbar an Plato anschließt. Die Begegnung mit dem Schönen, mit dem Liebreiz des Geliebten, so sagt Sokrates in Platos Dialog zu Phaidros, erinnere die Seele an die bei den Göttern geschaute Schönheit und lasse ihr Flügel wachsen, die sie zu dem verlorenen Anblick zurücktragen. Wie das in der Wechselseitigkeit sich steigert, das hat Plato in einer entscheidenden Passage groß beschrieben, und es ist gar nicht zu übersehen, daß sowohl das Spiegelprinzip in Kusmins „Flügeln" wie das von Pasternak empfundene „strömende wechselseitige Angezogensein" hier entspringen.
„Indem er es aber nun gestattet", heißt es bei Plato, „und Gespräch und Umgang sich gefallen läßt, so regt das im unmittelbaren Verkehr sich äußernde Wohlwollen des Liebenden den Geliebten mächtig auf, indem er es bald durchfühlt, daß alle seine anderen Freunde und Angehörigen zusammen, verglichen mit dem gottbeseelten Freunde, ihm so gut als keine Freundschaft gewähren. Wenn er aber nun dieses Verhältnis längere Zeit fortsetzt, in seiner Nähe verweilt und dabei auf den Ringplätzen und bei anderen Anlässen des Umgangs in persönliche Berührung mit ihm tritt, dann leitet sich der Quell jenes Stroms, den Zeus, als er den Ganymedes liebte, Liebreiz nannte, in Fülle dem Liebhaber zu, so daß er teils in diesen eindringt, teils von ihm, wenn er selber erfüllt ist, wieder nach außen strömt; und wie der Wind oder Schall, von glatten und festen Körpern abspringend, dahin zurückgetrieben wird, von wo er ausging, so kommt die Strömung der Schönheit, durch das Auge, wo sie den natürlichen Gang zur Seele hat, sich fortleitend, wieder in den Schönen zurück mit neu befiedernder Kraft; und ihr feuchter Zug löst die Mündungen des Gefieders, weckt den

Trieb der Befiederung und erfüllt nun auch wieder die Seele des Geliebten mit Liebe.“

Hatte nun schon niemand vor Kusmin die drei Reiche Petersburg, Wolga, Italien zusammengedacht, so war, wie er das Ganze erzählte, erst recht verblüffend. Da war zunächst die Art der Verknüpfung. Kusmin verband die weit auseinanderliegenden Schauplätze nicht wie die Symbolisten – über die Magie wie kurz darauf Brjusow in seinem Hexen-Roman „Der feurige Engel“ oder über das Experiment des Bewußtseinsdurchbruchs wie wenig später Andrej Bely in „Petersburg“, aber auch nicht wie die Realisten – über die Aufdeckung sozial- und ideengeschichtlicher Zusammenhänge. Er verband sie vielmehr, einem älteren Muster folgend, durch Reisen: Unterwegssein als die Daseinsform des Suchenden, kurze starke Berührung mit einander ausschließenden geistigen Sphären, Vorarbeit für das Leben, Gang nach den Flügeln. Da war weiter die Art des Umgangs mit den drei Reichen. Kusmins Erzählung hatte nichts von den Aufgeregtheiten über die geschichtliche Bestimmung Petersburgs oder der Altgläubigen und nichts von dem Bildungswust mancher Italienfahrer. Überall geht es ganz häuslich zu: Essen, Baden, Lieben, Lektüre, Theater, die Unterweisungen der Lehrer und wohlmeinenden Eltern, die nie endenden Verwirrungen der Gefühle – immer alles ein ganz klein wenig theatralisch und liebenswürdig überspannt. In einer Tagebuchnotiz aus der Zeit, da er die „Flügel“ schrieb, hat Kusmin seine Distanz zum Dämon Petersburg festgehalten, der man auch seine Abneigung gegen die Dämonisierung der Geschichte überhaupt entnimmt: „Ich weiß jetzt, was das ist: Schauder vor den schlammblinkenden Straßen Petersburgs unter brennenden Laternen, vor den Podjatscheskaja-Straßen usw. Das ist das Dostojewskische, Psychose, Hysterie, Raskolnikow, trunkene Reden, das Dunkel des Wahnsinns, der Selbstmord. Das ist, wovor ich zittere, was ich nicht will und nicht verstehe: und das nasse, glitschige Trottoir abends auf der engen Petersburger Straße – das ist ein Symbol. Das schwarze Wasser der Newa, ein Graus. Das Plumpsen eines Körpers, das Polizeirevier, der Ertrunkene, alles grob, finster, dreckig und darin etwas beinahe Tragisches – unnötig und verlogen.“

Für die russische Literatur war diese Verbindung der Welt-

erfahrenheit des Helden mit seiner Häuslichkeit prophetisch. Was unaufmerksamen Beobachtern von 1907 als Stilisierung und Flucht aus der Gegenwart erschienen sein mochte, erwies sich nach der Revolution von 1917 als ein Entwurf, der die literarische Arbeit mehrerer bedeutender Schriftsteller bestimmte. Nicht daß es einen direkten Kusmineinfluß gegeben hätte. Es ging um die Richtung der geistigen Anstrengung, nämlich Rußlands Weltoffenheit und revolutionäre Mobilität, Aufbruch, Ausfahrt, Umgetriebensein für die Poesie zu gewinnen, ohne sich ins Allgemeine und Deklamatorische zu verlieren. Und da trafen sich neben Boris Pasternak und Marina Zwetajewa mit Kusmin ein paar rege Geister: Lew Lunz, Freund Kawerins und Theoretiker des Westflügels der „Serapionsbrüder", mit seinem Aufruf, die russische Mobilität der Revolutionszeit durch das Studium der englischen und französischen Sujetkunst fassen zu lernen.
Ossip Mandelstam mit seinem Konzept eines „häuslichen Hellenismus", das die lebendigen Kräfte der griechischen Kultur in den Schoß des Russischen geflossen sah und darin die Gewähr für eine Prosa erblickte, die im Wort die lebendige Fülle und Einheit des Daseins faßt; die neue Prosa entstehe, so schrieb Mandelstam und zeigte es bald in „Rauschen der Zeit", aus dem, was er eigenwillig „Folklore" nannte, aus privaten Briefen, Erzählungen im Familienkreise, Tagebüchern, Erinnerungen, Eingaben und Kanzleiberichten, Gerichtsakten und Annoncen.
Oder Isaak Babel: Seine Odessa- und Reiterarmeeprosa vermählt die Schwere galizischer Schicksale mit levantinischer Weltgewandtheit.
Und bei aller Reserve endlich auch Anna Achmatowa: Ihr „Poem ohne Held" ist, was Kusmin immer vorschwebte – im Liebesgedicht die Welt.

„Die Abenteuer des Aimé Leboeuf"

Sind die „Flügel" der Roman des Gewinns welterfahrener Häuslichkeit, so ist der „Aimé Leboeuf" der Roman ihrer Steigerung ins Virtuose. Der Weg dahin war lang und schwierig.

Fragt man nämlich nach dem Ursprung der erlesenen Art von Kusmins Weltverkehr, so wird man in Herkunft, Bildungsweg und Kunstideal Elemente finden, die vor ihm keiner in einem russischen Leben hat vereinen können. Bei seinem Debüt lag eine fast zwanzigjährige Erprobung hinter ihm, die ihn durch alle Gefilde der Kultur geführt hatte. Er war im Oktober 1872 in Jaroslawl an der Wolga in einer adligen Altgläubigenfamilie geboren und in Saratow aufgewachsen. Seine Mutter war eine entfernte Verwandte des berühmten französischen Schauspielers der Voltairezeit Jean Aufresne, der 1785 nach Petersburg gegangen war; ihr Klavierspiel gehörte mit Puppentheater und früher Shakespeare- und E.-T.-A.-Hoffmann-Lektüre zu den Erweckungen des Jungen. 1885 nach Petersburg übersiedelt, ist ihm weniger das Gymnasium als vielmehr die Oper und Operette die Offenbarung der Hauptstadt. Ein Jahr darauf lernt er den gleichaltrigen Georgi Tschitscherin kennen, einen hochgebildeten, musischen, sprachenkundigen Jungen, den er sich als seinen Meister erwählt und der Kusmin in seinem Künstlertum unentwegt bestärkt. Tschitscherin hat nach der Revolution die sowjetische Außenpolitik wesentlich mitgeprägt, Brest, Rapallo, Genua und Locarno seien als Stationen genannt. Der Briefwechsel der beiden zwischen 1889 und 1905 ist nicht nur das Zeugnis der von Krisen gezeichneten Suche Kusmins nach seiner Bestimmung, sondern auch eine Vorschule der Prosa: die „Flügel" werden auf den Seiten dieser Korrespondenz ausprobiert. Allerdings ist von Literatur, gar Prosa, damals noch nicht die Rede. 1891, nach Abschluß des Gymnasiums, beginnt Kusmin am Konservatorium ein Musikstudium in der Klasse für Komposition bei Rimski-Korsakow, das er nach drei Jahren auf Anraten seiner Mutter abbricht, um sich im Mai 1895 auf eine Reise nach Ägypten zu begeben.

Konstantinopel, Kleinasien, Griechenland, Alexandria, die Pyramiden, der Nil, Memphis – Kusmin ist hingerissen und bleibt ein halbes Jahr in Alexandria, bis ihm das Geld ausgeht. Er studiert die altägyptischen Kulte, die frühchristlichen Sekten und Häresien, nicht aus geschichtlichem Interesse, sondern immer mit dem Verlangen, das ihn peinigt und zur Verzweiflung bringt, das ihn aus Ägypten zurück nach Rußland treibt, dann 1897 nach Italien und wieder zurück nach Nordrußland (für Jahre!) in die Einsiedeleien der Altgläubigen, einem Verlangen, das ihn in seiner Übermacht viermal das Kloster als erwünscht erscheinen läßt und das dann die Mitte aller seiner künstlerischen Bemühungen sein wird – dem Verlangen, Fülle und Einfachheit des Daseins zu bezeugen.

Es gibt einen Brief an Tschitscherin von etwa 1902, der das Erwachen aus der Ohnmacht ankündigt. Kusmin beklagt sich zunächst, daß auch der Freund hinter allem Künstlerischen „den Kern, das Dritte, das ganz Einfache [...] Häusliche" nicht bemerkt habe; denn hätte er, so Kusmin weiter, seinen wichtigsten Charakterzug zu bestimmen, so wäre das neben dem „Streben nach der Schlankheit des Milieus" das „Bedürfnis nach einer plastischen äußeren symbolischen Offenbarung der inneren Anschauungen". Die Kunst habe da wohl wenig zu bestellen. Am Schluß des Briefs nimmt Kusmin die Möglichkeiten durch: Ikonenmalerei – ja. Vielleicht noch besondere „poetische Kirchenbücher". Musik sicher nicht, und er meint hier zweifellos seine eigenen Versuche der neunziger Jahre, besonders die Opernpläne „Esmeralda" und „Kleopatra". Schließlich doch eine Chance – „angewandte Kunst, die ins Leben dringende Schönheit in der Antike und in der Renaissance und bei uns im Volk."

Es dauert keine zwei Jahre, und Kusmin hat in dieser „angewandten Kunst" seine Bestimmung gefunden. Anfang 1904 singt er bei dem Maler Konstantin Somow seine „Alexandrinischen Gesänge", von denen bald ganz Petersburg begeistert ist. Über Somow findet Kusmin Zutritt zur Künstlervereinigung des russischen Jugendstils „Welt der Kunst". Im Frühjahr und Sommer 1906 trifft man sich in der „Hafis-Schenke", einem geselligen Kreis, der sich in den Wohnungen der Freunde versammelt. 1906 auch gibt es die „Sonnabendgesellschaften" des Theaters der Kommissarshewskaja, auf denen Blok Kusmin kennenlernt. Und 1906 taucht Kusmin im berühmten „Turm" auf, der Wohnung des Dichters Wjatscheslaw Iwanow gegenüber dem Taurischen Palais, wo sich das geistige Petersburg mittwochs zu treffen pflegte. Kusmin gehört hier einige Jahre (übrigens mit dem bezeichnenden Spitznamen „der Abt") zur Familie und findet in Iwanow nach Tschitscherins Emigration einen

zweiten großen geistigen Partner. Kusmin trägt jetzt bei vielen Gelegenheiten seine „Spieluhr der Liebe" vor, eine Folge von vierundzwanzig Musikstücken, Liebeslieder zu allen Jahreszeiten; Noten und Text erscheinen bald darauf mit Federzeichnungen und Stichen Sergej Sudejkins und Nikolai Feofilaktows auf dem Markt. Überhaupt: nachdem Kusmin 1905/06 in den „Flügeln" seine Probezeit verabschiedet hat, ereignet sich jetzt so etwas wie eine Eruption. Er schreibt Gedichte, Geschichten, Romane, Mysterien, Pastorales. Er komponiert Operetten, Ballette, Pantomimen, Singspiele, auch Musiken zu den Stücken anderer Dichter. Im „Zerrspiegel", auf der „Intermedienbühne" und im „Streunenden Hund", wo immer intim experimentelles Theater versucht wird – Kusmin ist dabei, auch als Schauspieler und Sänger.
Hervorgehoben sei das Schlüsselereignis: Mit seiner Musik zu Meyerholds Uraufführung von Bloks „Schaubude", die im Dezember 1906 in der Ausstattung Sapunows am Theater der Kommissarshewskaja herauskam, war Kusmin entscheidend beteiligt an der Hinwendung des Regisseurs zum russischen Volkstheater und zur Commedia dell'arte, einer Wendung, die auf das russische und sowjetische Theater einen so umwälzenden Einfluß gewinnen würde. Und es ist Kusmins Idee gewesen, daß Meyerhold, um als einer der Direktoren eines Kaiserlichen Petersburger Theaters bei der Administration nicht anzuecken, seine experimentellen Inszenierungen als Hoffmanns „Doktor Dapertutto" herausbringen solle.
Eine köstliche Frucht dieses Augenblicks der Befreiung ist der „Aimé Leboeuf". 1906 geschrieben und „Dem lieben Somow" gewidmet, erschien das Büchlein 1907 mit Somows Vignetten in einem Einband nach Art des 18. Jahrhunderts, oktav, gepunkteter Karton. Diese Abenteuer eines Toren bilden das buffoneske Gegenstück zu den Prüfungen der „Flügel". Aimé, der mit seinem dritten Vornamen Ulysse heißt, wird durch die Länder und die Stände gewirbelt, bis er in einem deutschen Herzogtum Premierminister ist. Die Erzählung beginnt und endet im Nirgendwo – Aimé ist ein angenommenes Kind, ohne Eltern, Heimat und Kirche, und sein Weg verliert sich, als er der Französischen Revolution ausweicht. Es ist nicht der Entdecker, der hier gefeiert

wird, dazu fehlt ihm das Unternehmende. Es ist eigentlich auch nicht der Abenteurer, dazu fehlt ihm das Absichtsvolle. Was Kusmin hier erzählt, sind Traum und Weltfahrt eines Lebenskünstlers.
Wer versucht, die eigentümliche Gemütslage des Aimé Leboeuf zwischen Zaudern und Tollkühnheit zu beschreiben, wird sogleich merken, daß es sich auch um die Beschreibung eines Künstlertyps handelt, der Kusmin zumindest nahesteht. Da ist die ständige Bereitschaft zum Abenteuer, aber geknüpft an ein Zögern, eine Schwäche fast im Entschluß, daher die Notwendigkeit eines Anstoßes von außen. Dann eine starke Anhänglichkeit an Menschen und Milieu bei ebenso starker Ergebenheit in Verlust und radikale Veränderung. Endlich die Fähigkeit, geduldig, gehorsam, beinahe glücklich in Abhängigkcit zu leben und doch plötzlich unerwartet kühn den riskanten Ausbruch zu wagen.
Kusmin hat in beiden Richtungen weitererzählt: Die „Flügel" finden ihre Fortsetzung in der Romanfolge „Der zärtliche Joseph", „Schwärmer" und „Der stille Hüter", und „Aimé Leboeuf" wird fortgeführt in den „Reisen des Sir John Fairfax durch die Türkei und andere bemerkenswerte Länder", von denen allerdings nur der erste Teil erschien.

„Taten des Großen Alexander"

Daß sich Kusmin Alexander zuwenden würde, war nach seinem Debüt mit den „Alexandrinischen Gesängen" zu erwarten. In den Gesängen war das Lob Alexandrias erklungen, der Stadt Alexanders am Nil, eine Stätte, die Kusmin bei seinem Besuch berauscht hatte mit ihren Erinnerungen an die großen Jahrhunderte um die Zeitenwende, als hier unter dem Schutz des ptolemäischen Königshauses vesucht wurde, nach Alexanders Vorsatz die Kulturen des Orients und des Okzidents zusammenzuführen.
Kusmin schreibt seinen Alexanderroman 1908, mit einer Widmung für Valeri Brjussow erscheint er in den ersten beiden Heften der „Waage" von 1909. In den Eingangsworten des ersten Kapitels bezieht sich Kusmin auf zehn seiner gefeierten Vorgänger auf dem Felde des Alexanderromans,

deren Namen den Zug des Romans durch den Westen und den Osten aufrufen: Kallisthenes, der, ein Neffe des Aristoteles, Alexanders Geschichtsschreiber war, in Ungnade fiel und vor Alexander starb, dem man aber fälschlich den spätantiken Alexanderroman zuschrieb. Julius Valerius Polemius, der etwa 310 bis 330 eine der griechischen Fassungen des Romans ins Lateinische übertrug und sie in drei Teile gliederte – Alexanders Aufstieg, Taten und Tod. Vincent de Beauvais, der Alexander im 13. Jahrhundert in seiner Weltgeschichte feierte. Gualterius de Castilione oder Walther von Chatillon, der um 1184 ein lateinisches Epos in zehn Büchern verfaßte. Den Pfaffen Lamprecht, der im 12. Jahrhundert eine deutsche Übersetzung anfertigte. Auf Alexander von Paris (de Bernay), der um 1180 eine französische Fassung in 20000 Versen schuf. Auf Pierre de Saint Cloud, der Ende des 12. Jahrhunderts „Alexanders Testament“ dichtete. Die beiden Deutschen Rudolf von Ems und Ulrich von Eschenbach, die 1230 bis 1240 bzw. um 1280 ihre höfischen Alexanderromane schrieben. Und schließlich auf Firdusi, in dessen „Buch der Könige“, dem „Schahname“, Iskander natürlich eine bedeutende Rolle spielt, allerdings hier als Halbbruder des Perserkönigs.
Zwischen Kusmin und seinen „Vorgängern“ liegen bis zu 1500 Jahren. Der Alexanderroman, Lieblingslektüre des Mittelalters, war längst in die Hände der Gelehrten gelangt, die ihn als den kuriosesten, aber gefeiertsten Ausläufer der Alexandertradition, als ein Konglomerat von Schelmenstreichen, Lobreden und gefälschten Dokumenten studieren. Sie haben mit Recht darauf hingewiesen, daß Alexander, der jugendliche Eroberer und Einiger der griechischen Nation, durchaus auch Züge eines Kondottiere angenommen habe, eines Söldnerführers also, und daß die kulturelle Mission der Hellenisierung natürlich an die militärische Unterwerfung und handelspolitsche Erschließung geknüpft war.
Kusmin haben solche Überlegungen weniger beschäftigt. Er hat sich noch einmal entzücken lassen von der Tugend, den Taten, der Weisheit und Zeichenkundigkeit seines Helden, hat aber dies ganz im Gegensatz zu seinen Vorgängern atemberaubend kurz zu erzählen gewußt. So strich er zum Beispiel die langen Passagen, in denen Alexander mit

Dareios oder mit den indischen Brahmanen Briefe tauscht; zusammengezogen werden auch die Beschreibungen der Bauten in Dareios' Reich und der Wunder und Fabeltiere Indiens, alles Stellen, die in der griechischen Quelle besonders blühten. Im Vergleich zu den mittelalterlichen Bearbeitungen etwa Rudolfs und Ulrichs fehlen die höfischen Elemente, die ritterlichen Zeremonielle der Minne und Tourniere, die Schlachten werden knapp referiert. Statt dessen: ein eher häuslicher Alexander, enthaltsam gegen Frauen (was die Überlieferung nicht kennt und nun auch noch die Hochzeits- und Verführungsbilder wegfallen läßt), von Schlaflosigkeit geplagt und immer die Sterne befragend, ein Mann zwischen Bestimmung und Sterblichkeit, ein Mann, der in dreizehn Jahren ein Weltreich von der Donau bis zum Indus aufbaut und sich anschickt, die Lüfte und Meere zu erforschen, ein Mann im Wettlauf mit dem prophezeiten frühen Tod und ein Mann, der seine Verlorenheit und die Eitelkeit seines Tuns aushält.
Erzählt ist dieser Alexanderroman mit jener „schönen Klarheit", die Kusmin kurz nach der Zeitschriftenveröffentlichung in einem kleinen Essay pries. Er trug ihn im Herbst 1909 in Wjatscheslaw Iwanows „Turm" vor und fand damit so starken Widerhall, daß man den Dichter bis heute auf die „schöne Klarheit" festlegt, obwohl sie eigentlich nur zur Selbstbeschreibung der Prosa dieser Jahre diente. Der dunkle Kusmin wird uns bei Gelegenheit noch beschäftigen, sicher ist jedoch, daß es in dem Essay Sätze gibt, die ein für allemal gelten. Dazu gehört der Satz von der Reinheit des Stils, ein Satz, der die „Taten des Großen Alexander" ebenso beschreibt wie seine spätesten Arbeiten, in denen man „nie fürchten muß, daß auf ein Empiredach Schornsteine gesetzt werden oder zu einem griechischen Portikus ein gotischer Glockenturm".

Februar 1985

Sturmgesang und Maskenspiel: Bloks „Zwölf“

Nie in der Geschichte hat sich ähnliches zugetragen. Auf der einen Seite eine Handvoll Arbeiter und gewöhnliche Soldaten im Besitz der Waffen, die siegreiche Revolution repräsentierend – und dabei in vollster Armseligkeit; auf der anderen Seite ein wütender Haufe von Leuten, wie sie um die Mittagszeit die Bürgersteige der Fünften Avenue zu bevölkern pflegen, spöttelnd, schimpfend, schreiend: „Verräter, Provokateure!“

John Reed: Zehn Tage, die die Welt erschütterten

Denn ich sage euch: Es muß noch das auch vollendet werden an mir, das geschrieben stehet: „Er ist unter die Übeltäter gerechnet.“ Denn was von mir geschrieben ist, das hat ein Ende.

Lukas 22,37

1

Alexander Blok sprach von seinen „Zwölf“ nur mit größter Vorsicht. Selbst ihm, der mit Tod und Teufeln unerschrokken umgegangen war, war das Gedicht nicht ganz geheuer. „Erdgeist“ nannte er die körperliche Erregung des Januars und Februars 1918 – nach dem „Geist der Erde“, den Faust in seiner Erkenntnisnot um Hilfe anfleht, aber nicht erträgt. Am 29. Januar 1918, als Blok das Gedicht abschloß, heißt es im Notizbuch: „Ich verstehe Faust. ‚Knurre nicht, Pudel!‘“ Bei Goethe folgt:

„Zu den heiligen Tönen,
Die jetzt meine ganze Seele umfassen,
Will der tierische Laut nicht passen.“

Mephistopheles ist schon im Zimmer.

Die ausführlichste Äußerung zu den „Zwölf“, eine Niederschrift vom 1. April 1920, in der Blok biographische Voraussetzungen, Bauart und mögliche Wirkung des Gedichts bedenkt, zeigt diese Vorsicht als Skepsis des Apokalyptikers gegenüber dem „Tropfen Politik“ in den Versen:

Aleksander Blok

„... das letzte Mal ergab ich mich im Januar 1918 den Elementen nicht weniger blind als im Januar 1907 oder im März 1914. Ich widerrufe das damals Geschriebene deshalb nicht, weil es in Übereinstimmung mit den Elementen entstand: So vernahm ich zum Beispiel während und nach der Arbeit an den ‚Zwölf' mehrere Tage lang körperlich, mit dem Gehör ein großes Krachen um mich herum – ein anhaltendes Krachen (wahrscheinlich das Krachen vom Zusammenbruch der alten Welt). Daher muß, wer in den ‚Zwölf' politische Verse sieht, entweder sehr blind für Kunst sein oder bis an den Hals im politischen Dreck stekken oder von großer Bosheit befallen sein – gleichgültig, ob er ein Feind oder ein Freund meines Poems ist.
Es wäre allerdings auch nicht wahr, jegliche Beziehung der ‚Zwölf' zur Politik zu leugnen. Wahr ist, daß das Poem in jener außerordentlichen und immer kurzen Zeit geschrieben wurde, da der revolutionäre Zyklon einen Sturm auf allen Meeren erzeugt – auf dem Meer der Natur, auf dem Meer des Lebens und auf dem Meer der Kunst; auf dem Meer des menschlichen Lebens gibt es auch eine kleine Bucht von der Art der Marquis-Pfütze, die heißt Politik, und in diesem Wasserglas gab es auch Sturm – leicht gesagt: man sprach vom Ende der Diplomatie, von einer neuen Justiz, von der Beendigung des Krieges, der schon vier Jahre dauerte! – Die Meere der Natur, des Lebens und der Kunst schäumten auf, Wasserspritzer standen als Regenbogen darüber. Ich sah den Regenbogen, als ich die ‚Zwölf' schrieb; daher der Tropfen Politik. Wir werden sehen, was die Zeit damit macht. Vielleicht ist alle Politik so schmutzig, daß ein Tropfen alles trübt und verdirbt; vielleicht tötet sie den Sinn des Poems nicht ganz; vielleicht schließlich – wer weiß! – ist sie die Hefe, wegen der man die ‚Zwölf' irgendwann in nicht mehr unseren Zeiten lesen wird. Ich selber kann darüber nur voller Ironie sprechen; doch – maßen wir uns jetzt kein endgültiges Urteil an."
Der Tropfen Politik: Das Losungszitat? Die schimpfende Alte, die das Transparent in Fußlappen umrechnet? Der verdrossene Pope? Die Huren, die ihr Geschäft demokratisieren? Die Rote Garde? Bedenkt man, daß Blok unter Politik den Krämerstil des russischen Liberalismus, die Realpolitik, verstand, so sind diese robusten Eindeutigkeiten für

ihn das Gegenteil davon. Den russischen Bolschewismus hielt er eine kurze Zeit für etwas Größeres als eine politische Partei, nämlich für einen Teil jener „Weltrevolution", deren erste Seiten schon Catilina, der „römische Bolschewik", geschrieben habe und die sich in jüngster Zeit für ihn mit den Namen Michail Bakunin, Richard Wagner, August Strindberg und Wladimir Solowjow verband. Nein: irgend etwas mußte ihm nicht geraten sein an dem Gedicht, daß er so lange dabei verweilte.

Vieles spricht dafür, daß es der Schluß ist. Christus erscheint als ebenso unangreifbar vom Sturm, als ebenso unverwundbar wie die Zwölfer-Patrouille. Der Hund, der die Zwölf von Anbeginn verfolgt (Fausts Pudel?), wird auf seinen Platz verwiesen. Doch Blok war das „Weibliche" der Christus-Erscheinung nicht recht. „Nicht daß die Rotgardisten Jesu, der jetzt mit ihnen geht, unwürdig wären, aber daß gerade ER mit ihnen geht, wo doch der ANDERE mit ihnen gehen müßte." Wer sollte das sein?

Folgt man Bloks Bericht über seine Hingabe an die Elemente, so muß ihm das ausgesprochen Wertende des Schlußteils ein Ärgernis geblieben sein. An diesen Schluß klammerten sich die Deutungen. Jesus Christus (*mit* oder *unter* der Fahne oder *als* Fahne) geht den Revolutionären voran: Preislied? Lästerung? Blok war dieses Rätseln tief verhaßt. „Ich habe nur eine Tatsache konstatiert: wenn man *auf diesem Weg* in die Säulen des Schneesturms blickt, sieht man ‚Jesus Christus'." Wertung konnte nur aus dem Ganzen kommen, nicht aus einem Teil, einem Motiv.

Was Block vorschwebte, zeigt sein Brief an Juri Annenkow vom 12. August 1918, der als erster Zeichnungen zu den „Zwölf" anfertigte. Blok schrieb: „Zu Christus: So ist er ganz und gar nicht: ein Kleiner, gekrümmt wie der Hund hinter ihm, trägt brav die Fahne und *geht fort*. ‚Christus mit der Fahne' – das ‚stimmt und stimmt nicht'. Wissen Sie, daß (bei mir das ganze Leben hindurch), wenn eine Fahne im Wind schlägt (hinter Regen oder hinter Schnee und *vor allem* – hinter nächtlicher Dunkelheit), ich mir dann *unter ihr* einen Gewaltigen denke, welcher eine bestimmte Beziehung zu ihr hat (er hält sie nicht, er trägt sie nicht, wie – das kann ich eben nicht sagen). Das ist überhaupt das Schwerste, man kann das nur finden, aber ich bin nicht im-

stande, es zu sagen, wie ich es vielleicht am allerschlechtesten eben in den ‚Zwölf‘ zu sagen vermochte …
Wenn es aus der linken oberen Ecke der ‚Ermordung Katjkas‘ herwehte wie dichter Schnee und dort hindurch – Christus erkennbar, das wäre ein *getroffenes Titelbild.*“
Bloks Verleger Samuil Aljanski, der die „Zwölf“ nach der Zeitungsveröffentlichung mit Annenkows Zeichnungen herausbrachte, schrieb am gleichen Tag auf, Blok habe sich die Zwölf und Christus *hinter* diesem Gewaltigen, einem „größer werdenden Lichtfleck“, vorgestellt.
Der politische Liberalismus, die „Marquis-Pfütze“ (wie der Finnische Meerbusen ironisch nach dem Seefahrtsminister Alexander I., Marquis de Travers, genannt wurde), hatte damit tatsächlich nichts zu tun. Um so mehr die Ausbrüche von 1907 und 1914, die mit der Leidenschaft für die Schauspielerin Natalja Wolochowa und die Sängerin Ljubow Delmas die Gedichte der Bücher „Schneemaske“ und „Carmen“ hervorbrachten. Um so mehr mit dem „rettenden Gift der schöpferischen Widersprüche“, mit dem „Gift der Haßliebe“, wie Blok wenige Wochen nach den „Zwölf“ in seinem Wagner-Aufsatz „Kunst und Revolution“ „jenes ‚Neue‘, dem die Zukunft gehört“, beschrieb.
Die mörderischen Leidenschaften des Gedichts von 1918 erweisen sich als das Problem, nicht als Episode der „Zwölf“. Den Konflikt von Leidenschaft und Macht wertet Blok durch die Bauart seines Gedichts entschieden als geschichtliche Legitimation der Zwölf: Aufbegehren, Zorn gegen die „schreckliche Welt“, schöpferisch noch in der Verkehrung. In Bloks Sicht nimmt Christus dem Mörder Petrucha nicht die Schuld ab, sondern ist eins mit den Zwölf, deren einer der Mörder ist.
Blok schließt hier strukturell wie ideengeschichtlich an Puschkins „Ehernen Reiter“ an: Der Imperator Peter jagt im Bunde mit den Elementen, den über die Ufer der Newa getretenen Wassern, den kleinen Beamten Jewgeni, der seine Frau verloren hat und Peter fast zu drohen wagt, in den Wahnsinn. Die Stadt, den Sümpfen abgetrotzt, wird ihren Bewohnern zum Verhängnis. Was Puschkin zu leisten aufgab, war nicht weniger als die Vereinigung von Peter und Jewgeni, Macht und Menschlichkeit. Blok wußte, daß dieses „Peter und Jewgeni in eins“ den Konflikt bis ins Unsagbare

kompliziert: Petrucha, unser neuer Jewgeni, tötet Katjka, seine Geliebte, selber und darf – noch lauert der Feind – sich seinem Schmerz nicht überlassen. Den „Weltbrand im Blut“ ziehen die Zwölf wie einst der gespensternde Peter weiter, Petrucha ist einer von ihnen.

Der „Andere“, den Blok vor seinen Zwölf vermißte, hatte zweifellos diesem Konzept entsprechen sollen, und es gibt Hinweise, wie Blok ihn sich vorstellte. Einen Tag vor der ersten Notiz zu den „Zwölf“ schrieb er einen Plan für ein Jesus-Drama auf. In der Charakterisierung seines Jesus – „nicht Mann, nicht Frau“ – nahm Blok ein altes Bild auf, das er in dem Aufsatz zu August Strindbergs Tod 1912 entworfen hatte: Es sei Zeit für eine neue „Geschlechterauslese“, in der das männliche „Prinzip“ und das weibliche „Prinzip“ harmonischer als bisher verteilt seien. Strindberg sei eine der gelungensten „Proben“ dieser neuen Zusammensetzung gewesen und habe für die Überwindung eines Zustands gearbeitet, den Blok so beschrieb: „Wenn das Männliche zum Männchenhaften wird, entartet Zorn zu Bosheit; wenn das Weibliche zum Weibchenhaften wird, verwandelt sich Güte in Empfindsamkeit.“ Bloks „neuer Mensch“, als der sich der erhoffte „Andere“ erweist, ist – mit deutlicher Parallele zu dieser Strindberg-Metapher wie zu der „Zwölf“-Notiz – in einem Heine-Aufsatz von 1919 angedeutet, der Strindberg neben Wagner, Ibsen und Dostojewski auch direkt nennt:

„Der Mensch – ein Tier, der Mensch – eine Pflanze, eine Blume. Züge einer unerhörten, wie unmenschlichen, animalischen Grausamkeit; Züge einer ursprünglichen, genauso unmenschlichen, vegetativen Zärtlichkeit. All das – Gesichte, Masken, das Flirren unzähliger Gesichte; dieses Flirren bedeutet, daß der ganze Mensch in Bewegung gekommen ist, sein Geist, seine Seele, sein Körper ganz erfaßt sind von Wirbelbewegungen; in diesem Wirbel der politischen und sozialen Revolutionen, die kosmische Entsprechungen haben, entsteht der neue Mensch ...“

Bloks Vorsicht bezog sich andererseits auf den merkwürdigen Gegensatz von Material und Bauart seines Gedichts. Das Elementare, der „Sturm auf allen Meeren“, ist kunstvoll inszeniert. Der Sturmgesang wendet sich ins Maskenspiel. Das Mysterium findet auf dem Volksbilderbogen statt. Bezeichnend, daß Blok 1918 seine Frau, die Schauspielerin Ljubow Dmitrijewna Mendelejewa, in einem Petrograder Miniaturtheater mit dem Coupletsänger M. N. Sawojarow bekannt machte, um ihr zu zeigen, wie die „Zwölf“ gelesen werden müßten.

B. Gasparow und Juri Lotman haben 1975 darauf hingewiesen, daß der Tag der einzigen Sitzung der Konstituierenden Versammlung, der 5. Januar 1918 (alten Stils), den die Plakate als den Tag (oder einen Tag) der Vorgänge im Gedicht nennen, noch in die Weihnachtswoche fiel. Die Zwölfer-Patrouille könnte also ein Weihnachtsumzug sein, um den sich Maskierte, Puppenspieler, Guckkästner und Leierkastenmann scharen. Auch das Christus-Motiv lasse sich so konkreter fassen: ein Bilderbogen-Christus mit einem Kreuz aus weißen Papierrosen. Weiter sei denkbar, daß der Eifersuchtsmord Elemente des Stummfilms verarbeite.

Die „Zwölf“ wären dann: der triviale „Kriminalroman“, tragisch groß begriffen in Dostojewskis Tradition als ein Aufbegehren kindlicher Unmittelbarkeit gegen die Zwänge sozialer Ungleichheit – freilich nicht ohne den „ewigen Beigeschmack von Posse“, die Blok in einer Notiz vom 4. August 1917 an tragischen Vorgängen vermerkt.

Das Verhältnis von „Sturm“ und „Spiel“ in Bloks „Zwölf“ hat aber noch einen weiteren Bezug, der über die literarische Quelle einen geschichtlichen Anschluß vermittelt: Thomas Carlyles Metaphorik in seiner „Geschichte der Französischen Revolution“ (1834/35). Blok las das Buch 1911 in der russischen Ausgabe von 1907 und nannte es „genial“. In dem am 9. Januar 1918, also zu Beginn der Arbeit an den „Zwölf“ geschriebenen Aufsatz „Intelligenz und Revolution“ zitierte Blok aus Carlyles Satz über die Geburt der amerikanischen Demokratie: „Die Demokratie ist geboren und kämpft sturmumgürtet um Leben und Sieg.“ Jefim

Etkind hat in seiner Studie über die „Zwölf" 1972 erklärt, daß der „Gürtel der Stürme", von dem Blok in einer Abwandlung des Carlyletexts 1919 sprach, wie eine Beschreibung des Kompositionsprinzips des Gedichts wirke: die konzentrische Bauweise, in der sich jeweils das 1. und 12., das 2. und 11. usw. Kapitel aufeinander bezögen, zeige die ersten und die letzten drei Kapitel als den „Sturm-Gürtel" des Gedichts.

Carlyle beherrscht freilich in einem viel umfassenderen Sinn Bloks „Zwölf". Von den „rasenden Tornados von Fatalismus, blind wie Winde" bis zu den Straßen, die einem „lebendigen, schäumenden, sturmgepeitschten Meer" glichen, wird „Sturm" mit unerschöpflicher Phantasie abgewandelt. Carlyle stützte sich selber auf Älteres. Zeitgenossen der Französischen Revolution berichteten über das „Fest der Vernunft", auf dem sie „tanzten im sausenden Wirbel, wie jene Staubwirbel, die Sturm und Zerstörung vorangehen". Carlyle zitiert das Buch Hiob: „Und siehe, da kam ein großer Wind von der Wüste her, und stieß auf die vier Ecken des Hauses ..." (1,19). Wind als Vorbote, Dirigent, Vollstrecker.

Wichtig wurde für Blok Carlyles eigenartige Theater-Sicht auf die Revolution. Wie matt und unerquicklich, ruft Carlyle im Kapitel „Menschheit" aus, blieben doch alle vorbedachten Szenen gegen die Ausbrüche der Natur. Das erste nationale Bundesfest, das am 19. Juni 1790 stattfand, schildert er ironisch als höchsten Triumph, den die Thespische Kunst bisher gefeiert habe – ein fragwürdiger „Mummenschanz der Nation". Wie anders dagegen die „Krone aller Phänomene unserer neuesten Zeit" – der Sansculottismus. Man lese Carlyles hochtheatralisierte und zugleich naiv bilderbogenhafte Schilderung vom Auftauchen dieses „transzendentalen Phänomens", um Bloks Wertung des Marschs der Zwölf wiederzusehen:

„... als es keine Wirklichkeit mehr, sondern nur Trugbilder des Wirklichen gab, als Gottes Welt vornehmlich das Werk von Schneidern und Dekorateuren und die Menschen steifleinene Masken zu sein schienen, die kopfnickend und fratzenschneidend darauf umhergingen – da tut sich plötzlich die Erde gähnend auf, und im Höllenrauch und Feuerschein hervorlodernder Höllenflammen steigt der Sansculottismus tausendköpfig, feueratmend empor und fragt: ‚Was denkt ihr von mir?'"

Nicht daß Blok es von Carlyle hätte leihen müssen. Spiel im Sinne der Kunst als Spiel auf Leben und Tod hatte er viele Male getrieben. Geradezu skandalös im lyrischen Drama „Die Schaubude" (1906), als er das „letzte Abendmahl" zu einer „grausamen Harlekinade" machte. Doch nun galt es die Revolution. Bloks kunstvolles Spiel vom „Sturm auf allen Meeren" in den „Zwölf" erwies sich für ihn als die einzige Möglichkeit, der Erfahrung des „Gewaltigen" Herr zu werden, das „anhaltende Krachen" zu überleben. Am 9. April 1918 erwähnt Blok in einem Brief an Andrej Bely den Kräfteverfall nach dem Erscheinen des „Erdgeists", von dem er sich nun zu erholen glaube. Bely, mit dem Blok seit 1903 eine mehrmals in erbitterte Feindschaft umschlagende Freundschaft verband, hatte Blok davor gewarnt, „all zu andere Noten zu wählen". Blok wehrte ab, es gebe keinen Grund zum Erschrecken.

In Wirklichkeit hat sich Blok von diesem Januar 1918 nie wieder erholt. Die vielen Funktionen, der Verwaltungsalltag in der Theaterbehörde (den er akkurat, manchmal mit Hingabe durchstand), Gutachten, Reden, Auftritte, der Ärger mit Umzug und Steuern, die Jagd nach Stearinkerzen – alles wäre zu ertragen gewesen, wenn ihm nicht immer mehr klargeworden wäre, daß er seinen poetischen Angriffspunkt verloren hatte. Seine Ämter waren nicht nur Broterwerb, sie waren Ausflucht: Nicht weil er überlastet war, dichtete er nicht mehr, er überlastete sich, weil er nicht mehr dichten konnte, weil er „ertaubt" war, weil die „Musik der Revolution" nicht mehr zu hören war. Mit den „Zwölf" war alles gesagt. Blok war außerstande, sich selbst einzuholen. Die Reden und Aufsätze über Catilina, den Zusammenbruch des Humanismus, über Wladimir Solowjow und die Bestimmung des Dichters waren Rückannäherungen an das Gedicht.

Larissa Reißner bemühte sich 1919, Blok für die Partei der Bolschewiki zu gewinnen; es gab Gespräche, man ritt zusammen aus. Aber der Versuch mußte scheitern. Die Bolschewiki waren durchaus eine politische Partei mit einer Strategie und einer Taktik, und die politische Ökonomie, die nach Bloks Worten das „hohe, kalte und zornige Wissen um die soziale Ungleichheit" erniedrige, wurde betätigt als die Wissenschaft von der Entwicklung der gesellschaftlichen Produktionsverhältnisse. Die Neue Ökonomische Politik brachte Blok endgültig aus dem Gleichgewicht. Er spürte, wie aus allen Ritzen das alte Leben mit Caféhausmusik und Krämergeschäftigkeit wieder hervorkroch. Diese elenden Feiglinge, denen er 1918 hatte das Haus bewachen müssen, sollten wieder das große Wort führen?! Im April 1921 wurde die sich steigernde Ermüdung zur akuten Krankheit. Nervenzerrüttung, Skorbut, Herzklappenentzündung lautete die Diagnose. Gegen eine Kur im Ausland sträubte sich Blok hartnäckig. Als er schließlich einwilligte, nach Finnland zu gehen, kam die Genehmigung für seine Frau zu spät. Einundvierzigjährig starb Alexander Blok am 7. August 1921.

3

Das Artifizielle dieses Sturmgesangs macht einem Nachdichter schwer zu schaffen. Er hat es zwar im einzelnen mit „einfachen" Gattungen zu tun: Soldatentschastuschka, Abschiedsklagelied, Romanze, Marschzitat, Losungsformel. Das alles aber in Bloks Mystik des Alltags, der geheimnisvollen Erhöhung des Trivialen. Die robusten Eindeutigkeiten im vieldeutigen Spiel der Poesie. Die „Zwölf" sind immer die Zwölfer-Patrouille und die Jünger und (nach einer Randnotiz Bloks zum zehnten der zwölf Kapitel) auch die zwölf Räuber nach Nikolai Nekrassows Moritat „Von den beiden großen Sündern" in „Wer lebt glücklich in Rußland?".
Der „Hund" ist der „Pudel", der „Hungerhund" und der herrenlose Köter am Ende des Weihnachtsumzugs. Jesus ist das himmlische „Licht" Emanuel Swedenborgs, der Mann hinter der Fahne und der Bilderbogen-Christus.
Von den elf bisher erschienenen deutschen Nachdichtungen sind zwei bedeutend. Die Wolfgang E. Groegers von 1921, die 1970 in der Chronik in Vers und Plakat „Links! Links! Links!" neu gedruckt wurde. Und die Paul Celans von 1958, die hier nach seinen ebenfalls im Reclam-Verlag gedruckten Jessenin- und Mandelstam-Nachdichtungen zum erstenmal in der DDR erscheint.
Wie dieses „Erdgeist"-Gedicht übersetzen? Groeger folgte

dem Original mit großer Wörtlichkeit. Für manche Stellen sind bis heute keine treffenderen Entsprechungen gefunden worden. Celan entfernt sich stärker vom Original, was im einzelnen zu Sinnverschiebungen führt, gewinnt aber durch die Reproduktion des rhythmischen Wechsels, der Sprach- und Versstruktur eine deutsche Entsprechung für das Ganze. Zwei Beispiele. Im dritten Kapitel wird der im politischen Vokabular der Zeit verbreitete „Weltbrand" aufgenommen.

Wolfgang E. Groeger:	Paul Celan:
Fachen an den Weltbrand, Würger	Allerorten, allerwegen
Dieser Welt der lieben Bürger,	Wolln, Burschui, wir Brände legen.
Weltbrand in Gehirn und Blut.	Das Blut soll kochen und sich regen.
Herrgott, segne unsre Wut!	Herr im Himmel, gib den Segen!

Das zehnte (und abgewandelt das elfte) Kapitel beschließt der an die „Warschawjanka" erinnernde Vers: „Wperjod, wperjod, wperjod, / rabotschi narod!"

Wolfgang E. Groeger:	Paul Celan:
Vorwärts! Vorwärts zur Tat!	Volk der Arbeit, bleib nicht stehn.
Proletariat!	Weiter mußt du, weitergehn!

In beiden Fällen sind Celans Fassungen unverbindlich, abschwächend, berauben den Text der Konkretheit. Auch vom Schneesturm im revolutionären Petrograd bleibt mehr die Welt im Schnee, wie wir sie aus Celans Gedicht „Heimkehr" (1959) kennen.

Schneefall, dichter und dichter,
taubenfarben, wie gestern,
Schneefall, als schliefst du auch jetzt noch.
Weithin gelagertes Weiß.
Drüberhin, endlos,
die Schlittenspur des Verlornen.

Darunter, geborgen,
stülpt sich empor,
was den Augen so weh tut,
Hügel um Hügel,
unsichtbar.

Auf jedem,
heimgeholt – ein Heute,
ein ins Stumme entglittenes Ich:
hölzern, ein Pflock.

Dort: ein Gefühl,
vom Eiswind herübergeweht,
das sein tauben-, sein schnee-
farbenes Fahnentuch festmacht.

Vorbereitung auf Blok, Echo auf Blok. Gewinn und Verlust in Celans „Zwölf"-Text bedingen einander. Niemand außer ihm hat diese „monumentale Tschastuschka", wie Ossip Mandelstam das Gedicht nannte, mit auch nur annähernder rhythmischer Virtuosität ins Deutsche gebracht.
Celans Text im Ohr, wird man die Faszination verstehen, die von dem Sturmgesang und Maskenspiel nach Juri Annenkow auf die Russen Wassili Masjutin, Michail Larionow, Natalja Gontscharowa, Andrej Gontscharow und Nikolai Dmitrewski ausging und nun – unseres Wissens zum erstenmal – auch auf einen Deutschen.
Celans Text im Ohr, versteht auch der deutsche Leser, daß Bloks Bedenken von 1920 nicht enden werden. Die Bedenken des Dichters, der fürchten muß, sein Bild von der Zeit könnte zu klein geraten sein. Die „Zehn Tage, die die Welt erschütterten" – gingen sie nicht einzig und allein mit dem Allergrößten zusammen, was die Menschheit bisher erlebt hatte?
Es ist das „rettende Gift der schöpferischen Widersprüche" zwischen dem Bericht des Chronisten John Reed und des Evangelisten Lukas, das Bloks nachsymbolistischen Epochenvergleich in unseren Zeiten zu lesen zwingt.

Januar 1976

ISAAK BABEL

Alter Leib geschüttelt von den Stürmen der Phantasie

Ursprünglich schloß Babel seine „Reiterarmee" mit der Geschichte „Der Sohn des Rabbi". Es ist die Geschichte vom Tode Elijas, des einzigen Sohnes des Rabbi Motale Brazlawski, eines Jünglings „mit den Zügen Spinozas, mit Spinozas wuchtiger Stirn und dem abgezehrten Gesicht einer Nonne". Es ist die Geschichte vom jüdischen Dichter aus Odessa, der auszog, die Fröhlichkeit zu suchen, und von Rabbi Motale bestärkt, aber auch beschwichtigt wurde in seinem Vorsatz: „Der Schakal heult, wenn er hungrig ist. Zur Mutlosigkeit reicht die Dummheit jedes Dummkopfs. Und nur der Weise zerreißt mit seinem Lachen den Schleier des Seins." Und es ist die Geschichte vom Entzükken an der Welt, das einen durch Jahrtausende empfindsam, empfindlich gewordenen Leib zu sprengen droht.

Elija, der Sohn des Rabbi, starb. „Und ich, der ihn auf einem meiner nächtlichen Gänge kennengelernt hatte, ordnete die Habseligkeiten des Rotarmisten Brazlawski, die verstreut umherlagen. – Alles lag durcheinander: Ausweise des Agitators und Notizen des jüdischen Dichters. Die Bilder von Lenin und Maimonides, Lenins kantiges Eisen und das matte, seidenweiche Antlitz des Maimonides. In den Beschlüssen des VI. Parteitags steckte eine Frauenlocke, schiefe Zeilen hebräischer Verse bedeckten die Ränder kommunistischer Flugblätter. In wehmütigem dünnem Regen trafen sie mich, die Seiten aus dem ‚Hohenlied' und die Revolverpatronen. Und der Trauerregen des Erlöschens wusch mir den Staub aus dem Haar [...]. Er starb, noch bevor wir in Rowno eintrafen. Er starb, der letzte Prinz, inmitten von Gedichten, Amuletten und Fußlappen. Wir beerdigten ihn auf einer einsamen Station. Und ich, dessen uralten Leib die Stürme der Phantasie fast sprengten, ich empfing den letzten Hauch meines Bruders."

Der Tod eines Bruders, eines Dichters wie er, Babel – es könnte sein eigener sein. Mußte auch er, emporgerissen vom Sturm der Phantasie, zerschellen, um das Kostbare herzugeben, die Splitter einer Geistigkeit, die sein Leib nicht mehr zusammenfügt? Die nach dem Leib des Bruders rufen, wieder, daß er den letzten Hauch empfange – sein Vermächtnis? War die Welt nicht anders zu gewinnen als durch den halsbrecherischen Sturz? Was dann die „Reiterarmee" ausmachte – die Fröhlichkeit, die der Jude suchte, das Lachen des Weisen, das Entzücken des Dichters – nur ums Zerspringen?

Wohlweislich hatte Babel sich gehütet, früher als im letzten Satz an dieses Geheimnis zu rühren; denn schlimmer als alle Fremdheit, schlimmer als die Ohnmacht zu töten, die wirkliche Gefahr und seine tiefste Not war: daß der Leib nicht standhielte, und Leib meinte alttestamentarisch Körper und Seele noch in eins.

Was hier den Leib erschütterte, den Leib eines asthmatischen Odessaer Juden, der unter Kosaken reiten lernte, das war die Weltrevolution in ihren verstörenden wie berükkenden Ausdehnungen zwischen dem „Hohenlied" auf die Schönheit der himmlischen Braut und ihres Bräutigams und den Revolverpatronen, zwischen den Denkern Maimonides und Lenin, zwischen hebräischem Vers und kommunistischem Flugblatt.

Was den Leib erschütterte, war der Zusammenprall der Welten, aus dem die menschliche Einbildungskraft die wunderlichsten Einfälle zog: Gedalja, Trödler in Shitomir, begründet die IV. Internationale, die unerfüllbare Internationale der guten Menschen. Sidorow, Anarchist, lernt Italienisch, um nächstens die Revolution in Italien durch Königsmord einzuleiten. Chlebnikow, Schwadronskommandeur, verläßt die Kommunistische Partei, weil sie ihm seinen weißen Schimmelhengst zurückzugeben nicht imstande ist.

Was da den Leib erschütterte, war von der elementaren Gewalt und erotischen Bezüglichkeit einer Windsbraut, und ich glaube schon, daß Babels „Pferdeproblem", das er einer Freundin gegenüber als den Sinn seines Lebens bezeichnete, seine Pferdeliebe und sein Pferdewissen, Rätsel der Armeezeit, das er dann als Reiter im Kaukasus, im Moskauer Hippodrom und im Gestüt von Molodjonovo ritt und in einem „Pferdefilm", später „Pferderoman" zu erraten gedachte, daß dieses „Pferdeproblem" mit der alten Vorstellung von der Pferdegestalt der Windsbraut, ihrer Kraft, Eleganz und geheimnisvollen Zärtlichkeit sehr wohl zu tun hat.

War es nicht diese Sehnsuchtsfigur seiner Einbildungskraft – die Pferd-Sturm-Windsbraut –, die Babel später den verräterischen Schluß der „Reiterarmee“ notdürftig zu verbergen gestattete? 1931, fünf Jahre nach der ersten Veröffentlichung des Zyklus, stellte der Dichter dem „Sohn des Rabbi“ die Geschichte „Argamak“ nach, die Geschichte eines Pferdes, das zuschanden geritten und wieder geheilt worden war, und die Geschichte eines Reiters, den die Kosaken verfolgt, dann aber in Ruhe gelassen hatten: „Monate vergingen. Mein Traum erfüllte sich. Die Kosaken verfolgten mich und mein Pferd nicht mehr mit den Blicken.“

In Wirklichkeit schützte den Leib indessen nicht dieser Nachtrag. Babel genoß den Schutz eines einzigartigen Erbes, das er am Beginn seiner Versuche mit Sinnen angetreten hatte und das der Ort war, von dem er ausging und an den er zurückkehrte – den Schutz Odessas. Odessa war die Fähigkeit und Lust zur Assimilation, die unbegrenzte Aufnahmebereitschaft einer russisch-jüdischen Hafenstadt mit französischer Kolonie, deutschen Elementen und – ukrainischem Hinterland.

Odessa, das waren die Dampfer aus Newcastle, Cardiffe, Marseille und Port Said im Hafen und die gestikulierenden, leicht entflammbaren und leicht verzweifelnden Juden in der Stadt, die „heiraten, um nicht einsam zu sein, lieben, um in den Jahrhunderten zu leben, und liebevolle Väter sind, weil es sehr schön und sehr notwendig ist, daß man seine Kinder liebt“.

Odessa: „Eine fromme Stadt“, sagt Rabbi Motale bei Babel. „Der Stern unserer Verbannung, der unfreiwillige Born unserer Leiden.“ Die Stadt des Gettos, der Pogrome, der jüdischen Selbsthelfer und Gentlemenverbrecher und des Odessaer Comités, das als Gesellschaft zur Unterstützung jüdischer Landarbeiter und Handwerker im Syrien und Palästina der Jahrhundertwende von Bedeutung war für die jüdische Kolonisation.

Odessa war die Stadt des Getreideumschlags, des grünlichen Dunsts von geschüttetem Weizen, die Stadt der Oliven aus Griechenland, des Öls aus Marseille, des Malaga aus Lissabon und der Orangen aus Jerusalem.

Und: Odessa war das Schwadronieren und Mystifizieren, die pure Freude am Erfinden und Phantasieren, die Sehnsucht nach der Musik der Worte. Das sonnige Odessa hatte einen Hauch von Levante, jener kleinasiatischen Mittelmeergegenden, aus denen seit tausend Jahren, seit der mittelalterlichen See- und Handelsherrschaft Italiens die Mittler zwischen Europa und dem Osten kamen, Abkömmlinge von Europäern, vor allem von orientalischen Müttern, die die Sprachen beider Sphären geläufig sprachen, deshalb im Handel und Austausch unentbehrlich waren, aber im Rufe eines allzu großzügigen Umgangs mit der Wahrheit, oder besser: mit den Tatsachen standen.
Es gibt ein Foto, das Maxim Gorki im Gespräch mit André Malraux auf der Krim zeigt, Babel dolmetscht: Es ging um Nietzsche, den Malraux schätzte und in die neue Welt gerettet sehen wollte, den Gorki aber gar nicht mochte. Dies erschien mir immer als der Inbegriff einer sublimen späten levantinischen Szene: Gorki, der feine Mann des Ostens, keiner anderen Sprache mächtig als des Russischen, Malraux, der feine Mann des Westens, ohne Kenntnis des Russischen. Dazwischen Babel, der Talmudschüler aus Odessa, sicher nicht nur sprachlich der Mittler, mit seinem blendenden Französisch und nicht weniger blendenden Russisch.
Hier tritt er einem leibhaftig entgegen – der Sproß Odessas: levantinisch anschmiegsam, ohne die geringsten Schwierigkeiten im Umgang mit den Leuten und so sehr verliebt in die Welt des Organischen, daß er das Geborenwerden nicht nur an den vielen Kindern in seinen Geschichten und Schauspielen bestaunte, sondern noch an seinen eigenen Sätzen. Weltoffen, mit einer unersättlichen Neugier, die ihm erlaubte, den Inhalt einer Damenhandtasche, gar eines fremden Liebesbriefes, den er für einen symbolischen Rubel zu sehen bekam, mit der gleichen – freilich trügerischen – Unbefangenheit auszukundschaften, wie den GPU-Chef Jagoda, dessen Frau er gut kannte und mit dem er nach einem Besuch bei Gorki plötzlich allein war, zu fragen: „Genrich Grigorjewitsch, sagen Sie bitte, wie soll man sich verhalten, wenn man Ihnen in die Fänge gerät?“ Worauf der lebhaft geantwortet habe: „Alles abstreiten, was für Anschuldigungen wir auch vorbringen, immer ‚nein‘ sagen, nur ‚nein‘, alles leugnen – dann sind wir

machtlos." Späterer Kommentar Babels zur Zeit der Massenverhaftungen unter Jeschow und Berija: „Bei Jagoda war es im Vergleich zu jetzt sicher noch human."
Trügerisch war diese Unbefangenheit, weil in ihr der Schalk lauerte, immer bereit, sich von einer unerwarteten Wendung der Dinge bezaubern zu lassen, diesem Zauber im Nu eine Geschichte zu geben – aus reiner Lust am Erfinden und Irreführen, aber zugleich, um das Verwirrspiel der Ablenkung, des Versteckens zu betreiben. Gut odessisch war Babel ein Meister der Mystifikation. Er erzählte die ganze Welt um. Gefragt, woher die Moskauer Gasse, in der er viele Jahre wohnte – Nikoloworobinski pereulok in der Nähe des Pokrowskitors –, ihren Namen habe, antwortete er ohne zu zögern: Die kleine Kirche gegenüber heiße Nikola auf den Spatzen, weil man sie aus dem Erlös gebratener Spatzen errichtet habe. Tatsächlich kommt der Name von einem alten russischen Wort für Spindel – nicht „vorob'i", sondern „vóroby". Einer seiner Mitbewohner in dem Haus auf der Nikola-auf-den-Spatzen-Gasse war der unglaublich korrekte und akkurate Ingenieur Bruno Steiner, Österreicher, unverheiratet, von dessen Junggesellenschaft Babel erzählte: In seiner Jugend habe er ein Mädchen sehr geliebt. Bei der Strenge seiner Eltern seien die jungen Leute nie alleine gewesen. Ein oder zwei Jahre lang. Als sie dann endlich zusammen waren und Steiner das Mädchen auszog, habe er sehen müssen, daß sie eine große und eine kleine Brust hatte. Bei seiner Pedanterie habe er so etwas Unsymmetrisches nicht ertragen können und sei Hals über Kopf geflohen. Die beiden hätten sich nie wiedergesehen. Da Steiner sie aber liebte, habe er später nicht geheiratet. In der Geschichte „Mein erstes Honorar" läßt Babel einen jungen Dichter erzählen, wie er die Liebe der Tbilissier Prostituierten Vera gewann durch ein erfundenes Leben, das ihn zum Geliebten der Männer und also zu ihrer Schwester machte. Die zwei goldenen Fünfer, die Vera zurückweist, wurden sein erstes und höchstes Honorar. Er sterbe nicht, bis daß er den Händen der Liebe noch einen Goldenen entrissen habe, seinen letzten.
Entscheidend für die Erfindungen der „Reiterarmee" wurde aus dem Odessaer Erbe die merkwürdige Verknüpfung von Intimität und Distanz. Der fremdeste Mann in der ganzen

Reiterarmee erfährt das Verborgenste. Das konnte nur geschehen, weil die kreatürliche Intimität mit Menschlichem, die Babel Odessa verdankte, nicht die Intimität der Ironie war, sondern die Intimität der Trauer – höchste Sammlung und allernächste Anteilnahme, und weil das reine Entzükken an dieser Intimität nur aus der Distanz zu erzählen war, abermals nicht der Distanz der Ironie, sondern der Distanz der Trauer. So schützt die Kunst den von den Stürmen der Phantasie geschüttelten Leib.

Trauer worum? In seinem Reiterarmee-Buch von 1920 fragt sich Babel: „Woher kommt meine unablässige Trauer?" Seine Antwort: „Das Leben birst, ich bin auf einer nie endenden Totenfeier." In dem Tagebuch blieb auch ein unvollendeter Brief liegen, ein Brief vom 13. August 1920:

> „... Über uns ein hinreißender Himmel, eine warme Sonne, rings um uns duftet es nach Tannen, schnauben Hunderte von Steppenpferden – hier müßte man *leben*, doch unsere Gedanken beschäftigen sich mit dem Töten. Es mag töricht klingen, aber Krieg ist, obwohl tatsächlich manchmal schön, in jedem Fall schädlich.
>
> Ich habe hier zwei Wochen völliger Verzweiflung hinter mir, das kam von der rasenden Grausamkeit, die hier nicht eine Minute verhält, und davon, daß ich deutlich begriffen habe, wie ungeeignet ich für das Werk der Zerstörung bin, wie schwer es mir wird, mich vom Alten zu lösen, [...] von dem, was vielleicht schlecht ist, für mich aber nach Poesie duftet, wie der Bienenstock nach Honig; jetzt komme ich wieder zu mir, was soll da weiter sein – die einen werden die Revolution machen, und ich werde das singen, was sich abseits findet, was tiefer liegt, ich habe das Gefühl, daß ich das kann und daß dafür Platz und Zeit sein wird [...] ich bin zu mir gekommen, hundert Pferdestärken toben in meiner Brust, ich denke wieder meine Gedanken, und die zwei Teufel, d. h. Bomben, die vor einer halben Stunde hundert Schritt von uns entfernt explodierten, können mich nicht daran hindern ..."

Was Babel dank dieser Verknüpfung von Intimität und Distanz dann in der „Reiterarmee" erzählen konnte, war das

Entzücken an den Leidenschaften der Menschen nicht nur angesichts oder eingedenk ihrer Tödlichkeit, sondern aufgrund ihrer Tödlichkeit.

Das mußte freilich mißverstanden werden. Als Viktor Schklowski Babel lobt, weil er als einziger neuer Schriftsteller inmitten der Katastrophen „stilistische Kaltblütigkeit" bewahrt und mit der gleichen Stimme von den Sternen und vom Tripper gesprochen habe, urteilt er ebenso wie der empörte Semjon Budjonny, seinerzeit Babels militärischer Vorgesetzter, der die „Reiterarmee" als „Weiberklatsch" und erotomane Hinterhofhistörchen beschimpft. Warum ist wohl niemand darauf gekommen, „Kaltblütigkeit" und „Weiberklatsch" als Distanz und Intimität zusammen zu sehen? Die Weltrevolution als Weiberklatsch, erzählt mit der genialen Geduld eines Naturforschers, der die wilden Verwandtenmorde unter Gottesanbeterinnen mitteilt – in der Tat, was für ein Ereignis! Lag es vielleicht daran, daß weder Schklowski noch Budjonny etwas von der Kraft des Entzükkens ahnten, die da am Werke war und den Leib zu zerreißen drohte? Schklowski, weil sie für ihn als einen Denker, der Leben und Kunst aus einer überschaubaren Zahl von Verfahren gemacht sah, nicht faßbar war, und Budjonny, weil er nichts außerhalb seines maskulin-soldatischen Heldenbildes akzeptierte.

Wenn Babel selber Auskunft gab, hat er selbstverständlich nie davon gesprochen, welch ungeheurer Anstrengungen es bedurfte, um dieser Verknüpfung von Intimität und Distanz gewachsen zu sein. Ob er geahnt hat, worauf er sich einließ, als er 1916 einen Entwurf der neuen leichten hellen Kunst machte, deren Messias, ein russischer Maupassant, aus den „sonnigen, meerumspülten Steppen" des Südens kommen werde? Man habe es ja erlebt, schrieb er damals, kaum in Petrograd angekommen, wie das neblige Petersburg im Werke Gogols das üppige ukrainische Poltawa besiegte. Tauige Morgen und Frieden der Nacht dann bei Turgenew, das graue Pflaster und der schwere Nebel bei Dostojewski. Selbst Gorki, der als erster von der Sonne sprach, sei ein Ausrufer der Wahrheit geblieben, wo ein Sänger der Sonne erwartet werde.

„Maupassant hingegen", schreibt Babel 1916 mit Bezug auf dessen „L'aveu", „weiß vielleicht nichts, vielleicht alles; die

Postkutsche rumpelt die glutschwelende Landstraße entlang, in der Postkutsche sitzt der dicke und verschmitzte Bursche Polyte mit der gesunden drallen Bauerndirne Céleste. Was sie da machen und warum, das ist ihre Sache. Dem Himmel ist heiß, der Erde ist heiß. Polyte und das Mädchen sind schweißgebadet, und die Postkutsche rumpelt über die gluthelle Landstraße. Das ist alles."
Erst später, in seinen autobiographischen Erzählungen der dreißiger Jahre, in denen Babel auch auf Maupassant zurückkam, hat er uns die Fröhlichkeit dieses Entwurfs als frühe Mystifikation lesen gelehrt. Aus dieser Zeit stammt auch sein verstohlenes Selbstbekenntnis. Als nämlich Eduard Bagrizki 1934 starb, beschrieb Babel am Beispiel seines Odessaer Freundes den Grad an Konzentration, der allein jene ersehnte Intimität und Distanz seiner Dichtung und also den Schutz des Leibes gewährte: „Nicht einer physiologischen Potenz", schrieb Babel, „entsprang Bagrizkis Werk, es kam aus einer über alle Norm gesteigerten Leistung seines Herzens und seines Gehirns, gesteigert im Vergleich zu dem, was wir für die Norm halten und was einst das kärgliche Existenzminimum des Herzens sein wird." Das hat ebensoviel an ehrfürchtigem Schauer vor der Utopie wie an dramatischer Selbsteinrede, denn an nichts litt Babel so wie an der nachlassenden oder aussetzenden Fähigkeit, sich zu sammeln. Die Briefe der Wende von den zwanziger zu den dreißiger Jahren sind voller Klagen über Zerstreuung und Zerfahrenheit, die nicht Babels Sorge allein waren, sondern eine Änderung des geistigen Klimas anzeigten.

„Ich habe mir eine Sisyphusarbeit aufgeladen [...] und mein Gehirn läßt mich oft im Stich, bin vollkommen überanstrengt, ich muß all meine Willenskraft aufbieten, um als Sieger hervorzugehen aus dem Kampf, den ich jetzt führe, aus dem Krieg mit den eigenen Nerven ..." (1928)

„Meine ukrainische Reise unternehme ich, um Material zu sammeln und mein Gehirn zu lüften. Es funktioniert ‚mittel', irgendwie überreizt, erschöpft, es bleibt hinter dem ‚Aufflug der Gedanken und Leidenschaften' zurück.

Wenn ich zu Verstand komme, dann verteufelt langsam, quälend langsam. Und wenn ich dann bei Verstande bin, krepier ich." (1929)

„Ich habe die ganze Zeit nicht geschrieben, weil ich mich körperlich sehr mies fühlte und mir nicht gerade froh zumute war. Die Unbehaustheit wirkt sich auf meine Produktivität aus, ich muß seßhaft werden – und Sie wissen, wie schwer mir das fällt." (1930)

„Meine Reise war in jeder Hinsicht erfolglos und sinnlos. In der Arbeitsstimmung, in der ich mich befand, hätte ich mich nicht von der Stelle rühren sollen, so ist alles kaputtgegangen; da ich arbeiten mußte, habe ich, was ich sehen wollte, gar nicht zu Gesicht bekommen, und wegen des (peinigend) ungünstigen Hin und Her der Reise kam ich nicht zum Arbeiten. Ich kann mich an keine Zeit in meinem Leben erinnern, zu der ich so düster war wie jetzt." (1931)

In solchen Zeiten hat er sich am liebsten verkrochen und unsichtbar gemacht – In Molodjonowo bei Moskau, in Odessa, wo er schließlich ein Haus mieten wollte, oder dann in Peredelkino, wo er im Mai 1939 für länger sich zurückzuziehen vorhatte. Jedoch: Babel muß Geld verdienen, ein wenig für sich, einiges für seine erste Frau und seine Tochter Natascha in Paris, vielleicht auch für Mutter und Schwester in Belgien, für seine zweite Frau nichts, denn die ist Metroingenieurin. Babel schreibt die Odessaer Erzählungen zu einem Szenarium um, das ursprünglich Eisenstein verfilmen soll, dann aber grauenhaft verpfuscht wird zu einem lächerlichen Machwerk. Er schreibt andere Szenarien, gilt gar als Fachmann für guten Dialog. Er übersetzt ein wenig, seine alten Bücher erscheinen. Aber bei der Besessenheit eines „Märtyrers der reinen Kunst", als der er sich scherzhaft versteht, kann er in seiner Hauptarbeit nicht vom Wege abweichen. Er wird der große Schweiger, ein „geiziger Ritter", den ein Karikaturist heimlich in seiner Schatztruhe kramen läßt. Was gegen Ende der dreißiger Jahre fertig werden sollte, ein Band Erzählungen, der Kollektivierungszyklus und der Schelmenroman „Kolja Topus",

der die Abenteuer eines Odessaer Edelräubers vom Schlage Benja Kriks in sowjetischen Schächten und Kolchosen erzählen würde, ist bis auf wenige Stücke bei seiner Verhaftung spurlos verschwunden.
Der Schutz, den die levantinische Weltgewandtheit und Mystifikationsgabe dem Dichter reichlich gewährt hatte, war nun allerdings nur so lange wirksam, wie die Übereinkünfte der Kunst galten und nicht durch die der Sicherheit abgelöst wurden, wie sie die Nachfolger Genrich Grigorjewitsch Jagodas verstanden. Dann kehrte sich Schutz in Verhängnis. Ilja Ehrenburg, der sehr an Babel hing und nach der Rehabilitierung des Dichters Babels zweite Frau, Antonina Nikolajewna Piroshkowa, entschlossen bei der Wiederherausgabe seiner Bücher unterstützte, hat in seinen Erinnerungen „Menschen Jahre Leben" ein Bild entworfen, das die Übereinkünfte und ihren Bruch deutlich zeigt:

> „Er verkroch sich gern und verriet nie, wohin er ging. Seine Tage waren wie Maulwurfsgänge. 1936 schrieb ich über Babel: ‚Sein eigenes Schicksal ist wie eines seiner Bücher: Er kann es selbst nicht entwirren. Einmal war er auf dem Weg zur mir. Seine kleine Tochter fragte: Wohin gehst du? Er mußte mit der Sprache heraus. Da gab er sein Vorhaben auf und ging nicht zu mir. Der Tintenfisch spritzt eine dunkle Flüssigkeit aus, um sich zu retten. Gefangen wird er dennoch – eine Lieblingsspeise der Spanier ist Tintenfisch in eigener Tinte.' (Das schrieb ich Anfang 1936 in Paris. Grauenvoll, diese Zeilen jetzt abzuschreiben. Konnte ich damals ahnen, wie sie wenige Jahre später klingen würden?)"

Eine Mystifikation wurde dem Mystifikator Babel zum Verhängnis. Japanischer Spion oder was immer – auf jeden Fall ein Sprachkundiger und Europareisender, ein Mann, dem die Leute bereitwillig alles erzählten und zeigten und der aus ihren Geschichten heraushörte, was sie selbst gar nicht verraten wollten. Da half kein Leugnen. Am 15. Mai 1939 verhaftet, wurde er am 26. Januar 1940 vom Militärkollegium des Obersten Gerichts verurteilt, war aber laut Auskunft des gleichen Kollegiums vom 23. Dezember 1954 unschuldig. Er starb am 17. März 1941. Irgendwann zwischen jenem Mai und diesem März lächelnd die Worte: „Man hat mich nicht fertig werden lassen."

Die süße Revolution – Babel hat sie nie erwartet. Er war es doch, der in der „Reiterarmee" seinen Divisionschef in einem Brief schreiben läßt: „Tot ist Tardy, tot ist Luchmannikow, tot ist Lykoschenko, tot ist Gulewo, tot ist Trunow, und der Schimmelhengst ist nicht mehr unter mir ..." Nun klingt es für immer wie: Tot ist Mandelstam, tot ist Tretjakow, tot ist Wesjoly, tot ist Kljujew, tot ist Pilnjak, tot ist Babel. Aber es kann nicht sein, daß keiner seinen letzten Hauch empfing, den letzten Hauch seines Bruders. Und wenn auch niemand erfahren wird, welche Geschichten seiner letzten Trauer entsprangen und ob er nicht auch dort die Welt umerzählt hat, eines ist gewiß: Sein letztes Honorar war kein anderes als jenes erste – Zuneigung, Liebe aus reinem Entzücken.

Was sein Leben ausmachte, kostete ihn das Leben. Sollte er vor sich selber fliehen? Man hat ihn gelegentlich auf dieser Flucht vermutet – aus den kleinen Verhältnissen Odessas in die Hauptstadt, in die Revolution, in die Welt: Paris, Italien – und gemeint, er sei schließlich doch von der Enge eingeholt und zur Strecke gebracht worden. Ich glaube, diese Bewegung, die wie eine vergebliche Flucht aussah, war etwas ganz anderes. Es war die Bewegung seiner Sehnsucht, der Durst seines Herzens, die Erschütterung seines Leibes. Nichts muß in Babels Munde verzweifelter geklungen haben als der Bescheid, einer habe eine träge und nachlässige Seele. Ich kann, um diese Bewegung vor unser Auge zu stellen, nicht anders schließen als mit einer Geschichte, die dem Rabbi Nachman von Brazlaw zugeschrieben wird, der in der nämlichen Gegend wirkte wie Babels Rabbi Motale Brazlawski, der Vater des Kavalleristen Elija aus der Geschichte „Der Sohn des Rabbi". Auch Rabbi Nachmans Geschichte heißt: „Die Geschichte von dem Rabbi und seinem Sohn".

Sie erzählt von einem gesetzestreuen Mann und seinem Sohn, der, sich versenkend in die Geheimnisse der Schrift und stark im Erkennen, entgegen den Erwartungen seines Vaters darin kein Genügen findet. Weisheit und Heiligkeit wuchsen in ihm und vermählten sich, ohne daß der Jüng-

ling es ahnte, zu jener unbegreiflichen Wandlung, die die Stufe des kleinen Lichts genannt wird. Ein rätselhafter Mangel legte sich auf ihn, und er gab sich den Verzückungen des großen Schweigens hin. Aber auch sie gewährten ihm den Frieden nicht. Da hörte er Freunde von einem weisen Mann sprechen, der eine Tagreise entfernt wohnte, dem sei die Kraft gegeben, die Seelen frei zu machen. Er löse den Krampf des Hasses und zeige den Schwermütigen die Schönheit der Welt. Er wirke ins Nahe und Fernste, die Tat sei sein. Er hüte sich nicht, die Sündigen anzurühren, und entlasse keinen, ehe er ihm nicht die schwerste Bürde von der Seele nahm. „Ist es aber nicht so", fragte da der Jüngling, „daß Tat und Erlösung sich einen zur höchsten Begnadung, welche die Stufe des großen Lichts genannt wird und von vielen Zeiten zu vielen Zeiten in einer einzigen Seele erscheint, um in Tausende zu strahlen und hinüberzuleben?" Da schwiegen die Jünglinge und waren betroffen über das Ungestüm seiner Worte.
Von Stund an zog es ihn mächtig zu diesem Mann. Sein Vater widersetzte sich dem Ansinnen des Sohns, weil er als Strenggläubiger ihn vor der Schwärmerei bewahren wollte. Doch der Sohn wurde krank. Nun willigte der Rabbi ein. Dreimal brachen die beiden auf, und dreimal ereigneten sich ungewöhnliche Dinge, denen der Vater tiefere Bedeutung beimaß. Das Pferd stürzte, die Achse brach, zweimal kehrten sie um. Das dritte Mal begegneten sie in der Herberge einem Kaufmann, der den frommen und gerechten Mann als einen „schlimmen Weltmenschen" verrief. Nun du es selbst gehört hast, rief da der Vater, wirst du dein Herz von diesem Wahn befreien. Als sie aber heimkamen, legte sich der Sohn und starb. Einige Wochen danach erschien dem Vater der Tote im Traum und forderte ihn auf, zu jenem weisen Mann zu ziehen. Beim dritten Mal wagte der Alte nicht zu widerstehen und machte sich auf den Weg. In der Herberge traf er den Kaufmann wieder, der ihm unter unbändigem Lachen erklärte: Was ich wollte, ist gelungen. Denn wisse, dein Sohn hatte die Stufe des kleinen Lichts, jenem aber ward die Stufe des großen Lichts gegeben, und wären sie auf Erden zusammengekommen, so hätte sich das Wort erfüllt, und der Messias wäre erschienen. Der Rabbi kam zu jenem Mann, warf sich ihm zu Fü-

ßen und schrie: Wehe, wehe um die, so verlorengehen und können nicht wiedergefunden werden.
Wer sich so bewegt, flieht nicht. Und wer auf diesem Wege stirbt, stirbt nicht auf der Flucht. Als Babel von seiner Bewegung, von den Stürmen und vom Zerspringen zu erzählen begann, wählte er einen hohen Ton, den nur das Entzücken des Weisen hervorbringt. Sind wir bereit, ihn zu hören?

1981/1983

Im Zeichen Babels

> Und uns beide verzehrten die gleichen Leidenschaften. Wir sahen die Welt als eine Wiese im Mai, eine Wiese mit Frauen und Pferden.
>
> *Isaak Babel: Die Geschichte eines Pferdes*

Babel soll immer an einem „Pferderoman" gearbeitet haben, lesen wir in den Erinnerungen der Malerin Valentina Chodassewitsch, die ihn in den dreißiger Jahren kannte.
Man mag das für eine seiner verführerischen Mystifikationen halten: Wenn Babel eine Frau als Hermaphroditen ausgab, um sie einer anderen – der Tänzerin Isadora Duncan – als Rivalin unverdächtig erscheinen zu lassen, wenn er selber Frauenstimme annahm, um sich am Telefon verleugnen zu können, oder der Dichterin Vera Inber auf die Frage nach seinen nächsten Plänen antwortete: „Ich bin dabei, eine Ziege zu kaufen ...", wäre ihm der „Pferderoman" erst recht zuzutrauen, zumal bekannt ist, daß er mit den Erzählungen von seinem „Pferdeproblem" schon einmal eine Frau zu gewinnen verstanden hatte.
Man mag das gelassener für eine Beschreibung seines Lebens mit Pferden, seinen Roman mit Pferden nehmen. Schließlich mietete er sich mehrmals in der Nähe von Gestüten ein – in den zwanziger Jahren bei Kiew, in den Dreißigern bei Moskau – und galt als glänzender Pferdekenner;

er ritt – nicht nur in der kleinen Manege auf der ehemaligen Powarskaja zum Staunen seiner Schriftstellerkollegen, die dort Reitunterricht nahmen, sondern im Kaukasus mit seinem Freund Betal Kalmykow, dem Ersten Sekretär der KPdSU von Kabardino-Balkarien, über den Babel ein Buch schreiben wollte; er war in den Moskauer Rennställen zu Hause, verkehrte unter Jockeys und Wettern, ohne freilich selber zu wetten; Fotografien zeigen ihn im vertrauten Beieinander mit Pferden, einmal sogar lesend inmitten grasender Pferde; und beinahe hätte er 1925 im Auftrag des Volkskommissariats für Landwirtschaft einen „Pferdefilm" gemacht.
Doch man kann in dem „Pferderoman" auch etwas anderes entdecken – und Babel wäre nicht aus Odessa, wenn die Geborgenheit in der Irreführung wie die Preisgabe im Augenschein das nicht gleichermaßen gut verhüllt hätten –, nämlich den entschlossenen Versuch seines Lebens, von Kraft, Feinheit und Not der Kreatur zu erzählen, als rede Geschöpf von Geschöpf.
Was dieser „Pferderoman" dann nicht sein würde, wissen wir bald: Reiterpoesie. Nicht die heftige „Reitergeschichte" Hugo von Hofmannsthals – Einritt der Kavallerie in die Stadt wie das Eindringen in einen Leib, tödlich für den, der sein Glück – eine Frau, ein Beutepferd – vor dem seines Rittmeisters sucht. Nicht das süße „Reiten, reiten, reiten, durch den Tag, durch die Nacht, durch den Tag" in Rainer Maria Rilkes „Weise von Liebe und Tod des Cornetts Christoph Rilke". Und nicht der stille Schmerz des „besten Reiters eines Landes" in Kafkas Betrachtung „Zum Nachdenken für Herrenreiter": „Vielen Damen scheint der Sieger lächerlich, weil er sich aufbläht und doch nicht weiß, was anzufangen mit dem ewigen Händeschütteln, Salutieren, Sich-Niederbeugen und In-die-Ferne-Grüßen, während die Besiegten den Mund geschlossen haben und die Hälse ihrer meist wiehernden Pferde leichthin klopfen." Ebensowenig wie solches Reiterschicksal kam auch die Hoheit des Reitens in Betracht: Odin auf Sleipnir, Alexander der Große auf Bukephalos, der reitende Papst, Recke, Ritter oder Iwanuschka-Dummkopf auf dem Wunderpferd Siwka-Burka.
Und noch etwas schied bei dem Juden Isaak Babel aus: die Pferdemythen und das apokalyptische Pferdebild der russi-

schen Avantgarde, das Pferd als Gottheit, das Pferd als Schmerzensgestalt, wie es uns in Chlebnikows „Ladomir“, Majakowskis „Gute Behandlung von Pferden“ oder Jessenins „Die Stuten, die Schiffe“ begegnet. Mit der Wendung ins russische Zaubermärchen gewann sich Chlebnikow noch kurz vor seinem Tod 1921 einen verläßlichen Adressaten für seine Zukunftsberechnungen, die von den Menschen doch nicht begriffen würden – die Pferde: „Außer Reiten und Fahren werden sie noch einen Nebenverdienst haben: den Menschen ihr Schicksal vorauszusagen und die Regierungen zu unterstützen, die noch Ohren haben.“

Von alledem bei Babel nichts. Statt dessen in ihrer Feinheit und ihrem Verderben die Körperlichkeit der Pferde: der Geruch, der Atem, der Schweiß, das Schnauben, die schaumigen zurückgeworfenen Mäuler, der Glanz des Fells, die Mähne, das Beben, der Blick, das Ohrenspiel. Man verstehe es recht. Kein Lebensrausch ist gemeint. Wer wie Babel als Neunzehnjähriger den Selbstmord eines alten Mannes – „Der alte Schloime“ – und seine Kindheit bei der Großmutter beschreibt, der bindet Schönheit nicht an die Jugend, nicht einmal an das Leben.

Gemeint ist ein Zustand, den ich die Unschuld des Sehens nenne, ein Zustand, in dem Entzücken und Trauer, Dauer und Vergänglichkeit ungeteilt erfahren werden, ein Zustand des Schreckens und der Tollkühnheit, denn es ist der Zweikampf, den der Dichter mit der Natur um die Sichtbarkeit des Schönen führt. Elias Canetti, der Babel in Berlin drei Monate lang fast täglich traf, hat dieses Sehen erlebt, und er meint sogar, er wäre von Berlin wie von einer Lauge zerfressen worden, hätte es da nicht Babels Sehen gegeben. „Am liebsten ging er zu Aschinger“, heißt es in „Die Fackel im Ohr“, „da standen wir dann nebeneinander und aßen sehr langsam eine Erbsensuppe. Mit seinen kugelrunden Augen hinter den sehr dicken Brillengläsern sah er sich die Leute um uns an, jeden einzelnen, alle, und hatte nie von ihnen genug. Es war ihm lästig, daß die Suppe zu Ende ging, er hätte sich einen Teller gewünscht, der unerschöpflich war, denn alles, was er wollte, war Weiterschauen, und da die Leute rasch wechselten, gab es viel zu sehen. Ich habe nie jemanden erlebt, der mit solcher Intensität sah, er blieb dabei vollkommen ruhig, durch das Spiel um die Augenpartien wechselte der Ausdruck der Augen unaufhörlich [...] Dort wo er sich verstecken konnte, *sah* er am besten. Von anderen nahm er alles hin, er ließ nicht etwa weg, was ihm nicht paßte, was ihn am tiefsten quälte; das ließ er am längsten auf sich einwirken."

Gewöhnlich verbarg Babel seine Gefährdung in diesem Kampf hinter drastischen Bildern von Konzentrationsschwäche, nannte sich einen „Märtyrer der reinen Kunst" und suchte der Zerstreuung in der Brotarbeit (Szenarien) durch raffinierte Fluchten in unauffindbare Moskauer Wohnungen oder in Provinznester außerhalb entgegenzuleben. Nur einmal, im Reiterarmeetagebuch von 1920, hat Babel die Not und die Sehnsucht seines Zustands ganz genau beschrieben. Es handelt sich um einen Brief vom 13. August 1920, der im Tagebuch liegenblieb, vielleicht sogar um den Entwurf einer Brieferzählung, wie sie in der „Reiterarmee" häufig anzutreffen sein wird, aber auch später: „Erdöl" ist ein Brief, und ein Brief ist im Drama „Maria" einziger „Auftritt" der nur als Abwesende mitspielenden Titelgestalt. Hier die entscheidende „Pferdepassage" des Briefs von 1920:

„Über uns ein hinreißender Himmel, eine warme Sonne, rings um uns duftet es nach Tannen, schnauben Hunderte von Steppenpferden – hier müßte man *leben*, doch unsere Gedanken beschäftigen sich mit dem Töten. Es mag töricht klingen, aber Krieg ist, obwohl tatsächlich manchmal schön, in jedem Fall schädlich.

Ich habe hier zwei Wochen völliger Verzweiflung hinter mir, das kam von der rasenden Grausamkeit, die hier nicht eine Minute verhält, und davon, daß ich deutlich begriffen habe, wie ungeeignet ich für das Werk der Zerstörung bin, wie schwer es mir wird, mich vom Alten zu lösen, [...] von dem, was vielleicht schlecht ist, für mich aber nach Poesie duftet, wie der Bienenstock nach Honig; jetzt komme ich wieder zu mir, was soll da weiter sein – die einen werden die Revolution machen, und ich werde singen, was sich abseits findet, was tiefer liegt, ich habe das Gefühl, daß ich das kann und daß dafür Platz und Zeit sein wird [...] ich bin zu mir gekommen, hundert Pferdestärken toben in meiner Brust [...]"

„Was sich abseits findet, was tiefer liegt" – es wurde die

Welt seiner Geschichten – sichtbar bis zur Halluzination der Körperlichkeit: lasziv Petersburg, lodernd die Reiterarmee, weltweise Odessa, dann die Unerbittlichkeiten der Kollektivierung, Traum und Grauen der Kindheit.
Es ist die Herstellung dieser Sichtbarkeit, die in der sowjetischen Literatur zu einem Ereignis ohnegleichen führte: Die zerstrittenen Literaturparteien der zwanziger Jahre sprachen im Zeichen Babels einen Augenblick lang mit einer Stimme.
Schon daß Majakowski ihn in der Zeitschrift der Linksfront ebenso druckte wie sein weitsichtiger Kritiker Woronski in der Zeitschrift des Bündnisses aller Gruppierungen war einzigartig. Von seiten der proletarischen Schriftsteller unterstützte ihn Dmitri Furmanow. Die großen Formanalytiker vertrat Viktor Schklowski mit seiner „Kritischen Romanze". Maxim Gorki verteidigt Babel gegen die Kritik „vom Pferd herab", besonders gegen Semjon Budjonny, Babels Vorgesetzten aus den Zeiten der Reiterarmee, der die „Reiterarmee" ein Pasquill und seinen Verfasser einen Erotomanen genannt hatte. Juri Tynjanow betreute als Herausgeber 1928 eine Sammlung von Babel-Analysen in der Reihe „Meister der Gegenwartsliteratur". Selbst Mandelstam kommt auf Babel zu sprechen. In seiner Erzählung „Die ägyptische Briefmarke" findet sich plötzlich die Stelle: „Meine Feder zeichnet eine schöne Griechin mit Schnurrbart und das Fuchskinn irgendeines Menschen. So tauchen auf den Rändern von Konzepten plötzlich Arabesken auf und leben ihr eigenes, reizvolles und hintergründiges Leben. – Männchen in Violinform trinken die Milch des Papiers. Da ist Babel: ein Fuchskinn und die Bügel einer Brille."
Man könnte zunächst glauben, die Einmütigkeit sei entstanden, weil sich jeder der Kontrahenten bestätigt fühlte: Majakowski und die Seinen lobten die Magie der Sprachmischungen – Bauernrussisch, Militärjargon, Revolutionssuada, chassidische Beredsamkeit. Furmanow imponierte die Authentizität. Ehrenburg feierte Babel als den Gewährsmann seiner „neuen Romantik" – „keine vergrößerte Fotografie, sondern ein erweitertes Bewußtsein". Schklowski notiert über Babels „stilistische Kaltblütigkeit": „Der Sinn von Babels Verfahren besteht darin, daß er mit der gleichen Stimme von den Sternen und vom Tripper spricht." Maxim

Gorki war von Babels Geschichten hingerissen, weil er ihn seine Helden von innen schmücken sah.
In Wirklichkeit war Babel etwas gelungen, was jeder gehofft, aber keiner erwartet hatte – schon gar nicht so bald. Er hatte nämlich einen Ausweg gefunden aus der prekären Lage, in der die russische Prosa angesichts der revolutionären Umwälzungen im Lande steckte. Die Frage war, konnte man den neuen Einzelheiten und Beziehungen beikommen, ohne ihren Lockungen zu erliegen.
Da lockten die Seelendramen der Zeitenwende, die legendären Feldzüge und Menschenwanderungen, der Umschlag der Erlebnisse in eine nie vernommene Mündlichkeit, und die Bücher, die wir diesen Lockungen verdanken – Pilnjaks „Nacktes Jahr" und Tolstois „Leidensweg", Serafimowitschs „Eiserner Strom" und Furmanows „Tschapajew" –, tragen alle Zeichen ihrer Unwiderstehlichkeit. Die eigentliche Gefahr bestand darin, daß bei dem Versuch, die Vorgänge psychologisch, zeitgeschichtlich oder in ihrer sprachlichen Evidenz – wie Artjom Wesjoly es tat – zu fassen, die tatsächliche menschliche Bewegung zum Milieu erstarrte.
Um Abhilfe zu schaffen, war um 1922 von verschiedenen Seiten vorgeschlagen worden, die in der französischen, englischen und amerikanischen Prosa entwickelte, in der russischen relativ vernachlässigte Kunst der Fabelführung zu erlernen, um mittels einer üppigen Intrige die gewaltigen Stoffmassen in Bewegung zu halten. Experimente in dieser Richtung führten zu utopischer und phantastischer Prosa – Samjatins „Wir", das Warnbild einer Zivilisationsmaschinerie, oder Tolstois „Aelita", der Marsroman, zeigen aber, daß das Gelingen an die hypothetische Verlängerung des Irdischen in die Zukunft oder in den Kosmos gebunden war. Erst in den parodistischen Romanen Ende der zwanziger Jahre, etwa in der Kriminalparodie der 25 Autoren „Die großen Brände" und in Ilf und Petrows „Jagd nach den zwölf Stühlen" konnte dann die große Intrige Übersicht in die irdischen Dinge bringen.
Es hatte aber 1922 noch einen anderen Vorschlag gegeben. Er stammte von Babels nördlichem Bruder Ossip Mandelstam und schilderte Babels Lösung so genau, als beschriebe er seine noch ungedruckten Geschichten. Ob die beiden sich schon gesehen hatten, ist unbekannt. Wenn sie sich

später trafen, sei wenig gesprochen worden: Man verstand einander. Mandelstam geht es auch um die Fabel, aber eben um die „Geburt der Fabel", wie sein Essay heißt, nicht um ihre Einführung von außerhalb. Was die russische Prosa lähme, sei die „Extraktion von Pyramiden aus den Tiefen des eigenen Geistes". Einleuchtendes Beispiel Andrej Belys „Petersburg": „Seit das Geschwür des psychologischen Experiments in das literarische Bewußtsein gedrungen ist, wurde der Erzähler zum Operateur und die Prosa zur klinischen Katastrophe." Sobald der erste Erzähler auftauche, der von Andrej Bely unabhängig sei, werde sich die russische Prosa in Bewegung setzen. Aussichtslos sei der Weg zurück, ins Protokoll des Milieus. Aussichtsreich dagegen die Vertiefung in das, was Mandelstam eigenwillig Folklore nennt: die privaten Briefe, die Erzählungen im Familienkreise, die Tagebücher und Erinnerungen, die Eingaben und Kanzleiberichte, Gerichtsakten und Annoncen. Hier werde die Fabel geboren wie der Schmetterling aus der Raupe: noch gewahre man freilich das Fressen der Raupe, nicht den Flug des Schmetterlings.
Natürlich war Babel nicht der einzige, der diesen Weg beschritt. Pasternak in „Ljuvers' Kindheit", Schklowski in „Zoo oder Briefe nicht über die Liebe", Maxim Gorki in seinen „Erinnerungen an Leo Tolstoi" und „Bemerkungen aus dem Tagebuch", Leonow in den frühen Erzählungen, ganz stark Soschtschenko, dann Michail Bulgakow sind mit ihm unterwegs. Doch Babel war der einzige, der die Lockung der Aktualität selber zum Gegenstand seiner Gier machte. Er hat sich ihr weder erwehrt noch sich ihr ergeben, er hat sie furchtlos angenommen, angesehen oder – Mandelstams Raupe – seiner Phantasie einverleibt, nicht anders als er mit der Folklore Odessas und der Reiterarmee verfuhr oder – Canetti sagt es – mit der Aschinger-Folklore.
Was Babel schaffte, war, daß er nach der Provokation des Bewußtseinsexperiments, wie sie in Andrej Belys „Petersburg" ihren Höhepunkt erreichte, die Unschuld des Sehens, die Geduld des Anschauens, das Vertrauen in die Beredtheit des Körperlichen zum Ursprung seiner Prosa machte.
Damit war ihm allerdings seine größte Mystifikation gelungen. Der Augenschein des Tatsächlichen ist übermächtig

und irritiert so sehr, daß Babel, als er seine „Reiterarmee“ einer Moskauer Redaktion anbot, im Ernst gefragt worden ist: „Ja, wenn Sie in der Reiterarmee solches Durcheinander erlebt haben, warum haben Sie das nicht ihrem Vorgesetzten gemeldet?!“
Nicht auszudenken, was ein „Pferderoman“ angerichtet hätte.

Januar 1982

Marienhofs Jessenin-Roman

> Ist denn wirklich die Stunde da?
> Kann man wirklich fallen unter der Seele wie unter Lasten?
>
> *Sergej Jessenin: Pugatschow. 1922*

> Nie hat Jessenin soviel lyrische Wärme, Zartheit und Trauer und soviel Schmerz in seine Gedichte gelegt wie in seinen letzten Jahren, als das schwarze Grauen der Betäubung, der seelischen Zerrüttung und Erbitterung überhandnahm.
>
> *Anatoli Marienhof: Roman ohne Lüge. 1926*

1

Jessenin ist das Rätsel der russischen Poesie.
Der Bauernsohn aus Rjasan in den Salons der Petersburger Symbolisten: gesticktes Hemd, Bastschuhe, Harmonika. Ein Hirtenknabe, der sich in die große Stadt verirrt?
Der neue Prophet, der seine Vision einer anderen Welt unverfroren Jeremias widmet. Ein „Himmelstrommler" der Revolution, der einen Bauernheiland verkündet?
Der elegante Hooligan: Lackschuhe, grelle Krawatte, Zylinder – als Sänger Pugatschows, der 26 Kommissare und jenes „Manns in Schwarz", der ihn am Schluß zu holen droht?
Ein Bohemien des „Moskaus der Kneipen", ein Skandalpoet, der Andrej Belys schwierigstes Buch, den „Kotik Letajew", als beste russische Prosa genießt und Monographien über den Bildhauer Konenkow und den Maler Jakulow entwirft – das soll der „letzte Dichter des Dorfes" gewesen sein?
Die Suggestion, die von diesem wilden Leben und dem rasenden Schmerz über seine Vergänglichkeit ausging, war ungeheuer, und es ist von Anfang an versucht worden, das Rätsel Jessenin literarisch zu lösen. Legendär bei Ilja Ehrenburg: Er sprach von der „uralten Elementargewalt der Selbstvernichtung", mit der „das ‚hölzerne heilige Rußland'" in Jessenins Poesie in Brand gesteckt sei „wie die Hütte eines betrunkenen Bauern und wie einst die Körper von Glaubensfanatikern, die sich mit zwei Fingern bekreu-

zigten". Lyrisch bei Majakowski: Er fand Jessenins mit Blut geschriebenen Abschiedsvers so verführerisch, daß er mit einem Gegengedicht antwortete und später seinen ganzen Essay „Wie macht man Verse" der Analyse seiner dichterischen Argumentation gegen Jessenin widmete. Episch bei Maxim Gorki: Er hielt Jessenins Weg nationalgeschichtlich für so repräsentativ, daß er plante, nach dem Abschluß des „Klim Samgin" ihn zum Gegenstand eines Romans über das „tragische Leben eines *russischen* Dichters" zu machen. Und Boris Pasternak, der in Jessenin jenes Künstlertum entdeckte, das „wir Puschkin folgend mozartisch nennen", hat Jessenins Leben als „Märchen" beschrieben: „Ein Iwan Zarewitsch, flog er auf dem grauen Wolf über das Meer und fing Isadora Duncan wie den Feuervogel am Schwanz. Auch seine Gedichte schrieb er wie im Märchen, bald legte er, als seien es Karten, aus Worten Patience, bald schrieb er sie mit dem Blut seines Herzens nieder."
So viele Versuche, so viele Schwierigkeiten. Mehr noch als das unterschiedliche Temperamtent ihrer Urheber zeigen die Anläufe etwas anderes: die rätselhaften Ausdehnungen dieses Dichterlebens. Wie kommt es, daß sich Anatoli Marienhof davon nicht hat imponieren lassen?

2

Als Anatoli Marienhof 1918 in Moskau eintraf, war er einundzwanzig. Er kam aus Pensa, wo er das Gymnasium besucht und eben bei einer Schießerei zwischen Revolutionären und weißen tschechoslowakischen Truppen seinen Vater verloren hatte, der dort Vertreter einer englischen Grammophonfirma gewesen war. Von Vaters Seite entstammte Marienhof der Verbindung eines kurländischen Adligen mit einer kurländischen Jüdin, die Kaffeehaussängerin gewesen war. Er selber sollte Pianist werden (wegen seiner schönen langen Finger!), zog aber insgeheim den Leierkastenmann vor. Sein Vater hatte die literarischen Neigungen des Sohnes früh unterstützt, und natürlich war die Gymnasialzeit nicht ohne die Gründung einer eigenen Zeitschrift abgegangen.
Marienhof hat Jessenin, dessen Gedichte er schon kannte, wohl gleich an einem seiner ersten Tage in Moskau getrof-

fen. Die Neigung der beiden Jünglinge füreinander muß überwältigend gewesen sein. Ihre Unzertrennlichkeit wurde sprichwörtlich. Sie wohnten zusammen und druckten zusammen ihre Gedichte. Der Imaginismus, die neue Schule des poetischen Bildes, war zu großen Teilen ein Werk dieser Freundschaft. Vier Jahre lang widmeten sie einander ihre wichtigsten Sachen: Jessenin Marienhof neben vielen Gedichten seinen Poetik-Essay „Himmelschlüssel“ und das lyrische Drama „Pugatschow“. Aber dann kamen die Frauen. Marienhof traf die Tairow-Schauspielerin Nikritina, Jessenin die Tänzerin Isadora Duncan. Man zog auseinander, man reiste nicht mehr gemeinsam. Die Trennung 1922 war für beide eine Katastrophe.

3

Marienhofs Jessenin-Roman gelang, weil er ein Buch gegen die Literarisierung Jessenins war.
„Roman ohne Lüge“ meint zweifellos den großen Roman dieser Männerfreundschaft. „Roman ohne Lüge“ meint ebenso: keine Legende, kein Märchen, kein Epos vom russischen Dichter wird erzählt.
Marienhof baut auf das Detail, das er so verläßlich mitteilt, daß es heute als biographisch authentisch gilt. Aber Marienhof geht es nicht darum, ein Protokoll der vier Jahre zu führen oder gar eine Milieuvorlage auszumalen – etwa das Milieu von Revolutionsromantikern: „Mohrrübentee mit Sacharin und gotteslästerliche Losungen an der Klostermauer“. Marienhof geht es um eine Utopie. Eine Utopie der Gemeinsamkeit, die geknüpft ist an das Auftreten eines merkwürdigen Typs Mensch – selbstbewußt aus Verwundbarkeit, tief geprägt von der Herkunft, aber entwurzelt. Sozial aus grundverschiedenen Schichten der russischen Gesellschaft kommend, entdeckten Marienhof und Jessenin aneinander sofort, was sie der Welt mit ziemlichem Erfolg zu verbergen verstanden: ihre Verletzlichkeit, ihre Heimatlosigkeit. Der „Dandy“ und der „Hooligan“ – es waren Attitüden behaupteter Sicherheit.
Was Marienhof über Jessenins Ruhmversessenheit erzählt und seinen einnehmenden Umgang mit Leuten, von denen er etwas wollte, was aus den Berichten über Reisen durch

Rußland und dann durch Europa und Amerika herausklingt – alles die flehentliche Bitte dazuzugehören, weit hinausgreifend über die Details aus einem Dichterleben und mit dem Mut aufgezeichnet, die vier Jahre als eine Utopie zu begreifen – gelebt gegen die Unlebbarkeit. Ein Millionenschicksal. Der Ausbruch aus bäuerlicher Beschränktheit kostet die Heimat. Emanzipiert, wird der Sohn zum Abtrünnigen. Rjasan erkannte Jessenins Welt-Rjasan nicht an. Auch deshalb: „Roman ohne Lüge".
Hier, wie zuvor in seiner Tragödie „Verschwörung der Narren" (1922) und danach in den Romanen „Zyniker" (1927) und „Der rasierte Mann" (1928), kam Marienhof sein „Imaginismus" zustatten. 1919 begründet, stellte er die Dichtung ganz auf das Bild: von der Metapher über die „Metaphernkette" – das Gedicht – aufsteigend bis zum „Bild des Menschen" und mit dem „Bild der Epoche" (in der Tragödie, im Poem, im Roman) sollte das pure Milieuprotokoll der Naturalisten genauso überwunden werden wie der agitatorische Aktionismus der Futuristen. Die erste Deklaration war unterzeichnet von den Dichtern Sergej Jessenin, Rjurik Iwnew, Anatoli Marienhof und Wadim Scherscheniewitsch und den Malern Boris Erdmann und Georgi Jakulow. In ihrer Zeitschrift „Gasthaus für Reisende im Lande des Schönen" (1922–1924) stritten sie für eine große Kunst des integralen Bildes und ließen auch Chlebnikow und Mandelstam zu Wort kommen.
Für den Jessenin-Roman gilt Marienhofs Bild-Definition: Das Bild entwickelt auf „geringste Distanz höchste Geschwindigkeit". Auf kleinstem Raum und in kürzester Zeit entwerfen die 68 Kapitel ein großes Bild: Erinnerung, Reflexion, Dokument und poetologische Erwägung wechseln einander in schneller Folge ab und bewerten einander. Insofern unterscheidet sich der „Roman ohne Lüge" sowohl von den gleichzeitig erschienenen Erinnerungen Marienhofs an Jessenin als auch von einer späteren erweiterten Fassung, aus der nach seinem Tod (1962) Teile als „Roman mit Freunden" bekannt geworden sind. Diese sind einzelne Mitteilungen zur Person. Der Jessenin-Roman ist das Bild einer Existenz in unserem Jahrhundert.

April 1983

Ehrenburg unterwegs

Die Zeit, wer ihr die Stirn geküßt, die wundgequälte,
Er denkt, ein Sohn, noch oft in Zärtlichkeit,
Wie sie, die Zeit, sich draußen schlafen legte
Im hochgehäuften Weizen, im Getreid.
Wer des Jahrhunderts Lider je emporgehoben
– Die beiden Schlummeräpfel, schwer und groß –,
Der hört Geräusch, der hört die Ströme tosen
Der trügerischen Zeiten, pausenlos.

Ossip Mandelstam: Der erste Januar 1924

Mitte des Lebens

1929 bis 1933 in drei Auflagen erschienen, liegt „Visum der Zeit" auf halbem Wege zwischen den Gedichten des Jünglings und den Erinnerungen des alten Mannes. Der Jüngling war eben in einem kurzen heftigen Entzücken für den Konstruktivismus verabschiedet worden. Ehrenburg bereitete sich auf die zweite Hälfte seines Lebens vor. Er wollte wirklich alt werden. Rückblickend schrieb er in „Menschen Jahre Leben":

„Einige Reiseschilderungen veröffentlichte ich in dem Buch ‚Visum der Zeit'. Man kann sich leicht vorstellen, daß damals VISUM für den Besitzer eines Sowjetpasses, der auf Reisen gehen wollte, einen magischen Klang hatte. Doch als ich dem Buch den Titel gab, dachte ich nicht an die anspruchsvollen Konsuln, sondern an das noch anspruchsvollere Jahrhundert. Ich wollte prüfen, welchen unserer alten Vorstellungen das Visum der Zeit ausgestellt werden könnte."

Diese „alten Vorstellungen" hatte Ehrenburg so überraschend wie altmodsich mit „Romantik" benannt. Schon 1926 war es ihm um die „Verteidigung der neuen Romantik" gegangen. Nach wenigen Sätzen weiß man, was er meinte: „Nicht äußere Merkmale, die vergänglich sind wie Kostüme, legen mir die Überschrift nahe, sondern gewisse ästhetische Gesetze. Im Unterschied zu anderen Kunstrichtungen baut die Romantik einen geschlossenen und zusammenhängenden Kosmos auf. Nicht eine vergrößerte Foto-

grafie, sondern erweitertes Bewußtsein ist das. Es findet eine Verschiebung der Proportionen und eine kühne Verlegung der Ebenen statt."
Man höre die Namen seiner Gewährsleute – eine prophetische Liste –, um sich davon zu überzeugen, daß es sich um ein Leben und eine Kunst der Furchtlosigkeit, des geistigen Abenteuers und der unstillbaren Neugier auf die Welt handelt: Babel und Pasternak, Picasso und Aragon, Chaplin, George Grosz, Joséphine Baker. In „Visum der Zeit" kommen Mandelstam, Eisenstein, Paolo Jaschwili, Döblin und Joseph Roth und mancher andere hinzu. „Gründet man eine Stadt", hieß es in der Verteidigung der Romantik weiter, „so muß man auch an ihre Einwohner denken. Vernachlässigt man die Kunst oder verweigert man ihre organische und lebendige ‚Künstlichkeit', so kann es leicht geschehen, daß man die prächtigen Werkstätten und die Plätze, die exakt sind wie Diagramme, statt mit Menschen nur mit mechanischen Phantomen bevölkert."
Gar keine Frage, wie die Prüfung der „alten Vorstellungen" ausfiel: diese Romantik erhielt das „Visum der Zeit".

Ortswechsel

Anders als alle anderen sowjetischen Schriftsteller hat Ehrenburg Westeuropa nie nur Wochen oder Monate besucht, sondern Jahrzehnte dort gelebt. Er wollte das alte Europa weder in Erstaunen setzen wie Wladimir Majakowski noch den Zeichen seines Unterganges nachforschen wie Larissa Reißner auf den Hamburger Barrikaden oder im Berliner Pressedschungel, noch schließlich den technologischen Standard erlernen wie Boris Kuschner in seinen „103 Tagen im Westen". Ehrenburgs Ortswechsel war eine lange Probe auf sein Leben, und seine Texte erinnern damit eher an Besichtigungen, wie sie Alfred Döblin im Polenbuch, Joseph Roth in „Juden auf Wanderschaft" oder Walter Benjamin in seinen „Städtebildern" unternommen hatten.
Geschrieben allerdings ist das ganz anders. Verglichen mit der sprachlichen Strenge und Reinheit der drei zeigen Ehrenburgs Reisetexte die eigenartigen ironischen Mischungen der meisten seiner literarischen Unternehmungen. Da

ist ein Rest Staunen des Bildungsreisenden aus längst vergangenen Zeiten, das amüsierte Lächeln des Globetrotters, ein Hauch von Verliebtheit in ein Einzelnes – die zärtliche Schwellenkundigkeit des Flaneurs, wie Walter Benjamin sagt – und dann schon die Ahnung jenes unausweichlich sentimentalen Europatourismus unserer Tage, der das Abendland als comic strip erlebt, aber auch der Illusion eines modernen Nomadentums nachhängt.
Wer wollte leugnen, daß wir Ehrenburg gerade wegen dieser heiklen Balance lesen?

Kritiker und Leser

Die Kritiker hatten es mit Ehrenburg ziemlich leicht. Zunächst kreideten sie ihm seine Ahnungslosigkeit in Gattungsfragen an. Juri Tynjanow schrieb eine Glosse, in der er zeigte, daß weder „Julio Jurenito" noch „Trust D. E.", noch gar „Die Liebe der Jeanne Ney" Romane, große Form seien. Die Konstruktion fehle, alles falle auseinander. Es liege am Stil. Was da als Roman sich aufspiele, sei in Wirklichkeit – ein Feuilleton. Tynjanows jüngerer Freund Lew Lunz war sogar der Meinung, in „Julio Jurenito" sei Rußland ein „Gargantua" verlorengegangen – und zwar wegen der (vom Autor selbst gerügten) hirnlosen Eile, in der das Ganze heruntergeschrieben und eine Sammlung von Anekdoten geblieben sei.
In Deutschland las man's anders. Ehrenburg war ein Favorit der linksbürgerlichen Intellektuellen. Feuilleton galt hier nicht als Makel. Man feierte ihn als einen neuen Jean Paul, als den „überlegensten Zyniker seit Wedekind" (Tagebuch 6. Oktober 1923), als den „grimmigen Naturforscher" (Frankfurter Zeitung 13. November 1927), den „besessenen Sammler aller sonderbaren, lächerlichen, grauenhaften und nichtswürdigen Figuren unserer zerfallenen an Raritäten überreichen Zeit" (Vossische Zeitung 9. August 1931). „Visum der Zeit" avancierte in diesem allgemeinen Wohlwollen zu einem Schlüsselbuch, von dem Hans Sahl in der Vossischen Zeitung vom 15. Dezember 1929 schrieb:
„Ehrenburg selbst bleibt unsichtbar. Er ist der ewige Räsoneur, der immer dort steht, wo man ihn nicht vermutet, ei-

ner von denen, die bei Beerdigungen lachen und bei Hochzeiten weinen. Wenn er Deutschland beschreibt, Deutschland vor und nach der Inflation, wenn er den Geist eines Tiergartencafés oder das Arbeitspathos der Berliner glossiert: so erinnern diese Berichte in ihrer ironisch schillernden Prosa an die verführerische Virtuosität Heinescher ‚Reisebilder'. Ehrenburg ist Russe. Aber man liest diesen Band, der von Hans Ruoff ausgezeichnet übersetzt ist, als ob er in deutscher Sprache verfaßt wäre. Ein europäisches Buch. Es gehört zu den wenigen Beispielen gegenwärtiger Publizistik, die berufen scheinen, einen zeitgenössischen Prosastil zu repräsentieren."
Die Leser waren auf seiten der Enthusiasten. Ehrenburg war nach Maxim Gorki der einzige sowjetische Schriftsteller, von dem in der Weimarer Republik neben vielen Einzelausgaben „Ausgewählte Werke" erschienen – elf Bände beim Malik-Verlag. „Trust D. E. Die Geschichte der Zerstörung Europas" erreichte im November 1931 eine Auflage von 33000 Exemplaren. Wer diese Zeitromane las, kümmerte sich freilich wenig um Gattungsstreit und Stilnuancen. Das ist bis heute so geblieben.
Wessen Interessen mag Ehrenburg vertreten oder berührt haben, daß ihm der Erfolg so lange treu blieb?

Geheimnis eines Erfolgs?

Der einzige, der dieser Frage gründlicher nachgegangen ist, war Georg Lukács. Kurz bevor er im Sommer 1931 von Moskau nach Berlin ging, veröffentlichte er in der deutschsprachigen „Moskauer Rundschau" ein strittiges, aber eindrucksvolles soziologisches Porträt des prominenten Schriftstellers. Er griff damit in eine Debatte ein, die im Herbst 1930 um die Ehrenburg-Ausgabe des Malik-Verlages entbrannt war. Die „Rote Fahne" hatte in „Das Leben der Autos" einen „konterrevolutionären Hymnus auf die Technik", auf das industrielle Tempo vermutet und durch ihren Kritiker Karl August Wittfogel am 30. August 1930 erklären lassen: „Es sind die *rückständigsten Elemente des Kleinbürgertums*, deren romantisch-reaktionäre Philosophie Ehrenburg hier virtuos ins Dichterische übersetzt." Wieland Herzfelde, der

Leiter des Verlags, hatte sich rechtfertigen müssen und unter anderem gesagt: „Ich zweifle nicht: solange die Sowjetunion mit einer kapitalistischen Umwelt konkurrieren muß, solange wird auch sie dem Hetztempo ausgeliefert sein, das der kapitalistische Konkurrenzkampf hervorruft. Ich glaube aber im *Gegensatz zu Ehrenburg*, daß der Mensch in dem Augenblick, wo die Konkurrenz nicht mehr das vorherrschende Gesetz des Lebens bedeutet, die Abhängigkeit von der Maschine überwinden und das Tempo, in dem er lebt, selbst bestimmen wird."

Lukács packte das ganze Bündel viel prinzipieller an. Er sah in dem Mann mit dem „fabelhaft scharfen Blick", den er für einen der „begabtesten unter den heute lebenden Schriftstellern russischer Zunge" hielt, den exemplarischen Sprecher und Schilderer einer riesigen Schicht, die „mit keiner der beiden um die Macht kämpfenden Klassen, weder mit der Bourgeoisie noch mit dem Proletariat, organisch verwachsen ist." Daher die Illusion, „unparteiisch Richter ihres Kampfes sein zu können", daher „seine ‚Gerechtigkeit', seine ‚Tendenzlosigkeit'", daher die „anheimelnde Wesensart seiner Formgebung", die Vorliebe für „seelische Fragen", „Gewissenskonflikte" usw. daher der „Stempel des lyrischen und ironischen Outsidertums". Ehrenburg habe als Russe die Ereignisse des letzten, weltgeschichtlich entscheidenden Jahrzehnts wenigstens teilweise im Lande des siegreichen Proletariats und auch im Ausland nicht als Emigrant durchlebt. Er habe also einerseits ganz sinnliche Vorstellungen davon, wie dieser Sieg aus der Nähe aussieht, während die europäischen Schriftsteller zwischen „abstrakter Utopie und abstraktem Haß gegen die bolschewistische ‚Hölle' hin und her schwanken". Andererseits habe er darüber Erfahrungen sammeln können, was die „praktische Stoßkraft des ‚Geistes', der ‚Seele' usw. in der Periode des schärfsten Klassenkampfs sein kann". Obwohl er aber die „innere Ohnmacht des ‚Geistes'" sehr gut begriffen habe, sei er mit der Selbstkritik an seiner eigenen Schicht an der Pforte stehengeblieben. Daher versagten Ehrenburgs glänzende Qualitäten, wenn es darum gehe, die „lebendige Dynamik" der Revolution darzustellen. Beschlossen wird der Aufsatz von einer vernichtenden Passage, die eigenartigerweise in dem gleichen Vorwurf gipfelt wie die formalästhe-

tischen Analysen Tynjanows und Lunz' – dem Scheitern am Roman:
Ehrenburg stehe „blind vor dem größten Ereignis unserer Zeit" und sehe nur seine Details: „Aber *nur* seine Details und sieht sie darum mit *Lakaienaugen.* ‚Für einen Kammerdiener gibt es keinen Helden', zitiert Hegel das bekannte Sprichwort, aber – fügt er hinzu: ‚nicht darum, weil dieser kein Held, sondern weil jener der Kammerdiener ist.' Diese Kammerdienerwahrheit, diese Lakaienüberlegenheit der Revolution gegenüber verurteilt Ehrenburg bei aller Begabung zu völligem Scheitern im großen Zeitroman. Aber gerade ein *solches* Versagen hat in Europa die Erfolge Ehrenburgs herbeigeführt und verhilft ihm zu weitern Erfolgen."

„Wer des Jahrhunderts Lider je emporgehoben"

Was in dieser Debatte an Stichworten fiel – Lebenstempo, Verkennung der lebendigen Dynamik, Scheitern am Zeitroman –, kreiste um den Mittelpunkt unseres Buches – die Zeit. „Anhänglichkeit gegenüber der Zeit" erklärte Ehrenburg von vornherein für das einzig Verbindende seiner gesammelten Reisefeuilletons. Tatsächlich ist „Visum der Zeit" vor seinen Memoiren das Buch, das die Auseinandersetzung mit einem veränderten Zeitgefühl und Zeitbegriff am nacktesten führt. Hier redet der Autor unverblümt – hier wird es ihm selbst von den strengsten Gattungsrichtern auch gestattet, denn sie brauchen ihn nicht hinter den wechselnden Masken seiner Figuren, sei es in „Julio Jurenito", „Lasik Roitschwanz", „Der zweite Tag", „Der Fall von Paris" oder „Tauwetter", zu ertappen.
Wen immer man hier denken und reden hört, ein „Kammerdiener" ist es nicht. Sosehr sich Kritiker wie Georg Lukács bemühten, die sozialen Ursachen für die Schreibweise der Gleichzeitigkeit bei Ehrenburg aufzudecken, so unempfindlich blieben sie für deren ästhetische Leistung. Nicht die Bücher als ästhetische Produkte machten für sie den Schriftsteller aus, sondern allein eine dahinterstehende Meinung oder Abkunft. Das Lob des Artistischen bleibt ein Zugeständnis an den Lesergeschmack.

Ehrenburg hatte im Bunde oder im Streit mit vielen anderen Künstlern, die sich in diesem Buch schon als die Mitschöpfer seines Lebens ankündigen, als die sie fünfundzwanzig und dreißig Jahre später in „Menschen Jahre Leben" dann agieren würden, eine Zeitauffassung befördert, die den Held-Kammerdiener-Gegensatz des 18. und 19. Jahrhunderts endgültig preisgab. Daß das besonders auf die Romanstrukturen – man denke an den Erziehungs-, Wandlungs-, Karriereroman usw. – entscheidende Auswirkungen haben mußte, liegt auf der Hand.
Wenige haben dabei mit Ehrenburgs Konsequenz gewagt, den Sieg des Funktionszusammenfalls von „Held" und „Kammerdiener" als den Ausgangspunkt einer gekräftigten Subjektivität zu setzen. Die „neue Romantik" beginnt, wo einer seinem Jahrhundert ins Auge sieht. Welche Durchblicke dieser mutige Entschluß eröffnet, zeigt jede Stelle unseres Buches. Wenigstens auf eine möchte ich aufmerksam machen, Ehrenburgs Begegnung mit George Grosz:
„Grosz' Kunst hilft uns den tiefen Sinn des Tiergarten-Cafés erraten. Naiv wäre es, seine Zeichnungen ausschließlich als politische oder soziale Satire aufzufassen. Selbstverständlich hat Grosz die herrschenden Klassen Deutschlands gebrandmarkt, selbstverständlich haßt er aufrichtig die Mörder Liebknechts und Rosa Luxemburgs. Aber das Wesen seiner Dämonologie ist tiefer und dauernder. Seine Teufel haben ein Ahnenregister. Sie sind nicht nur ein sozialer Gradmesser. Sie stammen von Stickluft und von der Schwere des Herzens. Sie sind geboren in den dunklen Winkeln der deutschen Seele. Hierin liegt ihre Macht und auch ihre Rechtfertigung. Nicht nur Grosz' Krüppel, sondern sogar seine Dackel leben das gleiche Kellerlochdasein wie die geheimnisvollen Bankiers, die Familienprostituierten und die Mörder gesetzten Alters.
Grosz' Welt ist phantastisch und, geradeheraus gesagt, voller Romantik. Die in den Straßen oder Kanzleien ganz unerwartet entkleideten Menschen haben durch ihre irrsinnigen Fleischmassen Verwandtschaft mit den Venusbildern Cranachs, mit den hölzernen Adonissen oder Ledas Hildesheims, mit den bunten Glasfenstern, mit den typographischen Gnomen des gotischen Alphabets, mit den engen Gäßchen, den niedrigen Bierschenken, dem Geruch von

Leid und Malz. Das alles ist selbstverständlich häßlich, jedoch häßlich bis zur Vollkommenheit, eine bis zu jenem bedingten Klima gesteigerte Häßlichkeit, wo unsere vulgären Maßstäbe außer Kraft treten. Die Gäste des ‚Schottenhaml' sollen sich freuen – denn wenn sie auch ethisch blamiert sind, so sind sie doch ästhetisch verherrlicht: ihnen sind in der Vergangenheit Ahnenporträts und in der Zukunft das Schaudern der Enkel gegeben."

Februar 1980

Standard auf der Bühne oder Fiasko dreier Meister Tretjakows „Ich will ein Kind haben“

> Denn der suprematismus wird alle aus der oberherrschaft der arbeit, aus der oberherrschaft des trunkenen herzens herausführen. Er wird alle in schöpferischer tätigkeit befreien und die welt zum reinen akt der vollkommenheit bringen.
>
> *El Lissitzky 1920*[1]

1. Was wie eine Sternstunde der russischen Avantgarde anmutet, erweist sich als die Kulmination einer Vergeblichkeit: der Versuch von Meyerhold, auf einer Lissitzky-Bühne Tretjakows „Ich will ein Kind haben“ aufzuführen. Das Stück über die lettische Agronomin Milda, die ihrem Wunschkind einen gesunden Proletarier zum Erzeuger wählt, den aber weder als Mann noch als Vater behalten will. „Aus der Masse der verschwenderisch aufgewendeten sexuellen Energie“, erklärte Tretjakow 1927, „– verschwenderisch, weil sie psychischen und nervlichen Verschleiß, eine Welle von Abtreibungen und eine Masse Geschlechtskrankheiten nach sich zieht –, hebt das Stück den Aufwand von sexueller Energie hervor und empfiehlt ihn ethischem Schutz, der die Geburt eines Kindes zum Ziel hat.“[2]
Die Geschichte dieses Versuchs ist die Geschichte einer Verspätung. Es scheint, als hätten alle drei – der Dramatiker, der Regisseur und der Architekt – Ende der zwanziger Jahre etwas nachholen wollen, wovon sie glaubten, es sei Anfang der zwanziger Jahre nicht zu Ende geführt worden.
Sergej Tretjakow nahm seine Idee vom „Standard-Menschen und Standard-Leben“[3] auf der Bühne wieder auf. Wsewolod Meyerhold muß die Steigerung seines konstruktivistisch-biomechanischen Experiments mit dem „Gewaltigen Hahnrei“[4] durch die szenische Demonstration eines Gegenentwurfs vorgeschwebt haben. Und El Lissitzky meinte wohl, es könne die elektromechanische Schau, als die er Krutschonychs futuristische Oper „Sieg über die Sonne“ nach seinen Figurinen und Bühnenentwürfen[5] aufzuführen vorschlug, verwandelt doch noch realisiert werden.

Die drei hingen sehr an dem Projekt. Tretjakow schrieb eine zweite Fassung mit wesentlich veränderter Konzeption[6]; Meyerhold setzte das Stück dreimal an – 1927, 1928 und 1929[7]; Lissitzky entwickelte noch 1930 aus der oft geänderten Bühne für diese Inszenierung seinen Entwurf für das neue Theatergebäude Meyerholds[8]. Es war die Hartnäkkigkeit der Sentimentalität, die hier waltete, ein verschleppter Abschied. Widerstrebend akzeptierte die russische Avantgarde im Scheitern dieser Inszenierung die Vergeblichkeit ihres Versuchs, die Kunst zum Instrument allgemeiner Beholfenheit zu machen, alle – so Lissitzky 1920 – aus der „oberherrschaft des trunkenen herzens" zum „reinen akt der vollkommenheit" zu bringen.

Das „trunkene herz": Unsere drei Meister haben ihm Anfang der zwanziger Jahre mit allen Finessen ihrer Versuche auf die Schliche kommen wollen. Jeder sein eigener „Seelen-Ingenieur, Seelen-Konstrukteur"[9]! Die Bühne – ein Konstruktionsort der Lebensmodelle! Schluß mit dem „Unvermögen, harmonisch zu arbeiten, [...] vernünftig durch die Straßen zu gehen, in eine Straßenbahn einzusteigen und ohne Behinderung des anderen einen Saal zu verlassen."[10] Meyerholds „Laboranten" Urbanowitsch und Ljuze schildern im Oktober 1922 das neue Theater ihres Meisters als das Laboratorium der biomechanischen Revolutionierung aller menschlichen Umgangsformen: „Der moderne Schauspieler muß von der Bühne her demonstriert werden wie ein moderner Auto-Motor. In der Epoche der Mechanisierung arbeitet der Körper eines Schauspieler-Biomechanikers wie eine Maschine. Jede Bewegung der einzelnen Muskelgruppen muß vom Zuschauer aufgenommen werden als motorischer Reflex der Arbeit des gesamten Körper-Apparats." Damit schaffe man das „Modell des organisierten Menschen", der in der Lage ist, das neue Theater zu verwirklichen: Die „soziale Demonstration ideal organisierter menschlicher Mechanismen"[11].

„Taylorisierung" des Schauspielers war die Zauberformel, vollkommene Rationalität der szenischen Bewegung. In der Hitze des Gefechts hieß es dann schon: „Das Theater kann und muß uns lehren, taylorisiert zu gehen und zu gestikulieren, eine neue, taylorisierte Sprache zu sprechen – sparsam, offiziell, technisch."[12] Doch das wehrten die Jünger des Meisters ab. Wsewolod Meyerhold sei nicht mehr, aber auch nicht weniger als der „Taylor des Theaters“[13]. Tretjakow bestätigt fast am gleichen Tag wie Meyerholds Laboranten in seiner Rezension zur Inszenierung von Crommelyncks „Gewaltigem Hahnrei“ – dem Probstein für den szenischen Konstruktivismus – den Erfolg des Unternehmens. Daß die Schauspieler keine Kostüme tragen, sondern eine Art Berufskleidung (blauleinene Overalls), verhindere die Ablenkung durch Psychologie, Milieu und Historie. Ausgemerzt der ganze Gestikulationsmurks zugunsten der „einfachsten, schlagendsten – der taylorisierten Geste“. Und die Gerüstkonstruktion von Ljubow Popowa erinnere an die Baugerüste für Häuser, an „unsere Treppen und Stockwerke, Bretterwege und Durchgänge, die unsere Muskeln zu bewältigen haben“[14].

2. In dieser Atmosphäre muß Tretjakow seine Dramaturgie der Demonstration von Standards aufgegangen sein. Zunächst war auch er noch dafür, daß es Theater bleiben sollte. In einem gemeinsam mit Sergej Eisenstein verfaßten Aufsatz „Ausdrucksbewegung“ nennt er im Frühjahr 1923 die szenische Bewegung eine ausgestellte „Standard-Bewegung“, eine „Attraktion“, und erklärt in einer Fußnote: „Die Standard-Bewegung ist ideal vom Standpunkt der Ökonomie der Mittel und der Vollkommenheit, mit der die utilitäre Aufgabe gelöst wurde.“ Der Aufsatz schließt mit der drastischen Bemerkung: „Irrig anzunehmen, daß ausdrucksvolles szenisches Holzsägen dem Schauspieler auf dem Arbeitsnachweis für Holzsäger höhere Einnahmen verheißt, wie ja andererseits ein idealer Säger auf der Bühne nicht den geringsten Eindruck macht.“[15] Dabei ist Tretjakow aber nicht geblieben. Schon 1924 läßt er in seinem Aufsatz „Arbeitertheater“ nur noch zwei Arten Theater zu: „Wirkungs-Theater“ und „Aktions-Theater“. Wirkungs-Theater bearbeitet die sozialen Emotionen. Aktions-Theater dient der Propaganda utilitärer Formen der Lebensorganisation, des Agierens und Verhaltens.[16]
Als Tretjakow im Herbst 1927 rückschauend seinen Weg als Dramatiker überdenkt, bringt er „Ich will ein Kind haben“ direkt mit diesen Gedanken in Verbindung: „Die Bühne zur Ausstellung machen, mit Anschauungsmaterial operie-

ren, mit Standards (in Bewegung, Rede, Dingen, Situationslösungen). Mit Eisenstein dachten wir an eine Aufführung in Form einer ‚Ausstellung des Standard-Menschen, der unter erschwerten Bedingungen handeln muß'." Ideal dieses Weges sei die Ausstellung. Spuren davon fänden sich in „Ich will ein Kind haben", wo das „Finale ein Wettbewerb um das beste Kind in einem Modell-Kinderheim ist und das Publikum nach der Aufführung auf die Bühne geht, um die Ausstellung zu betrachten"[17].

Lissitzky konnte genau dieses Ausstellungs- und Schauprinzip reizen. Mildas Sieg über das „trunkene herz" schien ein anderer „Sieg über die Sonne", in dem der moderne Mensch die Sonne als „Ausdruck der alten Weltenergie" vom Himmel reißt und „kraft seines technischen Herrentums sich eine eigene Energiequelle schafft"[18]. Der Weg von der „Schaumaschinerie" zur Bühnenmaschine für Milda war so gut wie vorgezeichnet. Die fünf oder mehr Modelle Lissitzkys von 1926, die Meyerhold im Dezember 1928 erwähnt,[19] sind nicht bekannt, aber was man 1929 sieht, zeigt eine verblüffende Ähnlichkeit mit der „Schaumaschinerie" seit dem Urbild von 1920/21. Die Spirale in der Rippenkonstruktion bestimmt auch diese Erfindung eines szenischen Raums. Das Ganze ist von allen Seiten zugänglich und durchschaubar. Die Spirale garantiert eine mobile Mehrstöckigkeit: Die Spielebenen sind durch Verschieben, Drehen, Heben und Senken von Treppen und Laufstegen schnell miteinander zu verbinden. Eine perfekte Bühne für eine Figur, die im sparsamen Umgang mit Sexualenergie die letzte Konsequenz aus der Ökonomie der Mittel zieht: Lissitzkys Milda-Maschine.

Tretjakow hat diese Erfindung sicher vollkommen überzeugt. Ich vermute, daß die zweite Fassung seines Stücks den von Meyerhold erwähnten mehrmaligen Disputen über das Bühnenmodell Entscheidendes verdankt: Sie ist abstrakt im Milieu, unverhohlen sezierend – eine Demonstration in der Anatomie, die Figuren geometrisch – biosoziale Spielkörper. Ja, Tretjakow übernimmt 1929 sogar den Begriff der Spirale, um seine Dramaturgie zu verdeutlichen: „Nicht das Stück, das sich in seinem ästhetischen Kreis schließt, sondern das Stück, das auf dem ästhetischen Sprungbrett der Bühne ansetzt und sich als Spirale in die

Meinungskämpfe, in die außertheatralische Praxis der Zuschauer schraubt."[20]

Im Laufe der Jahre entwickelte Meyerhold, um das theatralisch fassen zu können, sein Konzept einer „Aufführung zur Diskussion" – das Stück sollte an vielen Stellen zur Diskussion unterbrochen werden. Nachdem die Aufführung beim ersten Anlauf im Februar 1927 vom Hauptrepertoirekomitee verboten worden war, schlug Meyerhold im Dezember 1928 vor, den Zuschauerraum auf die Bühne auszudehnen, die Bühnenplätze unter anderem an Vertreter gesellschaftlicher Einrichtungen und Organisationen zu verkaufen, die während und nach der Aufführung an der Diskussion teilnehmen sollten. „Die Funktion der Redner werden wir Leuten übertragen, auf die wir uns verlassen können." Der Autor selber solle auch in die Diskussion eingreifen, wenn ihm etwas nicht im richtigen Ton vorgetragen scheine.[21] Das generelle Verbot des Stücks blieb in Kraft, aber dieses Konzept wurde genehmigt.[22]

Zu Rande gekommen sind die drei Meister mit der Inszenierung dennoch nicht, obwohl sie bis 1930 ermuntert wurden. So nennt ein Theaterkritiker im Sommer 1930 „Ich will ein Kind haben" das „vermutlich beste, stärkste, revolutionierendste Stück der gesamten sowjetischen Dramatik"[23], und im Gespräch Meyerholds mit Lissitzky über das neue Theatergebäude im Januar 1930 ist Tretjakows Dramaturgie eindeutig der Bezugspunkt des Architekten: „Jede szenische Handlung zeigt eine organisierte Idee, die ‚Organisation des Alltags' [...] Daraus entstand die Notwendigkeit, Konstruktionen zu verwenden [...] Die Bühne befindet sich auf dem Niveau der Straße, um die Möglichkeit zu bieten, Autos, Straßenbahnen, Kanonen, Pferde, Regimenter, Demonstrationen aufzunehmen."[24] Was schließlich bleibt, ist die Erinnerung an die Hartnäckigkeit der drei. Als Kershenzew, der Vorsitzende des Staatskomitees für Kunstangelegenheiten, im Dezember 1937 Meyerholds Theater „Ein fremdes Theater" nennt, vermerkt er böse auch, daß der Regisseur „mehrere Jahre lang versuchte, das Stück ‚Ich will ein Kind haben' des Volksfeinds Tretjakow aufzuführen, das eine feindliche Verleumdung der sowjetischen Familie"[25] sei.

3. Gescheitert aber war der Versuch schon zehn Jahre zuvor. Gescheitert an einer Unvereinbarkeit, die gerade die russische Avantgarde dank einer geschichtlichen Gunst am opferreichsten erfahren mußte. Sie allein nämlich hat in diesem Umfang die Utopien zu Programmen, die Sprach-Laboratorien zu Lebens-Werkstätten gemacht und früher oder später begreifen müssen, daß man die Existenz des Menschen nicht durch das Experiment mit biosozialen Spielkörpern beeinflussen kann, ohne Gefahr zu laufen, sie einem universalen Kalkül der Beholfenheit zu unterwerfen. Tretjakow hat das natürlich gewußt. Es gibt eine Bemerkung von ihm, die das Dilemma offenbart, zugleich aber einen überraschenden Ausblick eröffnet. In einem Konzeptionsdisput im Meyerhold-Theater am 16. Februar 1927 sagte er gegen Schluß: „Milda muß betont unschuldig sein. – Das ganze Stück muß unschuldig gespielt werden. – Man kann das Stück als zynische Farce geben. – Das ist sehr gefährlich.“[26]

Unschuldig bleibt der Standard nur auf der Bühne. Meyerholds Vorschlag, das Stück durch die Diskussion mit Fachleuten vor Mißdeutung zu bewahren, verhinderte nicht, sondern veranschlagte den Sündenfall: die Vermischung von Theater und Nicht-Theater. Meyerhold glaubte zwar, man könne durch eine gewisse Improvisation in den Streitgesprächen Elemente der Commedia dell'arte in die Inszenierung bringen – doch seit wann agierten in der Commedia dell'arte Leute, „auf die wir uns verlassen können“? Im Ergebnis hätte sich der „reine akt der vollkommenheit“ in die taktischen Schrecken der Beholfenheit gewendet.

Die eigentliche Sensation der Bemerkung Tretjakows steckt jedoch in der Warnung vor der Farce. 1922, in der Rezension zum „Hahnrei“, hatte sich Tretjakow dagegen gewandt, dieses Stück von dem eifersüchtigen Mann, der seiner Frau Liebhaber aufzwingt, damit sie durch ihr Verhalten zu ihnen, das ihr Mann beobachtet, ihre Unschuld um so besser beweisen kann, als Farce zu mißdeuten. Es handle sich um eine „furchtbare Tragödie“: „Die Eifersucht, die einen Menschen zum Idioten macht – mit allen sich ergebenden Folgen. Etwas Auswegloses. Ich habe versucht, vom Psychologischen her an die Sache heranzukommen und war zu Tode erschrocken [...] Der Mann schreit doch wie am Spieß.“[27]

Der Effekt der Meyerhold-Inszenierung von 1922 kam aus dem Gegeneinander von Stück und Schauspielertechnik: Die Panik des Eifersüchtigen, die Unbeholfenheit eines Liebenden wird durch die Bühnenbeholfenheit des biomechanisch geschulten Schauspielers demonstriert. Der Irrtum des neuen Versuchs von 1926 bis 1930 bestand darin, daß ein Stück, das die Beholfenheit nun auch zum Gegenstand macht und auf einer Bühnenmaschine der Beholfenheit vorgeführt wird, den Effekt potenziere. Das Gegenteil sollte sich als richtig erweisen. Meyerhold hat die Vergeblichkeit des Versuchs wohl lange nicht wahrhaben wollen, während etwa sein Kontrahent bei der Erörterung des Aufführungskonzepts für „Ich will ein Kind haben", Igor Terentjew, Leiter des Leningrader Theaters im Haus der Presse, schon Ende 1928 „Hamlet" als Stichwort genannt hatte – „Hamlet, weiblich und in Dur"[28]. Hatte er begriffen, daß Milda „wie am Spieß" schrie: „Ich will ein Kind haben! Ich will ein Kind haben!"? Zerhauen hat den Knoten endlich aber doch Meyerhold. Mit der Macht seiner Leidenschaft, die er so lange hatte zügeln müssen, inszenierte er ein schwelgerisches Bild der Weiblichkeit, das alle ästhetischen Restriktionen hinter sich ließ: „Die Kameliendame" von Dumas-Sohn. 1934 brachte er das Melodrama von der „oberherrschaft des trunkenen herzens" auf die Bühne – als die Tragödie der Beholfenheit.[29] Der Abschied war geglückt.

1982

1 El Lissitzky, Der Suprematismus des Weltaufbaus [1920]. In: El Lissitzky, Maler, Architekt, Typograf, Fotograf. Erinnerungen, Briefe, Schriften. Übergeben von S. Lissitzky-Küppers. Dresden 1976, S. 334 (weiter L).

2 M. B-de, „Choču rebenka". K postanovke v teatre im. Mejerchol'da. Besedá s avtorom S. Tret'jakov. In: Programmy Gos. skad. teatrov. 1927, No. 4 (70), S. 12.

3 S. Tret'jakov, Po povodu „Protivogazov". In: LEF, 1923, No. 4 (August/Dezember), S. 108. In gleicher Weise in der Debatte LEF und Marxismus am 3. 7. 1923, ebenda, S. 214.

4 F. Crommelynck, Le cocu magnifique. Uraufführung in Paris am 20. 12. 1920. Premiere bei Meyerhold am 25. 4. 1922.

5 L 353.

6 Erste Fassung in: S. Tretjakow, Brülle, China! Ich will ein Kind haben. Zwei Stücke. Mit einem Nachwort von F. Mierau und einem Dokumentanteil. Berlin 1976, S. 83–169 (weiter T). Zweite Fassung in: F. Mierau, Erfindung und Korrektur. Tretjakows Ästhetik der Operativität. Berlin 1976, S. 179–246. Beide Fassungen in: S. Tretjakow, Ich will ein Kind haben. Materialien, Analysen, Meinungen. Hg. von S. Ditschek. Publikation in Vorbereitung.

7 Vgl. dazu: A. Fevral'skij, S. Tret'jakov v teatre Mejerchol'da. In: S. Tret'jakov, Slyšiš, Moskva! Moskau 1966, S. 190–200 (weiter F).

8 El Lissitzky, Proun und Wolkenbügel. Schriften, Briefe, Dokumente. Hg. von S. Lissitzky-Küppers und J. Lissitzky. Dresden 1977, S. 203f., 220 (weiter LI).

9 S. Tretjakow, Woher und wohin? (Perspektiven des Futurismus). In: S. Tretjakow, Gesichter der Avantgarde. Hg. von F. Mierau. Berlin 1986, S. 50 (weiter A).

10 A, s. 50.

11 Biomechanika V. E. Mejerchol'da. Beseda s laborantami v. Mejerchol'da P. Urbanovičem i V. Ljuce. In: Bjulleteni Studenčeskogo Informacionogo bjuro režisserskogo fakul'teta GITISa (STINF), 1922, No. 6 vom 26. 10. 1922, S. 5.

12 I. Sokolov, Tejlorizovennyj žest. In: Zrelišča, 1922, No. 2 vom 5.–10. 9. 1922.

13 A. Pozdenev, Tejlorizm na scene. In: Zrelišča, 1922, No. 5 vom 17.–23. 10. 1922, S. 9.

14 Tret'jakov, Velikodušnyj rogonosec. In: Zrelišča, 1922, No. 8 vom 17.–23. 10. 1922.

15 S. Tret'jakov/S. Ejzenstejn, Vyrazitel'noe dviženie. Sergej-Eisenstein-Archiv Moskau.

16 S. Tretjakow, Notizen eines Dramatikers. In: A, S. 98ff.

17 S. Tret'jakov, Rabočij teatr. In: Oktjabr' mysli, 1924, No. 5–6, S. 56f.

18 L 353.

19 W. Meyerhold, Vortrag über den Inszenierungsplan zu „Ich will ein Kind haben". In: T 191.

20 S. Tret'jakov, Čto pišut dramaturgi. In: Rabis vom 12. 3. 1929, S. 7.

21 T 191–192.

22 F 197–200.

23 V. Bljum, Teatr – agitator novogo. In: Kul'ture i byt, 1930, No. 17, S. 5.

24 LI 201–202.

25 P. Keržencev, Čužoj teatr. In: Pravda vom 17. 12. 1937.

26 „Choču rebenka". Prodolženie besedy o „Choču rebenka". 16. 2. 1927. Zentrales Staatsarchiv für Literatur und Kunst Moskau. Fonds 2411, 10, 1 – Blatt 93.

27 Wie Anm. 14.

28 T 184.

29 Zu dieser Interpretation vgl. K. Rudnickij, Režisser Mejerchol'd. Moskau 1969.

Viktor Schklowski: 92

> Hätte man bei einem Anthropologen Puschkin in Auftrag gegeben, der Gelehrte wäre schwerlich darauf gekommen, daß ein Großvater in Abessinien bestellt werden muß.
>
> *Viktor Schklowski 1927*

Kein russischer Kritiker des Jahrhunderts hat die Phantasie der Zeitgenossen so gereizt wie Viktor Schklowski. In Huldigungen und Schmähschriften, Glossen, Parodien und Karikaturen, Interviews und Memoiren, ja in Romanen hat man dem Geheimnis seiner Existenz beizukommen versucht, um am Ende immer nur festzustellen, was Schklowski ausmacht, faßt man auf diese Weise nicht.
Daß man sich ihn leicht zu enträtseln dachte, hat Schklowski durchaus provoziert: Das offensichtlich Instrumentale seiner Untersuchungen und die unermüdliche Selbstbeschreibung suggerieren die Gewißheit, man habe lediglich sein Verfahren auf ihn selber anzuwenden, um herauszukriegen, wie Schklowski es mache und wie er gemacht sei. „Ich berichte von den Ereignissen und stelle aus mir ein Präparat für die Nachwelt her", schreibt der Sechsundzwanzigjährige 1919 in seinem ersten Erinnerungsbuch „Revolution und Front". Ist Schklowskis Geheimnis das Geheimnis dieser Präparierung?
Sicher war von Anfang eins: Es war der Stil seiner Professionalität, der Entzücken wie Entrüstung hervorrief. So etwas von entzweiender Versessenheit auf Differenz, Spezifik und Begriff bei erklärt sentimentaler Sehnsucht nach Gemeinsamkeit hatte man noch nicht erlebt. Und immer alles ganz öffentlich: Anhänglichkeiten und Zerwürfnisse per Brief oder Abhandlung über die Zeitschriften, dann über die dünnen Büchlein, die er ständig herausgab, worin unvermeidlich zu lesen stand, wie es ihm gehe und was ihm fehle oder wenigstens, welche Entdeckung er wem verdanke bzw. von wem nächstens erwarte, welches Auto er fahre; am Schluß des letzten Stückes seines Berliner Briefromans „Zoo", in dem er das Zentrale Exekutivkomitee um

die Erlaubnis zur Rückkehr aus der Emigration bat, sogar die Hoffnung, daß man ihn, der „sich ergibt", nicht hinrichten möge.
Das war eine Offenbarung für die Zeit, die akademische Beschlagenheit in Kunsttheorie und Kunstgeschichte doch meist an den Auseinanderfall von Person und Untersuchung gebunden kannte. Der Autor lebte nicht, was er schrieb. Nun schuf die fröhliche Anwesenheit dieses analytisch versierten Jünglings unter den Künstlern ein geistiges Klima, in dem die Improvisation, das Apropos, der Gedankenblitz sich glänzend vertrugen mit der Strenge der Definition oder der geschichtlichen Analogie.
Allerdings: Wo Schklowski hinkam, kam der Geist des Aufruhrs hin, Konventionen brachen, und die Leute wurden waghalsig. Das Verführerische seiner Existenz ist so stark empfunden worden, daß Schklowski von den „Serapionsbrüdern", zu deren Lehrern er gehörte, 1919 „Rasender Bruder" oder noch sprechender „Bruder Skandalist" getauft wurde, als der er dann – ungreifbar zwischen Herausforderung und Ärgernis – in Wenjamin Kawerins Roman „Der Skandalist oder Abende auf der Wassiljew-Insel" sein Wesen trieb. Juri Tynjanow hat 1929 zu sagen gewagt, was andere ebenso erfahren, aber nicht zugegeben haben: „Wenn ich dir nicht begegnet wäre, wäre mein Lebens nicht geglückt." Doch wenn auch niemand anderes so weit ging, gehuldigt haben sie ihm alle. Vom Symbolisten Andrej Bely bis zum Futuristen Sergej Tretjakow. Bely in einer glänzenden Passage seines Reisetagebuchs „Wind vom Kaukasus", Tretjakow mit seiner berühmt gewordenen Antwort auf einen ironischen Zwischenruf während einer Moskauer Debatte.
„Ich stoße gern auf Schklowski", trägt Andrej Bely am 30. Juni 1927 in Tbilissi ein, „wir sind verschieden, aber mit ihm ist es unkompliziert und nie langweilig: er ist scharfsinnig, unvoreingenommen, klug, gütig und tolerant, obwohl er sich unversöhnlich gibt; dann – er ist ein Mensch ohne ‚Verfahren', ohne ‚Form'; er ist durch und durch Inhalt, Thema; und der Inhalt ist immer spannend; es ist die von ihm erfundene ‚formale Methode', spannend, weil die Analyse der Verfahren, das Zurückfuhren auf Verfahren bei ihm Geste ist, Pantomime und Symbol, wenn er ‚Verfahren'

sagt, glaube ich ihm nicht; dieses ‚Verfahren' ist ein Erraten: seine Intuition; seine ‚formale Methode' ist so etwas wie die bekannte ‚Psycho-Analyse'; sein Verbrechen ist, daß er Formalisten züchtet und ihnen Lehrstühle verschafft; die ‚Professoren' des Schklowismus sind fad, akademisch, von tödlicher Langeweile.
Ich kann kommen, wohin ich will – ich treffe Schklowski; bin ich in Leningrad, ist es Schklowski auch; in Berlin – auch Schklowski; bei Gorki – Schklowski; in Moskau – wieder Schklowski; selbstverständlich mußte er auch in Tiflis sein: es ist das stilistische Verfahren unserer Begegnungen; wenn mich das Schicksal einst in den Himalaya verschlägt, wer wird mir da vom Mount Everest entgegenkommen – Viktor Schklowski; nicht im geringsten verwundert wird er das Gespräch fortsetzen, das wir vor zwei Jahren bei Pilnjak führten und (vier Jahre zuvor) bei Gorki in Bad Saarow begonnen hatten. Ganz nebenbei die Hand reichend (eine reine Formalität), wird er mir höchst angelegentlich auf einen Satz antworten, den ich zwei Jahre zuvor nicht hatte zu Ende bringen können.
‚Ja, wissen Sie.'
‚Was meinen Sie?'
‚Bei Gorki sagten Sie.'
So unser Gespräch in einem Tifliser Café – ohne Anfang und ohne Ende, in kleinen Stücken, Sprüngen, jahrelang."
Ein halbes Jahr später, am 20. Dezember 1927, die Huldigung von ganz links. Majakowski stellt seine Zeitschrift „Novy LEF" als das Journal der neuen literarischen Avantgarde vor und beschreibt die formale Methode als gut geeignet, die nötigen technologischen Kenntnisse zur Bewältigung des sozialen Auftrags zu erwerben. Zwischenruf von Wjatscheslaw Polonski, der gerade in seinem „Iswestija"-Artikel „LEF oder Bluff?" zur Attacke gegen das LEF-Konzept geblasen hatte: „Und Schklowski, ist der auch links?" Da Tretjakows triumphierender Bescheid: „Wir sind stolz auf Schklowski!"
Was man bei Tynjanow, Bely und Tretjakow gleichermaßen vernimmt, ist die tiefe Befriedigung, einen Mann wie Schklowski an seiner Seitc, in seiner Nähe, zumindestens aber auf der Welt zu wissen. Bedenkt man die Arbeitsfähig-

keit und Arbeitslust des Kritikers, so war das zunächst einmal die Genugtuung über den Zuwachs an Kompetenz der Kreise, denen er sich zugesellte. Denn Schklowski konnte offenbar alles: er analysierte Chlebnikow und „Tarzan", „Tristram Shandy" und „Don Quijote", Sherlock Holmes und erotische Volksmärchen, Isadora Duncan und Andrej Bely, Lenins Sprache, Chaplin, Meyerhold und Eisenstein, Leo Tolstoi und Sergej Tretjakow. Ein für alle mal schien er zu wissen, wie Kunst gemacht ist und funktioniert.

Und so haben sie alle von ihm etwas gehabt: die Futuristen, die er mit seinem ersten öffentlichen Vortrag über die Erweckung des Wortes im Dezember 1913 in die Weltkunst stellt, die OPOJAS, die Gesellschaft zum Studium der poetischen Sprache, die er noch im Krieg initiierte, die „Serapionsbrüder", denen er Vorlesungen über Weltliteratur hielt, Gorki, in dessen Berliner Kreis er mit ironischer Zärtlichkeit „Puschkin" genannt wurde, das Russische Institut für Kunstgeschichte, das ihn zum Professor berief, der LEF, Majakowskis Linke Kunstfront, in der er die „Literatur des Fakts" vertrat, die Filmfabriken, denen er Dutzende von Szenarien begutachtete und selbst schrieb, die Zeitschriften, nicht zu vergessen die Hunderte von öffentlichen und internen Debatten, in denen er mit kräftiger Stimme seine scharfsinnigen Argumente zu plazieren verstand.

Freilich merkt man gleich: was eigentlich die Bewegung angesichts seiner Präsenz auslöste, war mit dieser Funktionstüchtigkeit und aktuellen Verwendbarkeit überhaupt nicht zu beschreiben. Es war das genaue Gegenteil, was bei der Begegnung mit Schklowski so befriedigte, nämlich die Leibhaftigkeit einer Utopie. Schklowski existierte, wie es an sich unmöglich war. Sein Ort war nicht auszumachen. Von seinem Auftauchen an, als er zwanzigjährig im Petersburger Boheme-Keller „Streunender Hund" Futurismus und gelehrte Philologie verband, bis in unsere Tage gilt: Die Berührung mit ihm ist die Berührung mit einer Utopie.

Diese Berührung war so elementar, daß selbst die Freunde, Tynjanow und Eichenbaum, versucht haben, das Phänomen im Geist der Zeit zu deuten, das heißt schützend zu verhüllen, indem sie dieser Existenz ohne Ort einen Platz in der Literaturlandschaft verschafften: Sie sprachen von Schklowski als einem neuen Typ Schriftsteller, planten sogar eine kleine Sammlung von Artikeln über den eigentümlichen Autor, aus der Bruchstücke erhalten sind. Beide beschreiben das Physiologische an Schklowskis Umgang mit der Kunst. Tynjanow betont das Unbehagen, das den Sentimentalisten Schklowski vor einer unbewältigten Sache befällt: „[...] ihm liegt daran, in seiner Sache selber vorzukommen." Eichenbaum nennt ihn professionell bis ins Mark, Literatur gehöre zu ihm wie Atmen und Gehen: „Sein Appetit erstreckt sich auch auf Literatur."

In Wahrheit ist ihm der Platz nicht zu beschaffen gewesen. Die Voraussagen der Freunde erwiesen sich als verfehlt. Schklowski war nicht der neue Typ Schriftsteller. Er existierte nicht nur fünfzehn Jahre „zur Diskussion", wie Eichenbaum, Schklowskis Selbstdarstellung aufnehmend, 1929 schrieb – kein Klassiker jetzt, weil er ein künftiger Klassiker sei –, er ist auch in siebzig Jahren das Odium der Vorläufigkeit nicht losgeworden. Und entgegen Tynjanows Prognose hat er nicht aufgehört, ein Sentimentalist zu sein, die Beziehung zu den Sachen, die er anfaßte, hat er immer weiter mit hineingeschrieben, ja er hat sich auf dem Schriftstellerkongreß 1934 hingestellt und wider den allgemeinen Realismus-Konsens zu einem neuen Sentimentalismus aufgerufen, einer „empfindsamen, sinnlichen Heiterkeit".

Was sich hier zeigt, ist natürlich nichts anderes als die Unverträglichkeit der Utopie mit jeder partiellen Realisierung, jeder Zerstückelung ins vorerst Machbare. Man hatte sie ganz oder gar nicht.

Als die Mitte dieser Utopie dürfte zu finden sein, was Schklowski noch von den wohlmeinendsten Kritikern als skandalös angerechnet worden ist – eine Gewißheit, die tatsächlich ganze Bibliotheken von Kunsttheorie und Kunstkritik hinsinken ließ und dabei doch lediglich eine uralte, selbstverständliche, beinahe triviale Erfahrung von Künstlern aussprach, nämlich: „Die Form erzeugt den Inhalt."

Damit war zunächst einmal gemeint, daß Cervantes' „Don Quijote", Conan Doyles „Sherlock Holmes" oder Tolstois „Krieg und Frieden" nicht vor und nicht außerhalb der Form existierten, in der wir sie kennenlernen. Wer sich dafür interessiere, auf welche Weise aus dem jedermann zugänglichen Material der besondere Inhalt erzeugt wurde, der könne sich nicht damit begnügen, das Material zu registrieren oder den Zustand des Autors psychologisch soziologisch zu rekonstruieren. Er müsse sich schon anstrengen, die Verfahren und ihre Gesetze zu definieren, mit deren Hilfe dem Material zu Leibe gegangen wird. Oder mit einem von Schklowskis geflügelten Worten aus der Vorbemerkung zu seiner „Theorie der Prosa": „Um eine Parallele in der Produktion zu ziehen, interessiere ich mich nicht für die Situation auf dem internationalen Baumwollmarkt, nicht für die Politik der Trusts, sondern ausschließlich für Garnnummern und Webarten."

Doch die Bescheidenheit war verfänglich. Schklowski hat je weiter, desto weniger davon gesprochen, aber doch unter den wechselnden Umständen daran festgehalten, daß die neue Form nichts beliebig Ersetzbares sei, sondern mit der Existenz des Menschen zu tun habe. 1913/14 wird der Zusammenhang programmatisch gefaßt.

„Heute ist die alte Kunst tot, eine neue ist noch nicht geboren; tot sind auch die Dinge – wir haben die Empfindung der Welt verloren; wir sind wie der Geiger, der den Bogen und die Saiten nicht mehr fühlt, wir sind nicht mehr Künstler unseres Alltags, wir lieben unsere Häuser und unsere Kleider nicht und trennen uns leicht von einem Leben, das wir nicht empfinden. Nur die Schaffung neuer Formen in der Kunst kann dem Menschen das Erlebnis der Welt zurückgeben, die Dinge erwecken und den Pessimismus töten.

Wenn wir in einem Anfall von Zärtlichkeit oder Bosheit einem Menschen liebend zusprechen oder einen Menschen beleidigen wollen, dann genügen uns die verschlissenen, abgenagten Worte nicht, dann ballen und zerbrechen wir sie, damit sie das Ohr treffen, damit man sie sehen kann und sie nicht nur wiedererkennt."

Allein die Kunst garantiere die Freiheit, die Welt zu sehen und nicht nach vorformulierten Eindrücken nur wiederzuerkennen. Zweifellos ist es dieses radikal verkürzende Ineinander von Instrumentalem und Existentiellem, das Schklowskis Texte zur Utopie weitet. Was Schklowski mit diesem Konzept als Kritiker der sowjetischen Kunst schon bis zum ersten Schriftstellerkongreß geleistet hat, sei hier vorerst an nur einem Arbeitsfeld skizziert: der Bestimmung des spezifisch Neuen in den Künsten und seines Zusammenhangs mit der alten Kunst.

Verfolgt man die Kritiken Schklowskis durch die fünfzehn Jahre, so fällt vor allem auf, mit welcher Sicherheit er zu sagen weiß, was keine neue Kunst sei, sondern nur ein bewußter oder unbewußter, geschickter oder ungeschickter Versuch, die Verfahren anderer öffentlicher Äußerungen und Umgangsformen für Kunst auszugeben. In den ersten Revolutionsjahren hat er das besonders am Theater gezeigt, nach seiner Rückkehr aus Berlin dann an der Prosa.
Theater war das Zauberwort der Epoche des Kriegskommunismus, weil die Öffentlichkeit und Gemeinsamkeit der Revolution hier ohne Umweg und Verlust zur Vorstellung zu werden schien. Zirkeltheater, Mysteriums-, Meetings- und Legendentheater hießen die Stichworte. Schklowski weist in seinen Analysen nach, daß das Theaterfieber, das Rußland damals schüttelte, mit revolutionärer Kunst nicht das geringste zu tun hatte. Der übelste Provinzdilettantismus feiere fröhliche Urständ, es triumphiere der Gartenfestgeschmack abgedankter Regimentsschreiber.
Diese dramatischen Zirkel, die sich wie die Infusorien vermehrten und weder durch Heiz- noch Ernährungskrise und schon gar nicht durch die Entente zu beeinträchtigen seien, befriedigten aber offenbar ein so naturgewaltiges Bedürfnis, daß sie auf die Drohung, sie zu schließen, heroisch antworten konnten: „Dann spielen wir unser Vaudeville eben im Untergrund!“
Schklowski hielt in dieser Situation nichts für falscher als vorzuschlagen, die dramatischen Zirkel bei den Volksfesten einzusetzen. Handle es sich doch deutlich um eine Manie, den Wahn von Deserteuren, eine Massenflucht aus der Wirklichkeit. Ein Volksfest dagegen existiere nur als etwas Unmittelbares, Spontanes, Improvisiertes und vertrage bei Strafe seines Untergangs in Parade oder Leibeigenenballett keine Zuschauertribünen.
Was Schklowski hier verteidigt, ist nicht die Reinheit und Unantastbarkeit der Phänomene – die Kreuzung unterschiedlichen Materials hielt er für eine Grundbedingung neuer Kunst –, sondern ihre Eigengesetzlichkeit. So verfocht er in dem anderen großen Streit jener Zeit, dem Streit um das von Platon Kershenzew am ausführlichsten begründete „Theater ohne Zuschauer“ die Unabdingbarkeit der „psychologischen Rampe“: Theater ist das Spiel mit der Illu-

sion, oder es ist überhaupt nicht. Es kann mit der Rampe spielen, es kann die Bühne für die Realität ausgeben, Theaterdirektoren, Revolutionsführer und Putzfrauen auftreten lassen, aber – als Theater.
Schklowski demonstrierte das Problem an drei Aufführungen, dem Revolutionsmysterium vor der Petrograder Börse, Meyerholds Verhaeren-Inszenierung und an der „Legende vom Kommunarden" im Revolutionär-Heroischen Theater.
Beim Revolutionsmysterium überzeuge die Zusammenführung von nichtästhetischem und ästhetischem Material, einer Truppenparade mit der choreographierten Bewegung der Massen (von unterdrückt bis revoltierend). Kühner und stärker wäre das Ganze freilich gewesen, hätte man zwei nichtästhetische Materialbereiche gegeneinander geführt, etwa zwei sozialgeschichtlich konträre Stadtteile Petrograds, Arbeitervorstadt gegen Regierungsviertel.
Der gleiche Gedanke liegt Schklowskis Kritik an Meyerholds Aufführung von Verhaerens „Morgenröte" zugrunde, die als Meeting konzipiert war: Telegramme über Verluste der Roten Armee an der Perekop-Front werden verlesen, beim Trauermarsch erheben sich die Zuschauer und anderes mehr. Denkbar wäre hier höchstens der Kampf von Meeting und Theater, nicht aber dieses Quasi-Meeting. Ganz untauglich hingegen sei das Legenden-Theater. Opernklischee und Kintopp regieren die Arrangements, die fatal an die süßlichen Illustrationen aus der russischen „Gartenlaube", der „Rodina", erinnerten: Höhepunkt eine unfreiwillige Wagnerparodie – das Herz des Kommunarden wird geschmiedet.
„Nägel mit dem Samowar einschlagen" nennt Schklowski diese Versuche, die Gattungen oder sogar die Medien durcheinanderzubringen; ohne ihre Regeln zu kennen, komme man keinen Schritt voran zu neuen Strukturen, heillos werde Theater, Musik, Ballett mit Agitation vermischt, so daß geradezu die Agitation vor der Kunst geschützt werden müsse.
Voran führe allein Besinnung und Konzentration auf die Theatralität. Daher hat Schklowski alle Unternehmungen unterstützt, in denen das Theater die ihm eigenen Mittel

kultivierte: Majakowskis „Mysterium buffo", das er besonders in den Eingangspassagen wie ein russisches Volksstück vom Wort, vom Wortspiel her aufgebaut fand. Chlebnikows (freilich nicht gespieltes) Stück „Der Fehler des Todes". Von den beiden Petrograder Varianten zirzensischer Komödie zog Schklowski Juri Annenkows Aufführung von Leo Tolstois „Erstem Schnapsbrenner" dem improvisierenden Nummernulk Sergej Radlows vor. Annenkow aktualisierte das Gegeneinander von Moralität und Farce durch Einschub von Tschastuschki, den Auftritt von Harmonikaspielern, Polizisten und eines Exzentrikclowns in der Hölle. „Die Kunst des Zirkus" begriff Schklowski, wie er in einem gleichnamigen Artikel vorbrachte, durchaus als auf ihrem Felde der Kunst der Tragödie ebenbürtig. Das Zirkusverfahren des „Schweren" und „Schrecklichen" sei mit der Verzögerung des Sujets verwandt, wenn etwa der Held in die schwierige Lage des Kampfes zwischen Pflicht und Neigung gerate. Der Akrobat überwindet den Raum durch den Sprung, der Tierbändiger durch seinen Blick und der Athlet das Gewicht durch die Kraftanstrengung genauso wie Orest die Liebe zu seiner Mutter aus Zorn über das Schicksal seines Vaters. Schklowski hat recht behalten. Die wirklichen neuen Schritte des Theaters und der Schritt zum neuen Medium, dem Film, wurden auf diesem Wege getan: über Meyerholds Biomechanik im „Cocu magnifique" und Eisensteins Montage der Attraktionen im „Gescheitesten" ging es voran.

Verglichen mit der Schlacht um die Prosa war der Theaterstreit zwischen 1919 und 1921 nur ein Vorgeplänkel. Als Schklowski nach einjähriger Abwesenheit 1923 aus Berlin zurückkehrte, hatten sich die Bedingungen grundlegend geändert. Erstens war eine Polarisierung der künstlerischen Gruppierungen im Gange, die auf das Ende der zwanziger Jahre hin immer erbitterter wurde; neu war hier die unmittelbare politische Zuordnung bestimmter Kultur- und Kunstkonzepte. Zweitens ging es um die Prosa, mit der jede der Seiten den Beweis für die Richtigkeit ihres Weges anzutreten hoffte. Drittens gab es fünf, sechs Jahre nach der Revolution schon eine kleine Geschichte der revolutionären Kunst, es hatte Schülerschaft, Freundeskreise, Gemeinsamkeit und Entzweiung gegeben.

In dieser Situation engagierte sich Schklowski auf seiten von Majakowskis, Tretjakows und Briks Moskauer „Linker Kunstfront“, verkündete sein Prosakonzept in den Zeitschriften „LEF“ und „Novy LEF“, ohne indes die zunehmend utilitaristischen Neigungen der Gruppe zu teilen, deren Vorläufer, die Petrograder „Kom-Futy“ („Kommunisten-Futuristen“), er schon 1919 wegen ihres Anschlusses an das Volkskommissariat für Bildungswesen und wegen ihres Eifers, sich direkt der III. Internationale zu unterstellen, kritisiert hatte.
Noch ehe Schklowski als Kritiker in die Prosadebatte eingriff, war er sowohl als Theoretiker der Prosa als auch als Verfasser von Prosa präsent. Zwischen 1917 und 1921 hatte er mehrere große Strukturanalysen veröffentlicht, in denen er Grundverfahren des Erzählens beschrieb und vor allem seine Vorstellung vom Neuen in der Kunst als der „Kanonisierung der jüngeren Linie“ entwickelte: Der Gewinn des kreativen Sehens, die Überwindung des mechanischen Wiedererkennens der Wirklichkeit schließe nicht an die ersichtlich höchste, die anerkannt höchste, die kanonisierte literarische Linie an, sondern an die niedere, jüngere, verborgene, meist geringgeschätzte, wobei auf diese Weise zugleich Rückannäherungen an zeitlich weiter entfernte, vergessene Erzählweisen und eine Neubeurteilung des eben herrschenden Kanons erfolgen. In Berlin hatte er dann zwei Prosabücher herausgebracht, die allem entgegenzustehen schienen, was bei seiner Rückkehr vom revolutionären Erzählen an Milieu- und Psychologietransport erwartet wurde: Die „Sentimentale Reise“ und „Zoo. Briefe nicht über die Liebe oder Die dritte Heloïse“. Es sind autobiographische Bücher, die an Sternes „Sentimental Journey“ (1768) und Rousseaus „Julie oder Die neue Heloïse“ (1761) anknüpfen, und zwar in beiden Fällen mit dem erklärten Ziel, die in den alten Büchern anzutreffende Unmittelbarkeit der Weltaufnahme zu gewinnen. Sentimental meint im Sterneschen Sinne das Bekenntnis zur Privatheit von Erleben und Urteil. Und „Briefe nicht über die Liebe“ meinte die Liebe und Entsagungskraft aus der Rousseauschen „Heloïse“ wie aus deren Vorbild, dem Briefwechsel zwischen Abälard und der Äbtissin Heloïse.
War nun dieser Griff über die renommierte russische und

französische Prosa des 19. Jahrhunderts hinweg zurück in die des 18. schon ein Affront, so geriet das Ganze mit der russischen Mittlerfigur, die Schklowski zuließ, endgültig zum Skandal.
Es handelte sich um Wassili Rosanow, einen Schriftsteller, der wegen seines heiklen Positionswechsels zwischen Liberalität und Orthodoxie am Ende des 19. Jahrhunderts und zu Beginn des 20. meist peinlich umgangen worden war. Dieser nun hatte neben vielen Abhandlungen drei Prosabücher veröffentlicht, zwei Bände der „Verwehten Blätter" und „Solitaria", die als Tagebücher seiner Verrichtungen, Empfindungen und Gedanken konzipiert waren. Während sich die zeitgenössische Kritik im wesentlichen mit der Moral des Mannes befaßte, erkannte Schklowski hier die Besonderheit einer produktiven Form, die eine ganz private, intime, sentimentale Haltung zu allen Problemen des Daseins zu transportieren in der Lage sei: Universalität ohne den Strukturzwang des kanonisierten Staats-, Erziehungs- oder Gesellschaftsromans.
In seinem Aufsatz „Literatur ohne Sujet" untersucht Schklowski Rosanows Bücher exemplarisch als einen „Verrat größten Stils", einen Verrat am Kanon, ohne den es den neuen Schritt nicht gebe. „In diese Bücher", heißt es da, „sind ganze literarische, publizistische Artikel eingegangen, die – auseinandergerissen – einander ins Wort fallen, weiter: Rosanows Biographie, Szenen aus seinem Leben, Fotografien usw. Diese Bücher sind nicht ohne Form, denn wir bemerken an ihnen die Beständigkeit des Verfahrens, ihre Konstruktion.
Für mich stellen diese Bücher ein neues Genre dar, das dem parodistischen Roman am nächsten kommt, mit schwach ausgeführter Rahmennovelle (Hauptsujet) und ohne komische Färbung. Rosanows Buch war der heroische Versuch, aus der Literatur auszubrechen, ‚ohne Worte, ohne Form zu sprechen' – entstanden ist ein wundervolles Buch, weil es eine neue Literatur, eine neue Form geschaffen hat.
Rosanow hat die Küchenthemen neu in die Literatur gebracht. Familienthemen waren auch früher schon üblich; Charlotte im ‚Werther', wie sie Brot schneidet, war seinerzeit ein revolutionierendes Ereignis wie ja auch der Name Tatjana in Puschkins Roman, aber Familienatmosphäre, die

Wattedecke, die Küche mit ihren Gerüchen (*ohne satirische* Wertung) hatte es in der Literatur nicht gegeben.
Rosanow hat diese Themen entweder kommentarlos eingeführt wie in einer ganzen Reihe von Stücken, etwa: ‚Mein Haushaltsbüchlein (mit den Einnahmen und Ausgaben) ist mir soviel wert wie Turgenjews Briefe an die Viardot. Es ist etwas ganz *anderes*, aber trotzdem eine ebensolche Achse der Welt und enthält im Grunde ebensoviel Poesie. Wieviel Anstrengungen! Sparsamkeit! Besorgnis, sich nach der Decke zu strecken! Und welche Befriedigung, wenn man zum Monatsersten gut ausgekommen ist!‘“
Der Aufsatz von 1921 gipfelt in einer Konkretisierung der 1913/14 entwickelten Perspektive des neuen Sehens, die Schklowskis eigene Prosa bestimmte und die für seine Urteile im Streit um die Prosa ausschlaggebend sein würde. Rosanow zeige sie, indem er Schperk zitiert: „Kinder unterscheiden sich von uns dadurch, daß sie alles mit einer realistischen Gewalt wahrnehmen, die Erwachsenen versagt ist. Für uns ist ein ‚Stuhl‘ ein Teil des ‚Mobiliars‘. Aber das Kind kennt die Kategorie ‚Mobiliar‘ nicht, und der ‚Stuhl‘ ist für das Kind so groß und so lebendig wie für uns nie. Daher genießen Kinder die Welt unvergleichlich mehr als wir.“ Genau dies, schließt Schklowski ab, „ist die Arbeit des Schriftstellers, wenn er die Kategorie zerstört und den Stuhl dem Mobiliar entreißt“.
Auf diese Weise war Schklowski sofort in der Lage, eine merkwürdige Erscheinung der nachrevolutionären Zeit in ihren weitreichenden Konsequenzen für die literarische Entwicklung, besonders für das Gattungsgefüge zu erfassen – die Hinwendung der Schriftsteller zu Notiz, Brief, Tagebuch und Erinnerungsblatt. Gezeigt hat Schklowski es an Maxim Gorkis „Erinnerungen an Leo Tolstoi“ und den „Bemerkungen aus dem Tagebuch“, Andrej Belys „Epopöe“, Erinnerungen an Alexander Blok und der Berliner Fassung von „Jahrhundertbeginn“ und an Alexej Remisows „Aus dem flammenden Rußland zu den Sternen“ und den „Rosanow-Briefen“. Hier werde, was man früher zu Romanen verarbeitete, ohne die überkommenen Sujetkonstruktionen geboten. Schklowski wertete das als eine Rangerhöhung des Materials und Sicherung des neuen Sehens und ist nicht

müde geworden, das Irrige der kurz darauf einsetzenden Rückkehr zum Typ des sozialpädagogischen und sozialpsychologischen Romans vorzuführen.
So hat Schklowski Gorkis „Werk der Artamonows“ und „Leben des Klim Samgin“ nur als Rückschlag auffassen können, ganz zu schweigen von epigonalen Romanen aus dem Arbeitermilieu wie Bachmetjews „Martyns Verbrechen“, an dem Schklowski die Übernahme der Erzählstruktur aus Josef Conrad und die damit unausweichliche Verfälschung des Materials vorführte. Im Grunde fand kein einziger Romanschreiber Gnade: Weder Samjatin noch Pilnjak, beide nach Schklowski Andrej-Bely-Epigonen (immer noch „Petersburg“, wo Bely längst weiter ist). Weder Fedin noch der Dostojewski-Schüler Leonow. Fedin, den einstigen Serapionsbruder, muß Schklowski besonders hart getroffen haben, als er, von Fedin verdächtigt, „Städte und Jahre“ gar nicht gelesen zu haben, zum besten gab, wie gründlich er die Lektüre absolviert habe: „Ich zerlegte den Roman in Stücke und bereitete mir daraus neue Romane à la Walter Scott, Dickens und Ehrenburg. Wenn ich die Verfremdung und das Sternesche Spiel weglasse, erhalte ich lyrische Stellen wie bei Turgenjew. Aber, Fedin, der Mißerfolg des Romans ist nur örtlich – mir gefällt er nicht.“
Daß Schklowski den Enthusiasmus besonders der proletarischen Schriftsteller für Leo Tolstoi für eine Katastrophe hielt, nimmt danach nicht wunder. Tolstoi hielt er für zu stark, zu wenig studiert und viel zuviel verehrt, als daß er nicht in verheerender Weise irreführen müßte. 1927/28 hat er dann selber eine Abhandlung über das Verhältnis von Material und Stil in „Krieg und Frieden“ verfaßt, die sich gründlich mit der von Schklowski natürlich hochgeschätzten „Adelsagitka“ auseinandersetzte.
Wie aber nun der gefürchteten Fälschung des Materials entkommen? Schklowski hat dafür einen Vorschlag gemacht, der so banal wie frappierend ist. „Um zu schreiben, muß man außer der Literatur einen Beruf haben, weil ein Professioneller, ein Mensch mit Beruf die Dinge über sein Verhältnis zu ihnen beschreibt.“ Tolstoi habe als Artillerist und kleiner Gutsbesitzer geschrieben, was nicht heißt, daß er nur über Artillerie und Gutsbesitz schrieb. Banal war der

Vorschlag, weil ja an sich gerade in diesem Punkt die Theoretiker aller Gruppierungen übereinstimmten. Nichts war so erwünscht wie der Schriftsteller aus der Produktion oder der Weg des Schriftstellers in die Produktion materieller Güter. Frappierend aber war die Wendung, die Schklowski der Prämisse gab: er faßte den zweiten Beruf nicht sozial und politisch, auch nicht, wie er ausdrücklich betonte, als Unterhaltsmöglichkeit und erst recht nicht als Materialfischzug, sondern – instrumental, technologisch. So konnte er das Professionelle gleichermaßen bei Gorki, Bely und Remisow, die sich als Schriftsteller beschrieben, zeigen wie an Babels odessitischem Reiterarmee-Verständnis, Tynjanows wissenschaftlicher Küchelbecker-Biographie und Tretjakows China-Erforschung mittels Bio-Interview. Ja, er hat 1932 in einem Gewaltstreich eine ganze „Süd-West"-Schule der russischen Literatur – Grin, Bagrizki, Babel, Olescha, Katajew, Ilf und Petrow – aus der professionellen Levante-Fröhlichkeit herzuleiten versucht. Hatte einer diese Professionalität, dann würden die Konstruktionsprinzipien aus dem Studium des Materials, seiner Gliederung und Spezifizierung zu gewinnen sein.
Mit diesem Konzept hat Schklowski nicht nur die wesentliche Prosa jener Zeit verstehen geholfen, sondern auch ein zentrales Ereignis der Weltkunst des 20. Jahrhunderts vorauszusagen und als einer der ganz wenigen sofort zu würdigen gewußt – den Film Eisensteins. Schklowskis Vorschlag von 1919, zwei Stadtteile Petersburgs gegeneinander zu führen, war im Grunde der Entwurf für den Film des Typs Eisenstein. Als dann „Panzerkreuzer ‚Potjomkin'", „Oktober" und „Generallinie" („Das Alte und das Neue") da waren, hat Schklowski gezeigt, wie sie ihrem Material die Pluralität, die Ungleichheit und Unverbundenheit beließen und den neuen historischen und geistigen Zusammenhang ohne Zuhilfenahme der traditionellen Verwandtschaftssujets verwirklichten, deren Unangemessenheit er mit einem sarkastischen Satz von Eisenstein abfertigte: Bestelle man heute ein Szenarium, so hatte der Regisseur gesagt, in dem der Krieg von sieben Standpunkten zu zeigen sei, so bekomme man garantiert eine Geschichte mit sieben Brüdern.
In Eisensteins Umgang mit einer Treppe, einem Palast und

einem Separator fand Schklowski wie zuvor in Rosanows Umgang mit den „Küchenthemen" die Anstrengung eines neuen Privaten, das Pathos des Intimen, des Augenblicks, die Befreiung des Stuhls aus dem Mobiliar.

Dezember 1984

Erinnerung an eine Gemeinschaft

Wenn ich dir nicht begegnet wäre,
wäre mein Leben nicht geglückt.
Juri Tynjanow an Viktor Schklowski

Die fünf Autoren unseres Studienbuches gehören zu den Initiatoren einer literaturtheoretischen Denkrichtung, die im Kontakt mit den aufsässigen Erben des russischen Symbolismus, den Futuristen und den Akmeisten, während des ersten Weltkriegs in Petrograd und Moskau entstand. Versammelt in zwei Kreisen, deren Arbeitsweise auch nach ihrer Konstituierung als Petrograder „Gesellschaft zum Studium der poetischen Sprache" (OPOJAS) und als „Moskauer Linguistischer Zirkel" (MLK) nie den Charakter wissenschaftlicher Geselligkeit verlor, studierten junge Philologen die Spezifik der Literatur unter dem Gesichtspunkt des poetischen Gebrauchs der Sprache.
Nach der Revolution erhielten sie den irreführenden Namen Formale Schule. Von den Gegnern zur Bezeichnung eines vermuteten Mangels gegeben, legte dieser Name die Theoretiker paradoxerweise auf das Gegenüber von Form und Inhalt in der Kunst fest, um deren Vermittlung sie am dringlichsten bemüht gewesen waren. Obwohl sie sich also selber lieber als Morphologen, gar Spezifikatoren gesehen hätten, ist es bei diesem Namen geblieben.
So überraschend es klingt, aber was an der formalistischen Theorie der Literatur Aufsehen erregte, schien noch vor ihren Prinzipien ihre Sprache zu sein, mehr noch: ihr Ton.

Die Literatur wurde hier nach dem auszeichnend Literarischen befragt, das sie von Religion, Philosophie, Psychologie, Pädagogik und Politik unterscheidet, sie wurde zuerst hinsichtlich ihrer Verfahren und Konstruktion, dann hinsichtlich ihrer Evolution und der Funktionalität von Gattungen usw. beschrieben – alles jedoch mit einem Entzükken und herrscherischen Pathos, das in merkwürdigem Gegensatz stand zu dem gesellschaftlich eher peripheren Arbeitsgebiet.
Die zeitgenössischen Kritiker, Parodisten und Karikaturisten kamen nicht darauf, und die Wissenschaftsgeschichte hat damit lange weniger anzufangen gewußt als mit dem definitiven Erkenntnisgewinn der Denkrichtung, daß nämlich diese russischen Formalisten ihre Wissenschaft von der Literatur nicht als akademischen Beruf betrieben, sondern als ihr Leben: einander zugetan und aufeinander angewiesen, leidenschaftlich bis zur Entzweiung, mit der empfindsamen Gewogenheit und ironischen Rivalität von Forschern, die nicht nur wissen, wie Cervantes' „Don Quijote" gemacht ist oder Gogols „Mantel", sondern auch sagen können, wie sie selber gemacht sind. Der beschwingte Ton, unüberhörbar noch in den feinsten Beobachtungen zur Melodik des russischen Verses, trug eine geistige Gemeinschaft, deren wahre Beschaffenheit nur eine Bezeichnung genau trifft: eine gelebte Utopie. Die Formalisten lebten die Utopie einer Gemeinschaft, in der jeder bei seinem Gegenstand auch ganz bei sich ist. Ihr Zusammenhalt war so stark, daß er den schnellen inneren Wandel der Schule und die Situierungszwänge in mehrfach grundlegend wechselnden kulturpolitischen Verhältnissen bestand und nie nur aus der Verklärung, sondern immer aus dem lebendigen Impuls von Irritation und Krise sich erneuerte. Nach einem Vierteljahrhundert Arbeit schrieb Viktor Schklowski am 21. Februar 1940 an Boris Eichenbaum: „Nun sind wir 25 Jahre miteinander befreundet, doch gestritten haben wir uns auch. Die Zeit verging, wir haben eine Wissenschaft aufgebaut, sie gelegentlich vernachlässigt, so daß der Sand sie zuwehte. Die Schüler unserer Schüler, die Schüler von Leuten, die mit uns im Streit liegen, werden uns wiederentdecken. Wenn man dann die Bibliotheken waschen wird, werden sich unsere Bücher als zu schwer erweisen, sie lagern sich ab, die

Bücher, als Goldstaub, hoffe ich, und tun sich zusammen, und, wie ich die Sache sehe, werden wir uns vor der großen russischen Literatur nicht zu schämen haben." Diese Glut der Prophetie und gegenseitigen Bewunderung strahlt bis in die späten Texte Roman Jakobsons über Boris Eichenbaum (1963), Ossip Brik (1964) und Juri Tynjanow (1974).

Der Zusammenhalt der Schule ist als Verschworenheit verkannt worden, so daß man ihn geradezu als Verschwörung empfunden und verteufelt hat. Das Gegenteil ist richtig. Die Faszination dieser Gemeinschaft kommt nicht aus der Einheit einer Organisation von Gleichen, sondern aus dem riskanten Zusammenspiel höchst unterschiedlicher Geister.

Daß darüber wenig nachgedacht wurde, ist kein Wunder. Man bewegt sich auf unsicherem Terrain und muß ständig fürchten, von der erörterten Theorie selber geschlagen zu werden, die das Verhältnis von Biographie und Sprache von Grund auf neu zu begreifen begonnen hatte. Bedurfte es gar der Begegnung mit den Protagonisten, um am eigenen Leibe zu erfahren, was es mit dem Charisma dieser Männer auf sich hatte, denen eher als Führung die Verführung zugetraut worden war? Roman Jakobson und Viktor Schklowski konnte man bis in unsere Tage treffen, und es steht außer Frage, daß einer als Hörer Jakobsons 1968 in Prag („Vergleichende indoeuropäische Mythologie im Lichte slawischer Zeugnisse") oder Schklowskis 1970 in Berlin („Sprache Lenins") einen entscheidenden Augenblick lang die Illusion des zwingenden Tons artistischer Professionalität hatte, der die Formalisten auszeichnet.

Doch der Wiederentdeckung der Utopie und dem Verständnis für eines der folgenreichen Lebenskonzepte unseres Jahrhunderts mußte die Edition und Interpretation der Texte vorausgehen. Hier ist in den zurückliegenden fünfundzwanzig Jahren Außerordentliches geleistet worden. Die Monographien von Victor Erlichs und Krysztyna Pomorskas Pionierarbeiten der sechziger Jahre bis zu Aage A. Hansen-Löves einstweiligem Fazit Anfang der achtziger Jahre förderten die Einsicht in die ideengeschichtliche Abkunft der Formalen Schule, in ihren Zusammenhang mit den literarischen Unternehmungen ihrer Zeitgenossen und ihre Auswirkung auf den Strukturalismus via Pražský lingvistický kroužek und von da weiter auf die moderne sowjetische Semiotik, wie sie führend von Juri Lotman, Wjatscheslaw Iwanow und Uspenski vertreten wird. Nicht zuletzt trug auch die Wiedereinführung der Schriften ihrer großen Antipoden, Wygotski in der Psychologie, Bachtin in der Ästhetik, und der verschiedenen Bemühungen um eine „soziologische Poetik" zur Klärung bei.

Je weiter aber die Rekonstruktion des Formalismus gedieh, desto mehr wuchs die Gewißheit, daß er sich in Nachfolge und Vorläuferschaft nicht auflösen läßt. Je pointierter die Formeln für sein Ungenügen ausfielen, desto deutlicher wiesen sie auf das offenbar schwer zu lokalisierende Zentrum seiner Produktivität. Wenn, um an zwei extreme Positionen zu erinnern, Leo Trotzki ihn 1922 boshaft als „arrogante Frühgeburt" begrüßt und Roman Jakobson ihn Jahrzehnte später mit Lenins berühmter Radikalismusdefinition als „Kinderkrankheit des Strukturalismus" historisch verabschiedet, so bedarf es nur einer Neuakzentuierung, und man dringt in den Arbeitsraum unserer Philologen. Nahegelegt wird: Heftigkeit. Doch man löse diese Heftigkeit aus der vermeintlichen Impertinenz und dem tatsächlichen Jünglingsfieber, und man hat, was in den Schriften den Eindruck des nicht voll Eröffneten und wohl – Gewähr der Dauer dieser Utopie – Uneinlösbaren machte, die bewegliche Zeitgenossenschaft des theoretischen Gedankens, das prinzipiell Instrumentale des Entwurfs und den Eros ihrer Spiritualität.

Es zeigt sich, daß die Aktualität und Präzision der Analyse und die Eindringlichkeit der persönlichen Zuwendung einander bedingen. Daher die Verschränkung von kanonischen theoretischen und literaturkritischen Texten – Schklowskis „Kunst als Verfahren", Tynjanows „Über literarische Evolution", Eichenbaums „Wie Gogols ‚Mantel' gemacht ist", Briks „Zement"-Verriß oder Jakobsons Chlebnikow-Studie – mit autobiographisch-biographischen Bekenntnistexten – Schklowskis Briefe an die Freunde, Eichenbaums „Augenblick der Besinnung", Tynjanows „Brief an Lew Lunz" oder die generationstypologischen Nachrufe Tynjanows, Jakobsons und Briks auf Majakowski.

Es zeigt sich, daß kein Forscher die Verstrickungen vergangener literarischer Kämpfe begreift, wenn er sich nicht selbst in die der Gegenwart verstrickt. Daher die Verschränkung von Literaturtheorie, Literaturkritik und Literarhistorie – Kusmin, Bely, Rosanow, Chlebnikow, Majakowski, Ehrenburg, die Serapionsbrüder, Mandelstam und Achmatowa neben Puschkin, Gogol und Tolstoi. Es zeigt, daß es für die Einheit von Instrumentalität und Spiritualität, wie sie unsere Forscher lebten, keinen Unterschied im Gegenstand gibt. Daher die spezifizierenden Untersuchungen zum „Tarzan"-Phänomen, zur Rednersprache, zum Film, zum eigenen Standort in Eichenbaums „Warten auf Literatur", Tynjanows und Jakobsons Prager Thesen und Jakobsons „Dominante". Und schließlich zeigt es die fünf nach Typ und Funktion völlig unterschiedlichen Intelligenzen, die in der Gemeinschaft noch ihre besondere Entwicklung nahmen und eigenen Neigungen nachgingen: das naiv-exzentrische Verfremdungs- und Montagedenken Schklowskis, Eichenbaums Konstellationsdenken, das deterministische Evolutionsdenken Tynjanows, Briks Funktionalismus und Jakobsons Denken in Oppositionen. Keines ist unter das andere subsummierbar oder auf das andere zu reduzieren. Daher die Gliederung der Beiträge nach Autoren.
Was sich aus unserer Darbietung erschließen soll, ist das entschlossene, gewagte Zusammenspiel dieser Intelligenzen. Sicher wird man gerade das im einzelnen noch genauer begreifen, wenn einmal authentische Werkausgaben von Schklowski, Eichenbaum und Brik vorliegen oder der zuzeiten äußerst intensive Briefwechsel der fünf (untereinander und mit Dritten); Eichenbaums Tagebuch oder die vollständigen Aufzeichnungen von Lidija Ginsburg veröffentlicht sein werden. Aber der utopische Rang der Gemeinschaft zeigt sich durchaus in ihrer Offenheit: wie sie gelebt worden ist, wird immer offenbleiben, offen, weil sie nie endgültig zu bezeugen sein wird, und offen, weil sie sich dem Hinzutritt Späterer nicht verschließt.

März 1984

Viktor Schklowski an Boris Eichenbaum

[Anfang 20er Jahre]

Liebe Opojase. Wenn Ihr wüßtet, wie Euch einer in Berlin liebt, Ihr würdet ihm monatlich einmal gemeinsam schreiben [...]
Überlegt mal, ob nicht das, was Ihr jetzt schreibt, ein Büchlein ergäbe „Die Wissenschaft vom Vers" oder „Vers als Bewegung" oder „Dynamische Verstheorie".
Ich bestehe nicht darauf.
Ich sage nur eins – gebt mir Eure Manuskripte, ich schicke Euch Päckchen [...]
Jetzt fahre ich nach Prag zu Roma. Er schickt mir täglich zwei Telegramme, was ich auch Euch wünsche. Wärt Ihr hier, könnte man hier leben. So nicht. Keine Tradition, der man sich entgegenstellen könnte. Außerdem ist alles Politik hier.
Aber nicht verzagen, seid fröhlich und amüsiert Euch, ich glaube, mein Scharfsinn hilft mir noch mal aus der Klemme [...]
Boris, geh zu meinen Kinderchen, Küßchen von mir.
Deutsche Kultur kriegen wir in Berlin nicht zu sehen. Wir schwimmen hier wie Fett auf dem Wasser.
Aber die Deutschen sind ganz lieb. Arbeitstiere, Hungerleider. In Anbetracht dessen küsse ich Euch alle.
Schreibt mir. Schreibt gediegene Aufsätze mit Verallgemeinerungen. Also alles Gute [...]

Boris Eichenbaum an Viktor Schklowski

25. Juni 1925. Siwerskaja

Vitja. Ich schrieb Dir meine Antwort schon vor längerer Zeit, aber mit Entgegnungen und Vorwürfen. Sie gefiel mir nicht, und ich schickte sie nicht ab. Wir drei sind durch die Ge-

schichte so fest verschweißt, daß wir uns nicht mit Entgegnungen aufhalten können.
Ich kann jetzt nur mit großer Anstrengung schreiben. Du wunderst Dich, daß ich nicht antworte – „ich schreibe Dir vom Eigentlichen, ohne das man nicht essen kann". Nein, mein Freund, das ist noch nicht das Eigentliche, das Eigentliche ist tiefer, und es hat mich so gepackt, daß ich tatsächlich Mühe habe zu essen, Mühe zu leben und daß ich mit Grauen an die Zukunft denke. Für mich ist die Zeit gekommen, da die Menschen seltsame Dinge tun – die Zeit der Pause. Ich bin bald 39. Die Geschichte hat mich müde gemacht, und ausruhen will ich nicht und kann ich nicht. Ich habe Sehnsucht nach Unternehmungen, Sehnsucht nach Biographie. Ich lese jetzt Herzens „Erlebtes und Gedachtes" – ich befinde mich in dem Zustand, in dem er das Kapitel „Il pianto" schrieb (er war damals auch 38). Kein Mensch fragt jetzt nach Literaturgeschichte, ja nicht einmal nach der „Gegenwartsliteratur" selber: jetzt zählt einzig die Persönlichkeit. Der Mensch, der sein Leben baut. Und wenn schon das Wort, dann das Wort furchtbarer Ironie – Heine, oder furchtbaren Zorns. Alles andere taugt nur für das Akademiejubiläum – das wissen sogar die Verleger.
Ich schreibe Dir bei furchtbarem Rauschen der Bäume – ein Wirbelsturm tobt über uns. So ein Rauschen ist jetzt in meiner Seele.

Viktor Schklowski an Boris Eichenbaum

Lieber Boris.
Deine Befürchtungen sind unbegründet: ich bin kein Genie. Juri ist auch kein Genie; er schrieb mir heute einen lieben guten Brief über Dich. Wenn Du auch kein Genie bist, dann ist alles in Ordnung [...]
Ich zweifle nicht an Dir und halte Dich (unter anderem) auch für einen bedeutenden Stilisten, einen Mann von klarem, unverworrenem Denken.

Du sprichst ohne Schaum vor dem Mund – Du bist französisch. Wir dagegen machen es mit etwas Schaum, der ist im Moment gefragt. Denk an Puschkin.

„Schewyrjow, warum nicht immer betrunken?"

Ich bin glücklich, daß Dich der Tolstoi entkorkt hat oder besser, daß der Tolstoi das Buch über den literarischen Alltag entkorkt hat.

Weil ein literarisches Thema eben häufig die Überschneidung zweier Themen ist. Lew Nikolajewitsch ist ein Mann der zwanziger Jahre, verwirklicht in den Formen der siebziger Jahre.

Über die Form erfolgte seine Uminterpretation ins Liberale. So gingen Tolstois Gallizismen als Archaismen weg. […]

Einer, der sich in einem Buch zur Explosion bringt, ist jung.

Ich bin jung, weil ich binnen vier Monaten in die Literaturgeschichte eingebrochen bin und in einem Jahr das Material beherrschen werde.

Und Genies sind wir gemeinsam.

Also dann. Paß auf Dich auf und hab mich lieb.

Ich habe das Nachwort zum Tolstoi geschrieben. Bin etwas kaputt und träume von einer Reise, möglichst in die Wüste […]

Ich erwarte Dein Buch. Sehr. Alles ist in Ordnung. Die Zeit arbeitet für uns. Die Themen kommen klüger geworden zu uns zurück. Tolstoi wird zum Mann und wächst mit Boris Eichenbaum. Juri erlebt seinen verspäteten Erfolg. Stören wir ihn nicht in seiner ersten Nacht mit dem Ruhm. Wir werden uns aneinander festhalten. Wir stehen im Zugwind der Zeit. Aber wir werden nicht schmollen. Ich lese. Die Geschichte der Russischen Literatur wartet auf uns […]

Ich küsse Dich. Gruß an Chalabajew. Ich hab nur Angst vor seinem chronologischen Blick.

Dein Viktor.

Man muß anfangen Hegel zu lesen.

16. I. 28

Boris Eichenbaum an Viktor Schklowski

16. IX. 1928
W. O. Bolschoj pr. Haus 60/5 Wo. 11

Lieber Vitja. Zwei Worte vorerst. Dein Buch ist angekommen, lese es. Unübersichtlichkeit, schwache Stellen – ja, aber viel Bemerkenswertes, wie es nirgends und bei niemandem außer bei Dir zu finden ist.

Die Hauptsache – ganz scharf die Genesis zeigen und den Unterschied zwischen ihm [Tolstoi] und der Geschichte – ist voll gelungen und trifft mitten ins Herz. Das Begreifen dieses Unterschieds erlaubt eine Kühnheit, die den Perewersews und tutti abgeht. Sie wissen einfach nicht, was sie mit Tolstoi machen sollen, und können nichts schreiben außer – „einerseits ist nicht zu leugnen, andererseits kommt man nicht umhin anzuerkennen" [...]

Unsere Bücher stehen in einem interessanten Dialog. Wie will man uns in der Kritik überschreien?

Meins kommt, wie es aussieht, Ende dieser Woche. 450 Seiten und frech – „Erstes Buch".

Heute hörte ich, daß in Paris die Übersetzung meines alten „Jungen Tolstoi" erscheint. Sie fragen, ob ich nichts dagegen hätte, wenn sie das neue Buch übersetzen. Von Geld kein Ton.

Dein Buch ist technisch nachlässig und ungekonnt gemacht (ausgenommen der Umschlag). Die Durchschüsse fehlen an manchen Stellen, wo Du sprichst. Einzelne Seiten sind empörend. Z. B. S. 126, da sind die Zeilen so durcheinander, daß man sie nur mit Mühe zusammenbekommt. Mir ist es bei Dir auch übel ergangen – halb verschnupft und halb Tscherkesse: Boris Michailowitsch Eichtschenbaum. Klingt katastrophal. Jura niest das glänzend [...]

Wegen Komarow fragte ich im Staatsverlag – steht im Plan. Schreib ihm – das müßte großartig werden. Sieht so aus, als beginnen wir die zweite Runde. Wenn erst noch Juris Sammelband auftaucht! [...] Wann kommst Du?

Ich küsse Dich. Dein Boris.

Viktor Schklowski an Juri Tynjanow

[September-Anfang Oktober 1928]
Leningrad, Gretscheskaja 15, Wo. 18
An Juri Tynjanow

Lieber Juri, eigentlich schreibe ich jetzt über Dich. Die archaistische Linie in der Literatur ist eine Linie der Korrelationen und sozusagen eine Linie der Trägheit. Der Archaismus ist mit der Parodie verknüpft, und die literarische Art des Archaisten Juri Tynjanow besteht in der Überwindung des Parodistischen, was man besonders bei der Behandlung von Paskewitsch spürt. Ich werde über Matwej Komarow schreiben, und ich schlage Dir noch einmal ganz im Ernst vor, eine Arbeit zusammen zu verfassen. Nehmen wir uns zum Beispiel ein Buch „Das 18. Jahrhundert" vor. Ich bin allein und sehne mich nach Dir, es gelingt mir nicht, mich verwöhnen zu lassen, schreib mir Deine Meinung zu meinem Buch über Lew Tolstoi [...]

Viktor Schklowski an Juri Tynjanow

Lieber Juri, erhielt Deinen zweiten Brief.
Ich habe das ganze Material zum „Wesir Muchtar" durchgesehen. Der Roman ist Dir gut gelungen und ungewöhnlich konstruiert, aber selbstverständlich sieht das Material im demontierten Zustand anders aus. Du hast die Sprache eines Verteidigers. Das Literarische an Gribojedow ist ausgezeichnet. Das Gefühl, für seine Arbeit verantwortlich zu sein. Das Szenarium schreibe ich noch, jetzt mach ich erst ein Libretto. Schwer, wegen der Fülle des Materials.
Ich glaube, das Libretto wird schlechter als der Roman. Schreib mir bitte dazu mitfühlende Briefe.
Lef ist zerfallen. [...] Ich verlasse, was von Lef übrigblieb. Wenn wir eine Gruppierung brauchen, dann wäre es gut, unserer Freundschaft den Charakter eines Statuts zu geben, einen Platz in der Föderation und eine Zeitschrift zu verlan-

gen. So merkwürdig es klingt, aber es könnte glücken. Die Sympathie der breiten Massen ist auf unserer Seite. Medwedjew hat das Buch „Die formale Methode in der Literaturwissenschaft" herausgegeben, eine kritische Einführung in die soziologische Poetik. Befindet sich noch im Vorzimmer.
Deine einseitige Definition Berlins, d. h. die Bemerkung, die Straßen seien wie die Zimmer, ist erschöpfend. Absolut echt. Ja, man kann, wenn man ein Haus betrachtet, nur ganz schwer feststellen, ob es sich um eine Außen- oder Innenwand handelt. Besonders deutlich ist das im Sommer bei all den Blumen, den Tischchen vor den Cafés und dem Duft in der Stadt – nach Blumen, nach Eis [...]
Poliwanow war bei mir, befremdlich, verworren, phantastisch, krank. Er schläft mit seiner Frau auf einem Elchfell. Manuskripte alle in einer Ecke. Der Hund bellt die Gäste an, weil er meint, es seien Diebe. Wenka versteht von Literatur und von Poliwanow weniger als eine Gonokokke von der Medizin. Schreib mir, das ist eine gute Beschäftigung – sich zu schreiben [...]
Küß mir Roman Jakobson und erzähl ihm alles genau. Geld krieg ich ständig erst morgen. Kauf ein Exemplar von „Zoo" und besuch damit ein paar Gegenden in Berlin – an meiner Stelle.
Schreib mir mit jeder Post, schreib, was in der deutschen Wissenschaft los ist und ob es nicht möglich wäre, dort ein Buch über uns zu veröffentlichen, als Lehre für sie, damit sie nicht zurückbleiben.
Ich küsse Dich, die Echtheit wird beglaubigt.

15. XI.

Viktor Schklowski an Juri Tynjanow

Lieber Juri, das ist mein zweiter Brief an Dich, ich weiß nicht, warum Du sie nicht erhältst. Ich arbeite am 18. Jahrhundert, lese die russichen Ritterromane und habe Ostolopow gekauft [...]

„Lef" ist auseinandergefallen, richtiger, Majakowski löst sie auf, um am Tor eine neue Gruppierung anzuwerben.
Bekam einen Brief von Roman Jakobson, einen sehr guten Brief, er schreibt, es handle sich nicht um eine Krise des Formalismus, sondern um eine Krise der Formalisten – das ist nicht ohne Scharfsinn, aber Du wirst mit ihm schon übereinkommen. Wir sind wenige und sonst gibt es niemand. Wir müssen zusammenhalten und zusammenarbeiten, wir müssen einen Sammelband herausgeben, so theoretisch wie möglich und so verallgemeinernd wie möglich. Die Aufsätze finden sich bei Dir, Roman, bei mir, eventuell bei Poliwanow. Mein Roman mit Osja ist aus.
Ich schreibe ein Buch über Komarow, ich spüre schon im 18. Jahrhundert die Grenzen meiner Unkenntnis. Das Libretto zum „Wesir Muchtar" hab ich neu geschrieben und bin zufrieden. Schritt für Schritt nahm ich Deine Arbeit am Gribojedow durch und verglich sie mit dem Material. Du hast eine gute Art, das Material zu lesen.
Heute ist der 27. November, die Zukunft ist ungewiß, ich weiß, gleich beginnt der Dezember.
Ich küsse Dich.

Viktor Schklowski an Juri Tynjanow

Lieber Juri. […]
Wann kommst Du zurück? Schreib es mir sofort. Mein realer Vorschlag für diesen Moment ist folgender: genau aufpassen. Lef ist zusammengebrochen. In der „Föderation" sind fünf Mitgliederplätze frei und eine bestimmte Anzahl Druckbogen. Wenn Du kommst, tun wir uns im OPOJAS zusammen oder in einer Gesellschaft mit neuem Namen. Zusammensetzung der Gesellschaft – ich, Du, Boris (sein Buch über Tolstoi gefällt mir nicht), Roman Jakobson, Jakubinski, Sergej Bernstein, die Überbleibsel von Poliwanow, gut wäre Tomaschewski und die junge Generation, die nicht gleich dazu gebeten werden müßte. Wenn wir auf die Beine gekommen

sind, blasen wir zum Sammeln. Wir bekommen in der Föderation einen Platz als selbständige Gruppe, sagen wir – zwei Sammelbände im Jahr, beginnen mit der Herausgabe. Wir sind im Vormarsch – ohne Zweifel. An den Universitäten sind die Zirkel der Formalisten sehr stark, stehen allerdings leider auf unseren vorsintflutlichen Positionen. Wir müssen unseren kollektiven Verstand wiederherstellen. Wir sprechen darüber noch mit Roman [...] Wir müssen uns mit dem Westen verbinden und wenigstens sicherstellen, daß unsere Aufsätze ständig rezensiert werden.

Ich war krank, Überarbeitung, bin aber schon wieder auf der Höhe, weil ich doch ein Stehaufmännchen bin. Während Deiner Abwesenheit war ich kein einziges Mal in Leningrad, was Dich eigentlich rühren müßte [...]

Das Libretto ist fertig. Schreib, wann Du kommst, ich möchte Dir gern das Szenarium zeigen. Ideal wäre es natürlich, wenn Du nach Deiner Rückkehr nach Piter nicht Dein Dasein von vor der Auslandsreise fortführtest. Verbrenn die alten Möbel, nimm eine neue Wohnung und fahr nach Tiflis, um das georgische Gribojedow-Material anzusehen, und von da nach Täbris. Liebster Juri, das ist alles sehr nahe, es wäre gut für die dritte Auflage des „Wesir Muchtar", den ich liebe. Man muß sein Leben ständig einreißen. Sonst wird es sklerotisch, und wir ersaufen in Tugenden. Langweile Dich nicht in Berlin, fahr mit der Untergrundbahn, sieh Dir die Sportplätze an, die Fabriken, das ist sehr spannend [...]

Schreib mir systematisch. Und sieh Dir in Deutschland unbedingt noch etwas außer Berlin an. Hamburg, zum Beispiel, wäre beinahe obligatorisch. Übrigens, Deutschland sieht man besser im Frühling.

5. XII. 28

Juri Tynjanow an Viktor Schklowski

[Ende 1928]

Lieber Vitenka!

Wir sitzen mit Roman im Café Derby, reden viel über Dich und schmieden alle möglichen Pläne. Wir haben Grundsatzthesen (OPOJAS-en) ausgearbeitet und schicken sie Dir zur Ergänzung und Bestätigung. Wir werden sie zur Diskussion stellen, und zwar sollte jeder nicht nur dazu reden, sondern schreiben, das gibt dann ein Büchlein, was als Nummer eins der Serie im Verlag der Schriftstellerföderation erscheinen könnte. Der Einfluß von OPOJAS ist hier sehr groß, in allen tschechischen Dissertationen (und sogar in deutschen) werden wir zitiert, in den Anmerkungen genannt und geschätzt.

In Prag fällt Schnee, die Stadt ist ziemlich solide. [...]

Mit Roman vertrage ich mich gut, wesentliche Meinungsverschiedenheiten gibt es überhaupt nicht. Wir müssen offenbar doch wieder den OPOJAS aufbauen [...]

Über Deine Arbeit (die „Theorie der Prosa") schrieb der größte tschechische Literarhistoriker für westl. Literatur, das Buch könne alle lit. Forschungen befruchten. Prof. Mathesius bereitet eine Übersetzung der „Theorie der Prosa" vor. Die hiesige philologische Zeitschrift „Časopis" brachte einen Artikel Tomaschewskis über die formale Methode.

Prof. Mukařovský zitiert von allen europäischen Autoren nur Schklowski, Jakobson und Tynjanow, dafür auf jeder Seite. In Leipzig lernt der begabe Linguist Dozent Becker extra Russisch, um die Formalisten im Original lesen zu können. So bist Du also in Prag so etwas wie der große Reb Loew, der den Golem erschuf.

Vitja, Tynjanow wird Dir alles erzählen. Einstweilen: OPOJAS ist unumgänglich. Wir schlagen folgenden Personen den Eintritt vor: Du (Vorsitz), Tynjanow, ich, Eichenbaum, Bernstein, Poliwanow, Jakubinski, Tomaschewski, Nik. Feof. Jakowlew (Kaukasologe) [...]

Juri Tynjanow an Viktor Schklowski

[Ende 1928]

Lieber Vitja!
In einer Woche mache ich mich auf die Reise, dann kommst Du unbedingt zu mir oder ich zu Dir. Ich war in Prag und konnte mich schwer trennen, ich war schon wie zu Hause. Romans Lebensweise ist etwas Mittleres zwischen Deiner und meiner + Bogatyrjow. Wir vertrugen uns gut und hatten uns gern. In wissenschaftlichen Fragen völliges Einverständnis, völlige Übereinstimmung. Ihn plagt die Langeweile nicht. Obwohl, beim Unterschied unserer Verfassung ist seine Langeweile und Elegie für mich immer noch die reinste Fröhlichkeit [...] Ein großer und angenehmer Mensch.
Wir haben da auch wissenschaflich etwas zusammengekritzelt, so eine Art Thesen zur Diskussion, Ergänzung etc. Wir müssen OPOJAS wieder aufmachen. Wären nicht Geschichte und Geographie, dann könnten Du, er und ich noch allerhand gemeinsam anstellen. Er liebt Dich sehr. Und überhaupt, nach den süß-sauren Leuten war es sehr angenehm, sich im OPOJAS zu treffen [...]
Ich küsse Dich innig und verbleibe, nach Rettung dürstend [...]

Jur.

Viktor Schklowski an Juri Tynjanow

Lieber Juri!
Wie es sich für ein Wirbel- und Säugetier gehört, sehne ich mich nach Dir und erwarte Dich.
Die „Archaisten" sind ein sehr gutes Buch, freilich noch nicht bis zu Ende aufgeschlagen, nicht einmal vom Verfasser selber. Die Literatur ist außer der Zeit, d. h. nicht wie der Flügel, sondern wie die Orgel – der Ton klingt fort. Daher die Gleichzeitigkeit von Ursache und Wirkung, d. h. die Moden wechseln, werden aber weiter getragen.

Don Quijote und Turgenjew gleichzeitig. Hier von Evolution zu sprechen, fällt schwer, weil es keine Zeichen von Verbesserung gibt, man muß sicher richtiger von einer Verschiebung des Systems sprechen oder von der Bewegung innerhalb einer Landschaft. Nicht die Dinge verändern sich, sondern der Gesichtswinkel. Aber die Dinge verändern sich auch. Der Mangel bei „Die Archaisten und Puschkin" ist die (methodologisch richtige) Isolierung zweier Linien, eine stereometrische Aufgabe wird linear gelöst. Vielleicht ist das, was wir Archaismus nennen, und das, was Du in Deiner Arbeit gar nicht benennst, aber dem Archaismus entgegensetzt, beides nur Einzelfall einer großen, eventuell unpaarigen Korrelation.
Im ganzen ein sehr gutes Buch. Richtig, daß es dick ist und 6 Rubel kostet.
Meine Remington grüßt Deine Remington und erhofft sich von ihr Briefe. Praxis für Dich.

4. III. 29
Leningrad, Gretscheski prospekt 15, Wo. 18. An J. N. Tynjanow

Viktor Schklowski an Juri Tynjanow

Ich hab Dir lange nicht geschrieben. Übrigens Du mir auch nicht. Bekam einen Brief von Roman und hab noch nicht geantwortet. Wahrscheinlich bedeutet das alles, daß ich erschöpft bin. Irgendwelche Libretti hab ich geschrieben, und nun langweile ich mich [...] Was ist mit Boris. Was mit Juri Tynjanow. Hat er das Fenster in seinem Arbeitszimmer aufgestoßen. Einen Stuhl an den Schreibtisch gestellt. Verfügt er über eine Tischlampe. Hängt er seinen Mantel gern in die Garderobe. Ißt er mit Appetit. Ist sein Zimmer genügend isoliert. Oder läuft sein Leben immer noch bei offenen Türen ab [...]
Die OPOJAS-Dinge sind in folgendem Zustand. Brief von Sergej Bernstein, der sagt, er stehe im großen und ganzen auf

den alten Positionen des OPOJAS und sei natürlich einverstanden, mit uns zu arbeiten. Ein guter Brief. Ein Koreaner, der OPOJAS-Mann Kim möchte auch mitmachen. Du kennst ihn vielleicht aus seinen Anmerkungen zu Pilnjak unter dem Titel „Füße für die Schlange". Jarcho antwortete mir mit einem liebenswürdigen Brief, in dem er übrigens betont, daß die statische die richtige Methode sei, woraus erhellt, daß für ihn die Bedeutung von Methode nicht recht klar ist.
Sprach mit Borja, als er hier war, und zwar darüber, daß er sich mit Tomaschewski aussöhnen soll. Er widersprach nicht und sagte, das müsse ganz von allein kommen. Ich glaube, mit Tomaschewski sind wir genug.
Schreib. Versuch leicht zu leben. Deinen Alltag zu europäisieren. Nicht aufregen. Häufig rasieren. Im Frühling einen Frühjahrsmantel tragen und Flieder kaufen, sobald er auftaucht.

25. III. 29

Juri Tynjanow an Viktor Schklowski

Leningrad, 23. März [1929]
Sonntag

Lieber Freund, guten Tag!
Warum schreibst Du mir nicht? Roman schweigt auch, und ich stehe einsam auf einem Platz, der russische Literatur heißt. Bist Du mir vielleicht böse? Weshalb? […]
Von Lef bekam ich die Nummer, in der man mich beschimpft. Danke. Übrigens – keineswegs einverstanden. Es sind nicht die gleichen Merkmale, nach denen man übereinkommt und nach denen man sich trennt.
Majakowski erschien schon 1925 in Piter und erklärte den Futurismus öffentlich für tot. Nach dem Zerfall, dem Tod der Strömung Chlebnikow als den Führer dieser untergegangenen oder zu etwas anderem gewordenen Strömung aufzubauen ist eine reaktionäre Aufgabenstellung, ist Restauration und für die augenblickliche Entwicklung der Literatur ungeeignet.

Aber die Seiten an Chlebnikow zu entdecken, die die Strömung an ihm übersah und die heute gebraucht werden wie das täglich Brot – das ist die wahre Aufgabe. „Chlebnikow, der Futurist" – wer wüßte das nicht. Das ist fast der „Nekrassow" von Ljusja Ginsburg, d. h. „Nekrassow, der politische Dichter", als ob diese Auflösung in bekannte Größen etwas erklärte. Aber Nekrassow hat sich, außer daß er ein politischer Dichter war, auch noch mit allen anderen politischen Dichtern überworfen.
Majakowski trennte sich vom Futurismus, um seine anderen Seiten zu zeigen. Was da zutage kam, war Demjan Bedny näher, als man erwartet hatte, also überflüssig. Bei Chlebnikow ist das anders.
Als Majakowski hörte, daß Chlebnikow herausgegeben werden sollte, beschimpfte er den Toten; und mich gleich mit als – „akademisch". Sehr verständlich [...]
Lef macht den Eindruck einer verlassenen Frau; der Liebhaber ist auf und davon, und der angetraute Tretjakow kann sie nicht befriedigen.
Und „auflösen" tut man sich 1) gleichzeitig in verschiedene Richtungen, 2) nacheinander in verschiedene Richtungen. Das ist wie mit den Frauen: z. B. verstehe ich ganz genau, daß Du Dich eine Zeitlang 1) zum Lef hin, 2) zum OPOJAS hin aufgelöst hast. Was mich nicht stört und mich nicht hinderte, Dich zu lieben. Beleidigt war ich über Deinen Artikel nicht im geringsten. Er ist sogar sympathisch. Das ist die Lyrik, das ist die Sehnsucht nach dem OPOJAS, die Du jetzt spürst. Ich bin kein sentimentaler Dachs, ich weiß genau, was los ist. Ich küsse Dich kräftig. Mit dem Artikel über Chlebnikow bin ich nicht einverstanden. Aber einverstanden bin ich damit: wir können ohne einander nicht leben. Und um wieviel ärmer sind wir dadurch, daß Jakobson nicht hier ist.
Bis bald. Schreib.

Jur.

Juri Tynjanow an Viktor Schklowski

31. März 1929

Lieber Vitenka.

Es tut mir sehr leid, daß mein „zorniger" Brief Dich aufgeregt hat. Ich war wirklich nicht auf Dich böse. Du weißt, wie ich Dich liebe, ich kann mir mein Leben ohne Dich nicht vorstellen. Und neue Freunde gewinnt man in unserem Alter nicht mehr, nur Nachbarn in der Eisenbahn. Mit Stepanow bin ich gar nicht so zufrieden, besonders nicht mit seinem Artikel. Diese Generation ist saftlos, wir waren schlechtes Futter und sie schlechte Esser. Ich habe es längst aufgegeben, die Redaktion von Sammelbänden der Jungen zur Gegenwartsliteratur zu übernehmen, weil ich mit ihnen nicht einverstanden bin.

Vielleicht irre ich mich in unserem Streit über Chlebnikow. Es tat mir leid um das gewisse provinzielle Element im urprünglichen Futurismus, das hängt da mit dem Orient zusammen, was mich auch sehr bewegt. Ich dachte, das wäre nur bei Chlebnikow und stellte ihn der gesamten Bewegung entgegen, weil ich es bei Majakowski nicht fand. Wahrscheinlich irre ich mich. Da ist doch auch Guro und ein paar andere. Man durfte ihn nicht aus der Strömung herausnehmen, und es wäre auch gegangen, wenn ich sie nicht auf den Nenner Majakowski gebracht hätte. [...]

Ich bin etwas verwirrt, hab keine Hauptaufgabe und fürchte, daß ich heraus bin aus der historischen wie aus der theoretischen Arbeit. Dabei will ich doch durchaus kein Romanschreiber werden. Wie Du weißt, bin ich absolut gegen den monumentalen Stil. Meinen Roman sehe ich als Experiment forscherischer Phantasie, als weiter nichts. Ich glaube, daß Belletristik nach historischem Material jetzt bald völlig eingeht, und es wird eine Belletristik nach Theorien geben. Wir gehen einer theoretischen Zeit entgegen. Sind wir nicht vielleicht erschöpft [...]

Langeweile, gähnende Langeweile, mein lieber Vitja. Ich hab

Angst, an die Langeweile zu denken, sie wächst und altert und wird im kommenden Jahr schon steinalt geworden sein.

Dein Jur.

Boris Eichenbaum an Viktor Schklowski

28. IV. 1929

Vitenka! Ich hab gleich zwei Briefe von Dir – einen mit Maschine und einen mit der Hand, einen zur Literatur und einen zum „literarischen Alltag". Auf dem einen statt des üblichen Stempels die Losung: „Verderbt nicht die Felder, sät reines Saatgut." Gilt das für die Aussaatkampagne oder für die Literatur, für Dich oder für mich. Auf alle Fälle bedeutsam, besonders wenn das ein Brief von Literat zu Literat ist. Klingt wie ein Motto.
Mein Lieber! Komarow ist ein bedeutendes Buch und Tolstoi ein bemerkenswertes – wegen einzelner Kapitel und Stellen, bemerkenswert aber wegen Schklowski, wegen Schklowskis Kampf mit Tolstoi, wegen Schklowskis Freude, der das Haus Tolstois betritt und ihm furchtlos auf die Schulter schlägt. Tolstoi hat natürlich sehr viel mehr gedacht als gelesen. Was heißt „zentraler Mensch seiner Zeit"? Tschernyschewski, Turgenjew waren sehr „zentral" und wußten und lasen sehr viel. Tolstoi war komplizierter, listiger, die mächtigere Natur, er nahm sich Arbeit vor für 60 Jahre. In den fünfziger und sechziger Jahren ist er natürlich „peripher", aber das ist nicht alles. Er sucht die Macht, nicht die Literatur. Nein, er ist kein – „Krautjunker" [...]
Ja und leben, leicht lebt es sich nicht, auch nur der Literatur leben ist nicht leicht. Mich wird man wieder an verschiedenen Stellen tüchtig hernehmen – ich gehe zu den Menschen, weil ich es in meinem Arbeitszimmer nicht mehr aushalte wie diese 1 $^{1}/_{2}$ Jahre. Ich will mich umsehen. Jura hat sich eingeigelt, von Büchern umgeben, lebt er in der Phantasie, stolz und ironisch. Bei Dir ist das komplizierter. Du empfindest den Druck der

Zeit und spannst Dich, um auf die Zeit zu drücken – etwa so wie Tolstoi. Die Idioten schäumen vor Wut. Auch in Moskau sind alle auf Dich böse. Sie beklagen sich über Dich wie über einen Schicksalsschlag, weil sie geradezu Deinen Atem in der Luft spüren. Sie lernen bei Dir, um zu lernen, wie man Dich beschimpft. Du störst ihr Leben. Wenn Du Arm in Arm mit der Zeit gehst, werden sie noch wütender, weil sie eifersüchtig sind. Du und Juri, Ihr nähert Euch dem verfluchten Puschkin-Alter – das schmerzt mich sehr. Tolstoi hat es durch „Krieg und Frieden" und Jasnaja Poljana überwunden. Um Jura ist mir angst, um Dich weniger, obwohl ihn sein Stolz und seine Ironie kräftigen können, bei Dir ist das nicht so einfach, weil Du ein Fanatiker bist und nicht nur ein russischer Jude, sondern dazu noch ein russischer Deutscher. In Dir kocht das Blut, bei Jura gerinnt es. Mein Glück, daß ich in Euren Jahren ins Toben der Revolution geriet und bei Kerzenlicht den „Jungen Tolstoi" schrieb [...] Wir müssen klären, wie wir uns verhalten. Im Sommer müßten wir uns ausführlich sehen. Es geht inzwischen um mehr als die formale Methode [...]

Ich bin müde. Es ist zwei Uhr früh. Vernichtend für die Arbeit. Ich küsse Dich und denke an Dich.

Dein Borja.

Majakowskis letztes Stück

> Vielleicht machte nur noch die Benennung einen Wald aus, und alle anderen Merkmale waren schon lange zufällig und auswechselbar geworden, auch das Tier, das zu schlachten er diese vorläufig Wald benannte Gegebenheit durchschritt, das zu tötende Monstrum, das die Zeit in ein Exkrement im Raum verwandelt hatte, war nur noch die Benennung von etwas nicht mehr Kenntlichem mit einem Namen aus einem alten Buch.
>
> *Heiner Müller: Herakles 2 oder Die Hydra*

1

Der Reinfall, den das „Schwitzbad" 1930 an drei Theatern erlebte, war unvermeidlich.

In einem Handstreich hatte Majakowski mit seinem Bürokratismus-Drama die umkämpften Abschnitte politischen Theaters nehmen wollen. Im „Schwitzbad" bot Majakowski eine analytische Figurensprache, die den Polit-Jargon der Bürokratie in allen seinen raffinierten Schattierungen auf die Höhe selbstmörderischer Aphorismen trieb. Er bot ein zirzensisches Spiel, das die Bühne zum Schau-Raum der Attraktionen zu machen und den Zirkus der Bürokratie in seiner Absurdität aufzuführen gestattete. Er bot Untersuchung, Übermut und Betroffenheit und muß gemeint haben, eine Einheit von Analyse, Schau und Appell werde die Zuschauer hinreißen. Das Gegenteil war der Fall.

In dem allgemeinen Ärger dominierte das Mißvergnügen über die vermeintliche historische Unangemessenheit der politischen und ästhetischen Lösungen. Dieses Mißvergnügen war um so bedenklicher, als es von zwei einander ausschließenden Positionen her begründet wurde. Die einen hielten das Ganze für übertrieben, die anderen für zu harmlos.

Auf der einen Seite standen die Kritiker der Russischen Assoziation Proletarischer Schriftsteller (RAPP), der größten, Anfang 1930 offiziell noch nicht angegriffenen sowjetischen Schriftstellergruppierung, der Majakowski eben beigetreten war. Mit Jermilows Verriß des Stücks wenige Tage

vor der Aufführung war ihre Ansicht in der „Prawda" vertreten.[1] Gegenstand der Satire, meinten sie, hätten Personen zu sein, nicht Funktionen, der versagende „lebendige Mensch", nicht ein System von sozialen Beziehungen – hier also der Bürokrat, nicht der Bürokratismus. Worin das gipfelte, zeigt eine Schreibformel für proletarische Schriftsteller von 1931: Stoße man auf einen Prisypkin („Wanze") oder Triumphanschikow („Schwitzbad"), so sei darzustellen, „worin sie sich dem Menschen der neuen Gesellschaft schon nähern bzw. wie sie das Alte in sich überwinden"[2]. Die sozialen Beziehungen, die Majakowski in dem „verriesenhafteten" Triumphanschikow attackiert, werden für so kurzlebig gehalten, daß diese Figur kein sozialer Typ, sondern nur Abart, Ausnahme sein darf. Daß das keine partielle Borniertheit war, sondern eine Illusion der Zeit, zeigt eine von Michail Kalinin, dem damaligen Präsidenten, überlieferte Bemerkung Stalins, wonach man „den großen Bürokraten hinausreinigen muß, weil, wenn man den großen Bürokraten hinausreinigt, der kleine sich mit dem Blick auf den großen bessert"[3].
Auf der anderen Seite standen Kritiker, die Majakowskis Drama als Tempo- und Reinigungsspektakel auffaßten und für zu zaghaft hielten. Angesichts der tatsächlichen Kämpfe um das Tempo der Industrialisierung und Kollektivierung, das zu tragischen Konflikten führte, und angesichts des Ausmaßes der in den Reinigungen des Partei- und Staatsapparates 1928/29 aufgedeckten Vorgänge schien das „Schwitzbad" eher Panoptikum, ja Clownerie als „Drama", wie es im Untertitel hieß und worauf Majakowski wie Meyerhold auch bestanden. „Auf zur Reinigung sei der Schlußappell", schrieb die „Komsomolskaja prawda", aber kein Mensch habe Lust dazu: alle warteten auf den Erfinder und die Phosphoreszierende Frau, die sie in den Kommunismus des Jahres 2030 mitnehmen würden.[4] Analyse und Appell erstickten in den Erlösungsillusionen, weil ihnen keine sozialen Mechanismen entsprächen.
Woran lag es? Am Stück? An den Regisseuren? An den Zuschauern? An den Kritikern? War Majakowski voraus oder zurück? Unterschätzte oder überschätzte Meyerhold sein Publikum? Schlossen sich soziologisches Sprachporträt und Zirkus gegenseitig aus? Tatsache ist, daß das reichliche Dut-

zend Lesungen vor unterschiedlichen Auditorien höchst erfolgreich verlaufen war. Bezeichnender Ausruf eines Rezensenten: „Das ‚Schwitzbad' braucht den mündlichen Vortrag, nicht das Theater."[5] Mußte der Dichter gar mit seiner Person für den Text einstehen?

So befragt, gibt das Stück drei Besonderheiten zu erkennen, die beide Kritikerparteien 1930 kaum berücksichtigten, die aber eine Aufführung nicht ohne Schaden zu nehmen vernachlässigt.

Trotz gegenteiliger Versicherungen Majakowskis war es nämlich erstens kein Schau-Stück, sondern ein Sprach-Stück.

Zweitens war es, was Majakowski mit Recht verfocht, ein Stück, das den Kampf „verkörperter Tendenzen" zeigte, der antitriumphalen gegen die triumphale.

Damit ging es drittens in viel umfassenderem Sinn um den Erfinder-Dichter Majakowski, als bei dem Aufgebot an Bürokraten, Technikern und diversem Verwaltungspersonal auf den ersten Blick vermutet worden ist.

Majakowski war viel weiter gegangen, als seine Kritiker ihm zutrauten. Das „Schwitzbad" war nicht nur ein Bürokratismus-Drama, sondern es war das Sprach-Drama des Bürokratismus. Nicht nur, daß so von einer Unterschätzung der tragischen Zusammenstöße keine Rede sein konnte – Majakowski hatte sein Stück schon von deren sprachlichen Konsequenzen her gebaut.

Die Sprache und ihr Instrumentenmeister, der Dichter, der ihre Manipulierungsdienste böse diagnostiziert und Reinigung verschreibt, sind Gegenstände des Stücks. Bürokratismus kommt als ein Sprachzuschnitt auf die Bühne. Das Spiel im Spiel des dritten Akts erörtert, so gesehen, nicht nur ein Theaterkonzept, sondern erhält seine Struktur durch die groß vorgeführten Sprachreglungszwänge. Das eigentlich Zirzensische ist der Sprach-Zirkus, die Begriffsakrobatik, die Seiltänzerargumentation, mit denen Machtmißbrauch, Verhöhnung und Aushöhlung der sozialistischen Demokratie überspielt werden sollen.

Die Handlung im Vordergrund mit sturer Kanzlei, Bilderbuch-Enthusiasmus, Intourist-Schablone, Frühform eines spionierenden „Briefmarkensammlers" und kommunistischer Märchenfee kann nicht anders begriffen werden denn

als ein Vehikel für den Transport der Sprachanalyse. Der Grund für diese Häufung von im einzelnen banalen Standards liegt in Majakowskis Versuch, über die vermeintliche Popularität solcher Mittel seiner Sprachdiagnose Massenwirksamkeit zu verschaffen. Der Irrtum war fatal. Der Transport fand nicht statt. Die Aufführungen scheiterten an dieser Diskrepanz.
Merkwürdig bleibt, daß Wsewolod Meyerhold, obwohl er vorher gerade die Qualitäten der Sprache zum Kriterium seines überschwenglichen Lobs gemacht hatte und Majakowski als Ko-Regisseur für Sprache engagiert hatte, dann den Vordergrund mit einem Aufwand inszenierte, der den Text partiell paralysieren mußte. Jedenfalls geistert Meyerholds Erfinder-Schau mit Deinekas riesengroßen Diagrammen und Aufstiegskurven bis heute durch die Inszenierungen. Die vernichtende Sprachanalyse als das konzeptionelle Zentrum und das Unüberholbare des Stücks auf die Bühne zu bringen, bleibt die Aufgabe kommender Experimente: Rainer Kirschs neue Übersetzung fordert dazu heraus.

2

Harthörig gegenüber der Sprachdiagnose, hielten viele frühe Kritiker Majakowskis Stück für eine Tempo- und Reinigungsutopie.
Damit widerfuhr ihm das gleiche Schicksal wie Sergej Tretjakows „Ich will ein Kind haben“ (3 Fassungen 1926/27) und Nikolai Erdmanns „Selbstmörder“ (1929), die beide gar nicht erst auf die Bühne gelangten. An allen drei Stücken wurde die Dramaturgie des Hypothetischen, das Durchspielen eines angenommenen Falles als Empfehlung utopischer Lösungen verkannt. In Wirklichkeit handelte es sich gerade um Beiträge zur Korrektur jener Utopien, die nicht nur ein Echo aus den Zeiten des Kriegskommunismus waren, sondern in den heftigen Tempo- und Reinigungsdiskussionen 1928 bis 1930 neu entstanden.
Die ganze „Schwitzbad“-Zeit über, von Juli 1929 bis März 1930, wurden in den politischen Führungsgremien und in der Praxis die schärfsten Auseinandersetzungen um die Tempovarianten ausgetragen. Die Überspitzungen, hieß es im März 1930 in einem Parteibeschluß, hätten zu einer „Be-

drohung der Kollektivierung und des sozialistischen Aufbaus insgesamt" geführt.
Im Mittelpunkt der nach großen Opfern durchgesetzten Korrekturen standen die Fristen der sozialistischen Veränderung. Von der Entscheidung über die Fristen hing die Entscheidung über die Methoden ab. Dieses Verhältnis von Frist und Methode aber mußten die Kader beherrschen: 1929 sollte die Reinigung des Partei- und Staatsapparats den Gefahren eines hohen Tempos begegnen, die in übereilten Entscheidungen, Inkompetenz, Unsicherheit, Karrierismus zu Konflikten führen konnten. In Wirklichkeit hat die Reinigung der Apparate nicht entfernt den Ansprüchen genügt, die die enorme Steigerung des Tempos ab Mitte 1929 an sie stellte. Es kam zu einem Temporausch, vor allem in der Kollektivierungsbewegung, den erst die Analysen des ZK der KPdSU(B) vom Februar und März 1930[6] stoppten.
Der geschichtliche Hintergrund dieser Fristen- und Tempodebatten verlieh den unterschiedlichen Standpunkten direkt weltpolitisches Gewicht. Der Aufbau des Sozialismus in einem Land war nach dem Ausbleiben sozialistischer Revolutionen in Westeuropa, nach der relativen Stabilisierung des Kapitalismus die einzige Möglichkeit, die gewonnenen Positionen zu halten und auszubauen. Schon 1931 schloß eine sowjetische Analyse der internationalen Kräfteverhältnisse mit diesem kategorischen Imperativ: Entweder holt die Sowjetunion den geschichtlichen Tempoverlust des alten Rußland gegenüber der kapitalistischen Welt von hundert Jahren in zehn Jahren ein, oder sie hält dem aggressiven Druck des Imperialismus nicht stand. Der Sieg über den Faschismus, der die Sowjetunion 1941 überfiel, zeigt die ungeheuren Anstrengungen und Wandlungen dieser zehn Jahre.
Majakowskis „Schwitzbad" präsentierte das sprachliche Usurpationsgeschick überdimensionierter Bürokraten und persiflierte damit eine „Einsicht" in die Bedingungen, unter denen das Verhältnis von Frist und Methode zum Schaden des sozialistischen Aufbaus gehandhabt wurde. Die Sinnentleerung politischer und sozialer Analyse durch formale Kombination von Direktiven und Losungen, die Abriegelung des Apparats gegenüber neuen Tatsachen aus der Pra-

xis, seine Öffnung für Schmeicheleien führen zum Rausch. Majakowskis Entdeckung der Sprachmanipulation, die den Triumphanschikows, Optimistenkos und Iwan Iwanowitschs eine sie selbst nicht diskreditierende Bezeichnung ihrer Verhaltensweisen erlaubt, zeigt den Dichter ohne Illusionen: Für die „Reinigung" braucht es Kräfte aus dem „Jahr 2030", was nicht anders als eine Metapher für das Langdauernde der realen Kämpfe zu verstehen ist.

Seit Frühjahr 1929 spitzte sich die Fristendebatte vor allem auf dem Gebiet der Kollektivierung zu. Um den entscheidenden Schritt zum Sieg des Sozialismus auf dem Lande zu vollziehen und nicht zuletzt auch um der akuten Getreidekrise zu begegnen, die zur Einführung des Kartensystems geführt hatte, wurde um das wirksamste Konzept gekämpft. Eine oppositionelle Dreiergruppe im ZK der KPdSU(B) entwickelte auf der XVI. Parteikonferenz im April 1929 den Plan für ein langsameres Tempo der Industrialisierung und Kollektivierung, indem sie von einer allmählichen gewaltlosen Einbeziehung der Kulaken in die genossenschaftliche Landwirtschaft ausgingen und außenpolitisch mit einer langen Friedensperiode rechneten. Der Gruppe gehörten der Präsident der Kommunistischen Internationale und Chefredakteur der „Prawda", Nikolai Bucharin, der Vorsitzende des Rates der Volkskommissare, Alexej Rykow, und der Vorsitzende des Sowjetischen Gewerkschaftsverbandes, Nikolai Tomski, an. Ihr Plan hätte zu den folgenden Entscheidungen geführt: Bündnis der Arbeiterklasse mit allen Schichten der Bauernschaft, einschließlich der Kulaken, die in den Sozialismus „hineinwachsen". Getreideaufbringung über den Markt bei Erhöhung der Aufkaufpreise. Keine außerordentlichen Zwangsmaßnahmen gegen Kulaken, um ihnen die Getreidevorräte abzunehmen. Deckung des Getreidedefizits von 50 Millionen Pud durch Einfuhr für 100 Millionen Valutarubel und entsprechenden Verzicht auf Maschinenimport.[7]

Dieser Plan wurde durch die Mehrheit des ZK abgelehnt. Ein halbes Jahr später, am 25. November 1929, erklärten Tomski, Bucharin und Rykow in einem Brief an das ZK, daß in diesem Streit die Partei und ihr ZK im Recht waren. Eine abschließende politische Einschätzung dieser Ausein-

andersetzung gab eine Resolution des XVI. Parteitags, der vom 26. Juni bis 13. Juli 1930 stattfand: „Die rechte Abweichung stellte der Generallinie der Partei eine eigene, ausgesprochen opportunistische Linie entgegen. Die Linie der rechten Abweichler führt zur Kapitulation vor den Kulaken- und kapitalistischen Elementen des Landes. Die Verwirklichung der Linie der rechten Abweichler, die objektiv Agenten des Kulakentums sind, würde den Aufbau des Sozialismus hintertreiben und eine Wiederherstellung des Kapitalismus in unserem Lande bedeuten." Der 1. Fünfjahrplan, der auf der XVI. Parteikonferenz gebilligt wurde, sah statt dessen vor, allmählich die technisch völlig rückständige Landwirtschaft neu auszurüsten, Maschinen statt Getreide zu importieren und bis Ende 1933 18 bis 20% der 25 Millionen Bauernwirtschaften kollektiv zusammenzuschließen. Technisch war der Ausgangspunkt von 1927: 15% der Wirtschaften hatten Maschinen mit Zugvieh. 28% waren ohne Zugvieh. 31% ohne Pflug. Die Kulaken, die 4 bis 5% der Wirtschaften besaßen, verfügten über knapp ein Drittel aller Maschinen.[8]
Die beschleunigte, aber ausgewogene Tempsteigerung des 1. Fünfjahrplanes wurde mit Beginn des Herbstes 1929 auf persönliche Initiative des Generalsekretärs Stalin außerordentlich forciert. Die Planvorgaben waren zwar übertroffen, die Steigerungen aber mit den realen Möglichkeiten zur Finanzierung, zur Versorgung mit Maschinen und zur Ausbildung von Kadern nicht neu koordiniert worden. Die Beschlüsse über die Unzulässigkeit von Übereilung und Zwang beim Übergang zur Genossenschaft wurden verletzt.[9] Der Triumphalismus der Verallgemeinerungen geriet in eklatanten Widerspruch zu den Tatsachen auf dem Lande. Stalin schloß seinen berühmt gewordenen Leitartikel „Das Jahr des großen Umschwungs", der zum Argument weiterer Forcierung wurde, am 7. November 1929 in der „Prawda" mit dem Satz: „Mit Volldampf fahren wir auf dem Wege der Industrialisierung zum Sozialismus und lassen unsere ‚russische' Zurückgebliebenheit hinter uns." Am 18. November 1929 sprach die „Prawda" in ihrem Leitartikel die Erwartung aus, nach der vollständigen Kollektivierung des Nordkaukasus, der Ukraine und der Gebiete am Wolgaunterlauf in 1 1/2 bis 2 Jahren werde ein Getreideexport

beginnen, der „schon in den nächsten Jahren den Weltmarkt mit Hunderten Millionen Pud überschwemmen kann“[10]. In der Resolution des Novemberplenums 1929 zu den Referaten des Vorsitzenden der Staatlichen Plankommission Gleb Krzyzanowski und des Vorsitzenden des Volkswirtschaftsrats Walerian Kuibyschew über die Kontrollziffern der Volkswirtschaft der SU für das Jahr 1929/30 hieß es: „In Wirklichkeit sehen wir ein Wachstum der Produktion und eine Beschleunigung des Tempos, wie wir es früher nicht einmal träumen konnten und die uns die Möglichkeit geben, die Optimalvariante des Fünfjahrplans zur Minimalvariante zu machen.“[11] Der Zuwachs der Industrieproduktion war in der Tat atemberaubend. Was zum Beispiel Traktoren anging, so stellte die Sowjetunion noch 1923 nur 6 Fordson her, während die USA schon 1913 bei 10000 Jahresausstoß lagen. Der Bau der Traktorenwerke in Tscheljabinsk und Charkow verhieß Chancen für die Überholung der USA.[12] In einem Aufsatz vom 10. Dezember 1929 resümiert W. Burdow die Tempodebatte des Jahres unter der Überschrift: „Wird die SU Amerika überholen?“: „Am Ende des dritten Jahrfünfts werden wir, wenn die wirtschaftliche Entwicklung der SU durch Krieg oder Blockade nicht aufgehalten wird, an das Niveau der industriellen Entwicklung der USA heranreichen und werden es im vierten Jahrfünft überholen.“[13]

Schon auf dem Novemberplenum 1929 hatte es aber alarmierende Berichte über Schwierigkeiten mit der übereilten Kollektivierung gegeben. Am 5. Dezember begann eine Kommission des Politbüros für Fragen der Kollektivierung unter Vorsitz von J. Jakowlew mit der Ausarbeitung eines Stufenplans. Danach sollten die Getreideanbaugebiete in zwei bis drei Jahren, die Verbrauchsgebiete in drei bis vier Jahren und die nationalen Republiken erst im 2. Fünfjahrplan die durchgängige Kollektivierung schaffen. Stalin verkürzte die Fristen aber erneut.[14] Der danach ausgerufene Wettbewerb zur Gründung von Kolchosen stand in direktem Widerspruch zur erklärten Ablehnung von administrativen und dekretorischen Maßnahmen. „Die große Revolution auf dem Lande – die Kollektivierung –“, stellte die „Geschichte der Kommunistischen Partei der Sowjetunion“ fest, „verlangte von den Partei- und Staatsorganen eine straffe und flexible Leitung der sich stürmisch entwickelnden Kolchosbewegung. Ein beträchtlicher Teil dieser Organe konnte jedoch den komplizierten Prozeß der Kollektivierung nicht richtig einschätzen und fand nicht gleich die richtige Lösung für eine Reihe von Fragen des Kolchosaufbaus. Hinzu kam, daß die ersten Erfolge der Kolchosbewegung eine gewisse Selbstgefälligkeit und die Sicherheit hervorriefen, daß alle Probleme leicht und rasch gelöst werden könnten ... Das Zentralkomitee forderte die Kommunisten auf, die Verzerrungen zu liquidieren, das Vertrauen der Mittelbauern wiederherzustellen, die Kolchose zu festigen. Auf Beschluß des Politbüros des ZK der KPdSU(B) wurde am 2. März 1930 in der ‚Prawda' der Artikel Stalins ‚Vor Erfolgen von Schwindel befallen' veröffentlicht. Darin hieß es, daß es unzulässig sei, gegen die Mittelbauern mit Gewalt und Zwang vorzugehen, daß das Prinzip der Freiwilligkeit bei der Gründung der Kolchose unbedingt eingehalten werden müsse, als Grundform wurde das landwirtschaftliche Artel empfohlen." Im ZK-Beschluß vom 14. März 1930 „Über den Kampf gegen Entstellungen der Parteilinie in der Kollektivierungsbewegung", in einem Beschluß des XVI. Parteitags und in mehreren Direktiven wurde die Korrektur entschieden vollzogen. Kritisiert wurden: Verletzung des Prinzips der Freiwilligkeit; Anwendung von Zwangsmaßnahmen gegen Mittelbauern, die nur gegen Kulaken erlaubt waren, was sich darin zeigte, daß bei 4 bis 5% Kulakenwirtschaften teilweise 15% der Wirtschaften „entkulakisiert" wurden; bürokratisch-dekretorische Gründung von Kolchosen, was dazu führte, daß mancherorts in wenigen Tagen von 10 auf 90% Kollektivierung gesteigert wurde; übereilter Übergang von Anfangsformen (Artel) zu höheren Formen (Kommune); Verletzung der Kolchosdemokratie.[15]

Von dieser Umwälzung wurden über 100 Millionen Menschen erfaßt. Sie war als die Vollendung der Revolution auf dem Lande unumgänglich, wurde aber durch die Tempounsicherheit mit unverhältnismäßig hohen Opfern durchgeführt.

Im Vergleich zu Gewicht und Umfang dieser Vorgänge mochte der Zeitmaschinenstrang im Stück, Martyrium und Glanz des Erfinders, fast verspielt anmuten. Doch nur, solange man die Logik des Stücks außer acht läßt. Tatsächlich verträgt dieser Strang keine Heroisierung. Die Zeitmaschinenaffäre muß den ironischen Übermut behalten, den sie von ihrer literarischen Abkunft her besitzt. Herbert George Wells' „Zeitmaschine" stand Pate, aber sicher auch andere „Apparaturen": Von Jewgeni Samjatins Rakete im Roman „Wir", mit der ein Ausbruch aus einem durchbürokratisierten Glücksstaat versucht wird, bis zu Jefim Sosuljas „Grammophon der Jahrhunderte", mit dem man Stimmen und Vorgänge der Vergangenheit rekonstruieren kann, oder auch Michail Bulgakows Rotlicht-Strahler in den „Verhängnisvollen Eiern", der die Lebensvorgänge beschleunigt und, auf Schlangeneier statt auf Hühnereier angewandt, beinahe den Untergang der Republik verursacht hätte: Die Reptilien – elf Meter lang und dick wie ein Mensch – bedrohten die Hauptstadt und wurden nur durch den ungewöhnlichen Frost vom 19. zum 20. August 1928 ausgerottet. Der Erfinder selber, der nicht von ungefähr Seltsamkow heißt, hat seine Vorgänger zweifellos in Sosuljas Kux oder Sergej Tretjakows Diszipliner aus „Ich will ein Kind haben", der ständig merkwürdige „Apparate" austüftelt. Seltsamkow gewinnt freilich ganz andere Dimensionen als alle diese Erfinder, da Majakowski auf ihn wie auf die Phosphoreszierende Frau und den Komsomolzen Fahrradkin eigenes Selbstverständnis projiziert und dann korrigiert.

Ein Aufführungskonzept, das den Sieg der Erfinder über die Verwalter zugrunde legt, inszeniert am Stück vorbei. Majakowski zeigt „verkörperte Tendenzen", soziale Typen, nicht „lebendige Menschen", Charaktere. Daher darf das „Schwitzbad", sosehr die Tempodebatte eines seiner Bezugsfelder bildet, nicht als ein Stück über Menschen in dieser Debatte begriffen werden. Offenbar hatte Meyerhold das versucht und war damit gescheitert. Aufschlußreich ist, daß er auch Tretjakows Thesenstück „Ich will ein Kind haben" ursprünglich gegen den Thesencharakter inszenieren und „lebendige Menschen" auf die Bühne bringen wollte. „Schwitzbad" zeigte nicht Charakter gegen Charakter, Seltsamkow gegen Triumphanschikow, sondern „Apparat" gegen „Apparat", gut zu verfolgen an Triumphanschikows Rede über „jene Zeit, da in meinem Apparat ein Apparat erfunden worden ist".

„Verkörperte Tendenzen“ hieß in bezug auf den Erfinder- und Zeitmaschinenstrang: Benennung schädlicher Haltungen. Stärkung des Erfindungsgeistes in der Gesellschaft. Verbesserung der Urteilsbefugnis jedes einzelnen. Soziale Wachheit und Kritikbereitschaft. „Schreit aus, mein Land, schneller, mein Land, die Kommune pocht ans Tor“ im „Marsch der Zeit“ ist nicht triumphal, sondern ankündigend, ja warnend gemeint.
Die Erfindung der Zeitmaschine, eines Dings, das zunächst niemandem nützt und das dann die Gegner des Erfinders in einer Radikalkur ausstößt, ist nicht lediglich, wie das bei späteren Inszenierungen und auch in Jutkewitschs Film verwirklicht wurde, eine Metapher für die Fünfjahrpläne, sondern bleibt zugleich: ständiger Entwurf der Zeitüberschreitung, Korrektur durch die Zukunft, antitriumphale Tendenz. Mit einem Satz der Phosphoreszierenden Frau: „Der Zukunft liegt das Vergangene auf der Hand.“

3

Die Sprachdiagnose unterschied Majakowskis Korrektur durch die Zukunft vor allem prinzipiell von der verbreiteten Entlarvungsdramaturgie. Majakowski begann, wo andere aufhörten. Er baute keine Tarnung ab, sondern demonstrierte das Selbstverständnis, das Funktionieren eines Apparats. Der Bürokratismus arbeitet im hellen Licht theatralischer Öffentlichkeit. In seinem „Dialog zum ‚Schwitzbad‘“ ließ der Kritiker M. Sargorski 1930 diese Besonderheit betonen:
„Gedanken, Zorn, Verallgemeinerung, das geschliffene Wort, der tödliche Aphorismus, sind sie jetzt nicht wichtiger als die kriminellen Vorkommnisse in den Stücken Fajkos, Romaschows, Sawalischins, Nikulins? Iwan Iwanowitsch sumpft! Festnehmen! Pjotr Semjonowitsch stiehlt! Verhaften! Das ist kein Theater, sondern ein Untersuchungsgefängnis. Im ‚Schwitzbad‘ wird niemand verhaftet und eingesperrt, da gibt es lautes Gelächter, belustigtes Lächeln, das scharfe Wort und die scharfsinnige Ironie über die Gefühlswallungen im MCHAT, die Kammerstimmungen und Ballettkunststücke.“[16]
Mit den großen Reinigungsaktionen war „Schwitzbad“ da-

her auf die gleiche Weise verbunden wie mit der Tempodebatte: Sie bildeten ein wesentliches Erfahrungs- und Bezugsfeld, waren aber nicht der Gegenstand.
Ausgehend von den Beschlüssen der XVI. Parteikonferenz betonten die „Iswestija" in ihrem Leitartikel vom 1. Mai 1929 unter der Überschrift „Ergebnisse und nächste Aufgaben des Kampfes mit dem Bürokratismus": „Der Kampf der Partei und der Sowjets mit den bürokratischen Entstellungen des Staatsapparats, die häufig die wirkliche Natur des proletarischen Staates vor den breiten Massen der Werktätigen verdecken, wird zu einer der wichtigsten Formen des Klassenkampfs." Zu reinigen sei der Staatsapparat von „Elementen, die verkommen sind, die die sowjetischen Gesetze entstellen, die mit dem Kulaken und NÖP-Mann zusammenwachsen, die nicht gegen Schlendrian kämpfen und ihn decken, von Überheblichen, die beamtenmäßig, bürokratisch die dringenden Nöte der Werktätigen behandeln, von Veruntreuern, Schmiergeldnehmern, Saboteuren, Schädlingen, Faulenzern". Die Reinigung habe sich nach der Arbeit zu richten, nicht nach der Herkunft und Stellung. 1929 sei in den Landwirtschafts-, Gerichts-, Finanz- und Arbeitsorganen zu beginnen, da sie am meisten mit den Massen zu tun haben. Die Liste der hinausgereinigten Personen sei zu veröffentlichen, damit sie sich nicht an anderer Stelle wieder bewerben könnten. Bezüglich der Funktionäre sei mit den Praktiken Schluß zu machen, sie von Behörde zu Behörde weiterzureichen: bei Unfähigkeit hätten sie in ihren Beruf zurückzukehren.
Im Mai 1929 wurde diese schon seit 1928 laufende Reinigung des Staatsapparats durch eine „Generalreinigung und Überprüfung der Reihen der RKP" verstärkt. Seit der letzten Reinigung 1921 war die Kommunistische Partei auf das Dreifache angewachsen. Am 1. Januar 1929 hatte die Partei 1530080 Mitglieder und Kandidaten, davon 28,9% Kandidaten. Soziale Zusammensetzung: 62% Arbeiter, 21% Bauern, 15,6% Angestellte. 1921 waren 174900 Mitglieder und Kandidaten, das heißt 30% aus der Partei ausgeschlossen worden. Zwischen 1922 und 1928 hatte es weitere Teilüberprüfungen gegeben, dabei waren erneut 260144 Mitglieder und Kandidaten ausgeschlossen worden.
Wie 1921 beim Übergang zur Neuen Ökonomischen Politik

sollte beim Übergang zu den Fünfjahrplänen eine Generalüberprüfung der Kader die Tempoänderung sichern helfen. Das Ausmaß der zu bewältigenden Probleme zeigte der Fischereiprozeß von Astrachan, der von Juni bis Oktober 1929 die sowjetische Öffentlichkeit beschäftigte. Vor Gericht standen 200 Funktionäre und andere Angestellte aus Astrachan, darunter 89 aus der Finanzabteilung, 68 aus der Handelsabteilung. Es ging um die Begünstigung der Privatfirmen, die durch große Bestechungsgelder der Unternehmer Krugljak, Kantor, Gladtschenko und Co. und andere entgolten worden war. Astrachan fing damals die Hälfte der Fische für die UdSSR. Fisch war Mangelware und Exportschlager. Statt der vorgesehenen 12% wurden 1928 24% von Privatfirmen angekauft, was die Entwicklung des sozialistischen Sektors empfindlich schädigte. Vor Gericht entwikkelte sich ein ausgedehnter Kompetenzenstreit, in dessen Verlauf einer der Hauptangeklagten, der ehemalige Stellvertreter des Leiters der Gouvernementshandelsabteilung, Protodiakonow, die Schuld für die bevorzugte Behandlung von Privatfischereien auf den Vorsitzenden des Gouvernementsexekutivkomitees Wassiljew abzuwälzen versuchte. Es stellte sich aber heraus, daß Protodiakonow zum Beispiel von der Firma Krugljak 1000 Rubel für die Erhöhung der Aufkaufnormen erhalten hatte. Das war einer der festgestellten 250 Fälle von Bestechung. Allein durch zu geringe Besteuerung der Privatfirmen wurden 6 Millionen Rubel zu wenig erhoben. Das Gericht erkannte in diesem „klassischen Fall von Wirtschaftssabotage“ auf „ökonomische Konterrevolution“, worauf nach Artikel 117 die Todesstrafe stand. Vierzehn Angeklagte wurden zum Tod durch Erschießen verurteilt, dreizehn zu zehn Jahren Gefängnis mit Einziehung des Vermögens.[17] Die „Iswestija“ schlußfolgerte in einem redaktionellen Artikel vom 30. Oktober 1929, daß es bei der Reinigung nicht nur darauf ankomme, die „Ehemaligen“ zu beseitigen, also zaristische Beamte, Weißgardisten, sondern Funktionäre, die die Generallinie unserer Partei und des proletarischen Staates entstellen.

Majakowskis „Schwitzbad“ stand in der Aufnahme dieser Vorgänge nicht nur gegen die von Sagorski genannten Tendenzen der Entlarvungsdramaturgie. Es ließ auch die Verfehlungsvarianten beiseite, wie sie in Tarassow-Rodionows

„Schokolade“ oder Andrej Sobols „Die Fürstin“ erzählt worden waren. Diese Bürgerkriegsgeschichten erzählten, wie Revolutionäre, untadelig in ihrer Pflichterfüllung, durch unkontrollierte menschliche Regung und männliche Schwäche von Frauen, die der Konterrevolution mehr oder weniger nahestanden, vom Wege abgebracht wurden.
In allen diesen Stücken und Geschichten wurde ein von der revolutionären Norm abweichendes Verhalten aufgedeckt, psychologisch erklärt und bestraft. Sie gingen dabei von der politischen Vorstellung aus, die dann den forcierten und in den dreißiger Jahren in Repressalien umschlagenden Reinigungsbemühungen zugrunde lag: In einer entschlossenen, vielfach schmerzhaften Anstrengung könne das Problem der Unterwanderung der Apparate gelöst werden. In der „Iswestija“ erklärte dann auch der RAPP-Kritiker Semjon Rodow unter der Überschrift „Selbstkritik und proletarische Literatur“, der Hauptgrund für Fehler und Abweichungen sei die „Lösung von den Massen“, er müsse immer dargestellt werden: „Ein Werk der proletarischen Literatur, das, wenn es die krankhaften Prozesse im Partei- und Arbeitermilieu zeigt oder geißelt, nicht mit voller Überzeugungskraft diesen Hauptgrund für Zersetzung und Entartung darstellt, ist von vornherein zum Mißerfolg verurteilt und wird unweigerlich die Perspektive der Entwicklung der proletarischen Gesellschaft entstellen.“[18]
Majakowski schlug als Pionier einen Weg ein, der Vorstellungskraft und Durchhaltevermögen auf lange Zeit verlangt: Er stellte sich auf die Situation ein, ohne sich mit ihr abzufinden. Er rechnete mit einem langen Kampf, der keine Abrechnung oder Vergeltung in der überschaubaren Zeit erlaubt, einen Kampf aber, alles andere als aussichtslos, da er gegen Kräfte geführt wird, die mit dem Vorsatz ihrer eigenen Beseitigung angetreten sind. Sobald der Bürokratismus als ein sich verselbständigender Faktor politischer Beziehungen studiert wird, können Krankheitsumschreibungen wie Krebsgeschwür, Auswuchs, Eiterherd und dergleichen, die die Vorstellung von einem sonst gesunden Körper nahelegen und Reinigung als Amputation, nicht als politische Korrektur deuten lassen, als unzutreffend verworfen werden. Korrektur durch die Zukunft, durch das „Jahr 2030“ heißt in diesem Sinn: Korrektur der Reini-

gungsillusionen, Untersuchung bürokratischer Praktiken als Usurpationsvorgänge, die unter anderem durch Sprachregelung und Stereotypie abgesichert sind.

4

Daß es sich bei diesem „Schwitzbad" auch um ein Schwitzbad für die Kunstlinke und Majakowski selber handelte, kann nun nicht mehr übersehen werden.
Majakowski verband die größten Erwartungen mit dem neuen Stück. Es sollte als programmatischer Beitrag in den ersten Almanach des REF, der Revolutionären Kunstfront, gedruckt werden, einer Organisation, die nach Majakowskis Austritt aus der LEF, der Linken Kunstfront (im Herbst 1928), einige Monate arbeitete. Auf dieses Zusammentreffen zeichneten die Kukryniksy ihre „Schwitzbad"-Karikatur: Majakowski quetscht sich mit Mühe durch das Gebäude des Meyerhold-Theaters, das mit „Schwitzbad" als Schwitzbad fungiert.
Obwohl damals niemand den für seinen Verfasser verhängnisvollen Ausgang dieses Schwitzbads ahnen konnte, hat doch Sergej Eisenstein die Gefahren der fälligen Korrektur schon in einer Arbeitsheftnotiz von 1928 angedeutet. Im April, zwei Jahre vor Majakowskis Selbstmord, notierte er im Zusammenhang mit den Vorarbeiten zu dem geplanten Film „Das Kapital", von dem ihm dann Stalin unter Hinweis auf die größere Dringlichkeit des Kollektivierungsfilms „Das Alte und das Neue" („Generallinie") abriet: „Die Tragödie der heutigen Linken besteht darin, daß der noch nicht ausgearbeitete analytische Prozeß in Verhältnisse geriet, wo ein Bedürfnis nach Synthese herrscht ..."[19] Eisenstein bezog sich auf eine Überlegung aus der Deklaration einer sowjetischen Künstlergruppe, die die Analyse der „professionell-technischen Errungenschaften der bürgerlichen Kunst auf dem Gebiet der künstlerischen Kultur", „des planmäßigen und konstruktiven Herangehens an das künstlerische Schaffen" als eine Voraussetzung, als „Rohmaterial für die künftige Kunst des Proletariats" erklärte. Dieser Generalplan zum Umbau der Kunst, an dessen Verwirklichung die sowjetische Kunstavantgarde an vorderster Front zehn Jahre fieberhaft mitgearbeitet hatte, ist in einem

Anlauf nicht zu verwirklichen gewesen. Die unter chen Korrekturexperimente, die besonders bei Eis Tretjakow und Majakowski genau zu verfolgen sind ihre Parallelen in der internationalen revolutionären haben, im Zusammenhang zu untersuchen, steht noch aus. Deutlich ist jedoch, daß das von Eisenstein genannte „Bedürfnis nach Synthese" ursächlich mit der Tempo- und Reinigungsdebatte von 1928 bis 1930 und den dort entwickelten oder verworfenen Fristenkonzepten zusammenhängt. Man suchte nach größeren einleuchtenden Bildern von den Unternehmungen der Gesellschaft. Bedroht waren solche Synthesen – solange nicht durch analytische Anstrengungen die Darstellbarkeit der neuen Schwierigkeiten erkundet war – durch Selbstbespiegelung und Anmaßung: Wie schnell war eine halbwegs plausible gedankliche Konstruktion auf die wirklichen Verhältnisse gestülpt und hatte das Unübersichtliche der Realität weggehext.

Majakowskis Korrekturvorstoß zielte darauf, dem Bedürfnis nach Synthese auf eine Weise nachzukommen, die eine Apologie des politischen Moments ausschloß. Diese Möglichkeit fand Majakowski im „Schwitzbad", in dem er die Grundlagen seiner eigenen Arbeit einer Prüfung unterzog. Es war eine Probe auf sein Leben, die alle großen Arbeiten von der ersten Tragödie bis „Gut und schön" und „Wanze" auch enthalten, die aber nie so radikal unternommen worden war.

In diesem Versuch Majakowskis, sich an die Spitze der fälligen Korrekturen der linken Kunstkonzepte zu setzen, steckte Mut und Unsicherheit zugleich. Mut bis zur Tollkühnheit, Unsicherheit bis zur Verzweiflung. Majakowski schwankte zwischen der Bereitschaft, sich wieder – wie er betonte, zu seiner größten Genugtuung – mit einem begriffsstutzigen Publikum herumzuschlagen, und einer tödlichen Ermüdung. Sein übereilter Eintritt in die schon durch und durch dogmatisch erstarrte, mächtige RAPP ist nicht anders zu erklären. Durch einen organisatorischen Gewaltakt wollte er beweisen, daß er kein „Abtrünniger" sei.

Zu schaffen gemacht hatte ihm auch seine Liebe. Seine Unwiderstehlichkeit hatte einen Schlag versetzt bekommen, von dem er sich nie wieder erholen würde. Tatjana Ja-

…owlewa, eine zwanzigjährige Russin, die Majakowski 1928 in Paris kennengelernt hatte und 1929 als seine Frau nach Moskau holen wollte, heiratete schließlich einen französischen Diplomaten. Der zweite Schlag, die Ablehnung der Schauspielerin Veronika Polonskaja, ihren Mann zu verlassen und zu ihm zu kommen, löste den Schuß vom 14. April 1930 aus. Majakowski plante nicht von ungefähr nach dem „Schwitzbad" ein Stück über die Liebe, das eine „Komödie mit Selbstmorden" werden sollte. Mit der Unwiderstehlichkeit als Mann schien die Unaufhaltsamkeit als Dichterkönig dahin.

Ossip Brik hat 1940 die schwierige Lage beschrieben, in die Majakowski geraten war: „Ende 1929 begann Wolodja davon zu reden, daß er eine Ausstellung über sich machen möchte – seine Bücher, Plakate, Materialien sammeln, gewissermaßen Rechenschaft über 20 Jahre Arbeit. Er sprach von dieser Ausstellung ruhig, sachlich, wie von seinem nächsten Auftritt. Früher hatte er das ‚DJUWLAM' [‚Zwölfjahresjubiläum Wladimir Majakowskis'; F. M.] organisiert, verschiedene Rechenschaftsabende, jetzt also ‚20 Jahre Arbeit'. Unmöglich zu denken, daß Wolodja dieser Rechenschaftsausstellung besondere Bedeutung beimaß.

Wolodja wollte Anerkennung. Er wollte, daß wir, die REF, seine Ausstellung organisierten, – und daß auf die Ausstellung die Vertreter der Partei und der Regierung kämen und sagten, daß er, Majakowski, ein guter Dichter sei. Wolodja war müde vom Kampf, von den Zänkereien, von der Polemik. Er wollte etwas Ruhe und ein bißchen schöpferischen Komfort.

Wolodja sah, daß alle diese Raffer und Füchse der Literatur weit besser lebten als er – ruhiger und reicher. Er beneidete sie nicht, meinte aber, daß er mehr Recht auf einige Annehmlichkeiten des Lebens habe als sie, vor allem auf Anerkennung. Um diese Anerkennung zu bekommen, hatte Wolodja sich die Ausstellung ausgedacht.

Nicht entfernt haben wir damals an so etwas gedacht – und konnten einfach nicht begreifen, warum Wolodja so nervös war, böse auf uns und – zwar nicht direkt, aber in Andeutungen – uns vorwarf, daß wir nichts für seine Ausstellung tun. Er wurde brummig, gereizt, grob und verzankte sich schließlich mit allen vom REF. Zu mir sagte er: ‚Wenn uns

nur der REF verbände, würde ich mich auch mit dir verzanken, aber uns verbindet noch etwas anderes.'
Ich sah, daß Wolodja sich in einer abscheulichen Verfassung befand, daß seine Nerven kaputt waren, kam aber nicht auf den eigentlichen Grund seines Zustands. Dieser Wunsch, offiziell anerkannt zu sein, war für Wolodja gar nicht typisch und völlig ungewohnt, so sehr erwartete ich Wolodja im Hasard des Kampfs, im Streit, in der Polemik zu sehen."[20]

Briks Beschreibung des Umdenkens ist deshalb so bemerkenswert, weil sie das persönlich „Unansehnliche" eines geschichtlich höchst ansehnlichen Übergangs erfaßt. Die Notiz kreist um den „schöpferischen Komfort": Hasard und Polemik sind eine Sache des Augenblicks. Majakowski muß die Künstlichkeit der Ausdehnung 1929 längst begriffen gehabt haben. Es genügt, an eine der 4380 Zuschriften zu erinnern – Majakowski erhielt sie, als er am 24. November 1927 in Nowotscherkassk bei Rostow am Don auftrat – um die Situation zu verstehen, aus der er herausmußte: „Ist es Lüge oder wahr, daß Sie in den Fällen, wo Sie die Inspiration kommen fühlen, sich mit den Füßen an die Decke binden lassen und in dieser Lage Ihre besten Sachen dichten?"[21] Die Ausstellung „20 Jahre Arbeit" war eine grandios-naive Art, so etwas endgültig zu widerlegen und für sich den „schöpferischen Komfort" durchzusetzen, der nichts anderes sein sollte als die Voraussetzung für eine neue Kampfweise.

Die Parallele von „20 Jahre Arbeit" und „Schwitzbad" zeigt die Schwierigkeiten des Übergangs. Wer sich auf lange Kämpfe einrichtet, muß bestimmte Kampfweisen verabschieden. Die Ausstellung, als Rechenschaft gedacht, wird, vom „Schwitzbad" her gesehen, zum Abschied. So würde nicht mehr zu arbeiten sein. Den „schöpferischen Komfort" aber konnte niemand verordnen, er mußte sich an den neuen Produkten erweisen. „Schwitzbad" zeigte den Beginn einer neuen Kampfweise. War Majakowskis Tod der Preis?

Die Frage ist so unbeantwortet geblieben, wie sie es in der Antwort Lilja Briks von 1956 war. In ihren Erinnerungen „Die letzten Monate", die mit Zitaten aus Eintragungen von 1929 über Majakowskis Arbeit am „Schwitzbad" beginnen,

schrieb sie: „Noch als er den Brief vor dem Tode schon geschrieben hatte, brauchte nicht unbedingt geschossen zu werden. Wolodja schrieb diesen Brief am 12., erschoß sich aber am 14. Wenn die Umstände erfreulicher gewesen wären, wäre der Selbstmord hinauszuschieben gewesen. Aber damals klappte gar nichts: die Probe auf seine Jugend und Unwiderstehlichkeit schien gescheitert; der Mißerfolg des ‚Schwitzbads'; Stumpfsinn und Mißgunst der RAPP-Funktionäre; zur Ausstellung kamen nicht die, die er erwartete, und in der Nacht zum 14. hatte er nicht ausgeschlafen. Doch recht hatte er in keinem Punkt. Nicht in bezug auf die Frau, die er zwingen wollte, ihren Mann zu verlassen, um sich zu beweisen, daß ihm wie eh und je keine widerstehen kann, und nicht was die Aufführung des ‚Schwitzbads' betraf. Freilich die Presse beschimpfte sie tagelang grob, aber er mußte wissen, daß das Stück glänzend war, und Leute, denen er mehr glaubte als sich selber, sagten ihm, daß er viele Jahre voraussehe, daß noch längst nicht alle verstünden, was uns vom Bürokratismus, der da sein Haupt erhob, drohe. Daß die Aufführung mißglückt sei, aber die nächste wunderbar werden könne. Tschechows ‚Möwe' war schließlich auch erst einmal durchgefallen! Die RAPP! Was anders konnte man von denen erwarten?! Von denen konnte er doch nicht enttäuscht sein!!
Und die Ausstellung faßte mit Mühe und Not die hereinstürmende Jugend, für die er arbeitete. Er kann doch nicht im Ernst ein ‚Jubiläum gefeiert' haben.
Er war DICHTER. Er wollte alles übertreiben. Ohne Übertreibung wäre er nicht gewesen, der er war."[22]

5

Die Korrektur des Avantgarde-Konzepts bestand in der Analyse einer folgenschweren Usurpation. Die Losungs- und Signalworte der von der Avantgarde entwickelten revolutionären Lebens- und Kunstauffassung waren zu triumphalistischen Zwecken eingesetzt worden. Die Entwürfe waren in den Errungenschaften gestorben.
Majakowski und seine Freunde hatten die Gefahr dieser Perversion schon früh erkannt. Das Lenin-Heft der Zeitschrift LEF, die Nummer 1(5) 1924, enthielt sechs Aufsätze

über Lenins Sprache und einen Leitartikel, wahrscheinlich von Majakowskis Hand, unter der Überschrift „Schachert nicht mit Lenin!". Dort wurde, ausgehend von einer Annonce über „gipserne, bronzene, patinierte, marmorne und granitene" Lenin-Büsten in „natürlicher und doppelter Größe" gefordert: „Macht Lenin nicht zur Schablone. Druckt seine Bilder nicht auf Plakate, Wachstuch, Teller, Bierkrüge, Zigarettenetuis." – „Lernt bei Lenin, aber kanonisiert ihn nicht. Treibt keinen Kult mit dem Namen eines Menschen, der sein ganzes Leben gegen alle Kulte gekämpft hat." Die Aufsätze zur Sprache Lenins, die sie als ein politisches Phänomen studierten, waren von Majakowski angeregt worden und müssen vom „Schwitzbad" her als Kampfprogramm gegen triumphalistische Sprachregelung und Stereotypie begriffen werden. Die „Gegensprache" des Erfinders, des Komsomolzen Fahrradkin und der Phosphoreszierenden Frau arbeitet Majakowski unübersehbar mit der Kenntnis dieser Untersuchungen. Was hatten die Autoren 1924 gefunden?
Viktor Schklowski zeigte Lenin als „Dekanonisator". „Seinen Stil konstituiert die Dekanonisierung der revolutionären Phrase, die Ersetzung ihrer traditionellen Worte durch das umgangssprachliche Synonym." Boris Eichenbaum fand als stilistische Grundtendenz in Lenins Sprache den Abbau der „großen Worte", die Kreuzung umgangssprachlicher Wendungen mit Literatursprache. Juri Tynjanow stellt in seiner Analyse des „Wörterbuchs des Polemikers Lenin" folgende Verfahren fest: Kampf gegen „glatte Worte", durch die konkrete, spezifische Bedeutungen nur nebelhaft ausgedrückt werden (Volk, Freiheit, Gleichheit, Demokratie). Kampf gegen eingefahrene Termini, die durch falsche lexikalische Einheit den Sachverhalt vertuschen. Kampf gegen Worte, die die Prozeßhaftigkeit einer Erscheinung verdekken. Befreiung der in Bewegung befindlichen, sich entwikkelnden Sache aus dem schematischen und unbeweglichen Wort.[23]
„Schwitzbad" brachte das usurpatorische Sprachgebaren des Bürokratismus auf die Bühne. Aus dem Munde seiner Feinde schallen dem Erfinder die eigenen Worte entgegen.
„Der rote Edison". Edison, der den Dichter übrigens um

ein Jahr überlebte, war in Majakowskis Poetik der Inbegriff des Erfinders – als Veränderer die Gegenfigur zu allen Beharrenden. 1913 sah der Dichter in Edisons neuester Erfindung, die den Tonfilm ermöglichte, den letzten Schritt zur Revolutionierung der Künste durch den Film.[24] 1922, im ersten Teil des Poems „Die V. Internationale“, wollte der Dichter sich in die „Reihen der Edisons“ stellen, die er neben den Reihen der Lenins und Einsteins sah: „28 Jahre, nicht die Rose zu riechen, sie zu erfinden – zücht ich mein Hirn.“[25] 1926 stellte Majakowski Edison neben Marx.[26] 1928 erschien er in einem Gedicht über das Radio neben dem sowjetischen Erfinder Popow.[27] 1929 kommt eine Wendung. Neben das Technische des Erfindens tritt, nun nicht mehr durch die Reihung der Namen, sondern bildlogisch entwikkelt, beschwörend das Soziale und Politische der Edison-Metapher:

„Wir – sind die Edisons
von Hochflügen,
Energien und Lichtern
ungeahnt.
Doch das Wichtigste an uns
sind wir allzeit
hoch aufzuzeigen
gesonnen:
Das Wichtigste an uns
ist – unser Sowjetland,
unser Sowjetwille,
unser Sowjetbanner,
unsere Sowjetsonne.“[28]

Das „Schwitzbad“ verdeutlicht diese Wendung. Dort nämlich wird der „rote Edison“ oder der „sowjetische Edison“ zur Phrase: Sie bezeichnet den Triumph dessen, der die Metapher verwendet, nicht die Leistung und Haltung dessen, den sie angeblich lobt. Iwan Iwanowitsch, der verantwortliche Mitarbeiter einer nicht näher bezeichneten höheren Instanz, führt den Erfinder der Zeitmaschine als „Errungenschaft“ dem „britischen Angelsachsen“ vor, klopft ihm gönnerisch auf die Schulter, verschafft ihm aber das dringend benötigte Geld nicht. Wie das Lob des technischen, wird das Lob des sozialen Fortschritts zur Farce: Triumphanschikow verfitzt sich in seiner Rede auf die „roten Straßenbahnen" derart, daß er alle Jubiläumsgegenstände durcheinanderbringt und schließlich Lew Tolstoi „vor dem Antlitz des Weltimperialismus" die sowjetische Straßenbahn mit den Worten loben läßt: „Ich kann nicht schweigen. Da sind sie die roten Früchte der allgemeinen und obligatorischen Volksbildung." Was als Analyse gedacht ist, mündet im Lallen.

„Sozialer Auftrag". Die Theorie des „sozialen Auftrags" war von der LEF-Gruppe (besonders von Tschushak, Arwatow und Brik) entwickelt worden. Sie vertrat den Standpunkt, der Künstler als Kenner bestimmter Verfahren, als der „Meister", habe die Bestellung der herrschenden Klasse zu erledigen. 1927 bis 1929 hatten heftige Debatten stattgefunden, in denen betont wurde, daß der „Auftrag" höchstens im Sinne eines gesellschaftlichen Auftrags, nicht aber einer direkten Bestellung begriffen werden könne. Die LEF-Gruppe war zur Zeit der Entstehung des „Schwitzbads" uneins in dieser Frage. Wie lange konnte die Gruppe von den Erfindungen zehren, die sie in ihren Anfängen gemacht hatte? Während Sergej Tretjakow und Nikolai Tschushak zwischen Herbst 1928 und Ende 1929 auf der reinen Verwertung bestanden, plädierten Majakowski, Brik und Assejew schon für neue Akkumulation, für Laboratoriumsarbeit. Folgerichtig legt Majakowski im „Schwitzbad" den „sozialen Auftrag" als Deckwort für Servilität Belvederski in den Mund, der Triumphanschikow „in Stoßarbeit" und im „sozialistischen Wettbewerb mit mir selber" die Entwürfe des „zukünftigen Mobiliars" angefertigt hat. Wie in Belvederskis Servilismus der soziale Auftrag pervertiert wird, so in dem Reporter Momentanikow der revolutionäre Journalismus. Der eingreifend gedachte und ursprünglich auch praktizierte Agitationsvers verkommt in der sich anbiedernden Sprüchemacherei.

„Wandzeitung". Zeitung, Wandzeitung, „Lebende Zeitung" (Inszenierung von Pressemeldungen) als Medien revolutionärer Öffentlichkeit spielten eine wesentliche Rolle im Kunstkonzept des LEF. Wenn auch Majakowski nie so weit ging wie Sergej Tretjakow, der 1927 die Zeitung „unser Epos" nannte, so war doch für ihn die Tagespresse immer

die ganze „Welt im Papierblatt“ und der Publikationsort seiner Gedichte. 1926, im Filmszenarium „Wie geht es Ihnen?“ zeigt Majakowski sich selber zeitunglesend. Die Einstellungen 115 bis 117 des ersten Teils zeigen: „Majakowski liest weiter. ‚Zunahme des Bürokra...‘ Aus dem Buchstaben ‚o‘ drängt sich ein kleiner Mannskopf herauf, mit einem Federhalter hinterm Ohr. Er stützt sich mit Pfötchen auf den Reifenrand, klettert heraus, wächst, höher, schwingt drohend Schreibfeder und Bleistift. Der Mann weicht vor ihm zurück, dann geht er zum Angriff über, springt ihm an die Kehle, würgt ihn, drängt ihn mit Mühe zurück in das Zeitungsblatt.“[29] Im „Schwitzbad“ verbittet sich Triumphanschikow gegenüber der Stenotypistin, der seine Lobrede auf die „rote Straßenbahn“ nicht logisch vorkommt, „Bemerkungen während der Arbeitszeit“ und fügt hinzu: „Für Selbstkritik steht ihnen die Wandzeitung offen.“ Die Verkehrung ist perfekt. Die Wandzeitung, das Organ der Betriebsöffentlichkeit, wird zur Instanz der Unterwerfung und Unterdrückung. Selbstkritik ohne Kritik des Partners endet in Willkür.
Daß Majakowski bewußt mit dieser Dramaturgie der Sprachbemächtigung arbeitet, wird im dritten Akt unmittelbar thematisiert. Es handelt sich bei diesem Theater im Theater nicht nur um eine pointierte Kritik am Niedergang der Agitationskünste. Hier werden vielmehr Merkmale und Funktionen dieser Bemächtigung vorgeführt. Die wirkliche Fortsetzung des Agitationstheaters, wie sie der erste und zweite Akt mit der Demonstration neuer sozialer Typen und der Analyse der Entleerung und Verkehrung ursprünglich revolutionären Verhaltens bietet, wird als unzumutbare Übertreibung verworfen. Dagegen gefallen die im Ritual erstarrten ballettösen Kämpfe zwischen Arbeit und Kapital.
Das Spiel im Spiel erhellt Majakowskis Vorgehen: Es zeigt, wie im Akt der Usurpation die Worte in neue Umgebungen gesetzt, dort neutralisiert werden und dann andere Funktionen bekommen. Damit ging Majakowski viel weiter als ein Jahr zuvor Michail Bulgakow, der in seiner ausgezeichneten Groteske „Die Purpurinsel“ die kitschige Revolutionsspekulation angriff. Das Stück, das die Aufstandsschablone verulkte, indem die Revolution nach Februar- und Oktobermuster auf einer exotischen Insel mit Eingeborenen

vorgeführt wird, worin die zeitgenössische Kritik nicht ganz zu Unrecht eine Parodie auf Tretjakows erfolgreiches Stück „Brülle, China!“ sah, ist, wie der Untertitel sagt, die „Generalprobe eines Dramas des Bürgers Jules Verne im Theater von Gennadi Panfilowitsch mit Musik, Vulkanausbruch und englischen Matrosen“. Der Witz bestand darin, daß Dramatiker und Theaterleiter aus Angst vor dem allmächtigen Zensor Sawwa Lukitsch, der freilich vom Theater wie von der Politik nichts versteht, alles zu tun bereit sind, um nur die Aufführung durchzubringen. Der Gefürchtete findet dann auch eine Unzulänglichkeit: die englischen Matrosen seien ihren Klassenbrüdern nicht rechtzeitig zu Hilfe gekommen. Nichts einfacher als das. Man ändert und rettet das unsägliche Surrogat. Tairow, der das Stück im Dezember 1928 am Kammertheater aufführte, polemisierte damit gegen die prinzipienlose Verknüpfung von Abenteuerschablone à la Jules Verne und Antikolonialismus, von Unbildung und ideologischem Anspruch. Auf Tretjakow traf das nicht zu, wohl aber auf seine Epigonen.
Majakowski ging deshalb weiter als Bulgakow, weil er die politisch-administrativen Ausgangspunkte für die Förderung solcher Surrogate revolutionärer Kunst auf die Bühne brachte. Triumphanschikow, Optimistenko und Iwan Iwanowitsch waren keine beschränkten Theaterzensoren, sondern „verantwortliche Staatsfunktionäre“, wie Triumphanschikow von sich sagt.
Majakowski zeigt, wie die Worte auf zweierlei Art usurpiert werden. Erstens durch ein System von Sprachregelungen. Schon im Gedicht „Künstliche Menschen“ (1926) hatte Majakowski den „Menschen ‚System Bürokrat‘“ als einen beschrieben, der innen anstatt einer Stimme über einen „Apparat zur Geburt einiger Ausdrücke“ verfügt: Havarie im Betrieb, Skandal, Schweinerei – „Müssen wir koordinieren“. Schlendrian im Amt, Warten monatelang – „Keine Aufregung, biegen wir hin“. Kampf brauchts gegen diesen Bürokratismus, aber er – „Schiefgegangen, leider!“.[30] Im „Schwitzbad“ sind vor allem Iwan Iwanowitsch und Optimistenko Meister der Sprachregelung. Mit: „die kleinen Unzulänglichkeiten im Mechanismus“ oder „Ich rede mit Pawel Bartholomäytsch persönlich“ oder „Man muß eine breite Kampagne eröffnen“ erledigt Iwan Iwanowitsch alle Pro-

bleme. In den Dialogen Optimistenkos mit dem Bittsteller und der Bittstellerin im zweiten Akt wird Macht und Sinnentleerung eines Wortes demonstriert.

BITTSTELLER: Ich bitte Sie, Genosse Sekretär, koordinieren Sie, bitte, koordinieren Sie.

OPTIMISTENKO: Das geht zu machen. Koordinieren geht immer. Jede Frage läßt sich koordinieren.

Zweitens durch die Stereotypie des Argumentierens. Die Tiraden der Bürokraten folgen immer einem Muster. Triumphanschikow betont zunächst die Bedeutung seines Amts, äußert sich dann über Errungenschaften und verfängt sich schließlich in einem Kauderwelsch aus unverdauten Losungen und Formeln. Optimistenko „koordiniert" unablässig – aber als „hohe staatliche Institution" nur „große Dinge". Iwan Iwanowitsch zitiert die Autoritäten, spricht souverän von den „Krisen des Wachstums", will ewig einen seiner einflußreichen Bekannten anrufen und gibt sich welterfahren: „Waren Sie schon mal in England? Lauter Engländer!"
Die Funktionen, die die Worte in ihrer neuen Umgebung ausfüllen, sind deutlich Alibi und Abriegelung. Sie dienen der Verbreitung eines Scheins revolutionärer Legitimität und zugleich zur Absicherung gegen die Analyse dieser Alibidienste. Majakowskis „Schwitzbad" untersucht beide Funktionen in der Konfrontation mit der Sprache des Erfinders und der Phosphoreszierenden Frau. Hier herrschen Improvisation, lose Übertreibung im Verein mit Wissen und geistiger Disziplin. Was Seltsamkow von der Leistung seiner Zeitmaschine sagt, bezeichnet ebenso die Denk- und Sprachhaltung des Erfinders und seiner Verbündeten, zu denen auch Polja, Dunkelmarks und Continental gehören. „Sieh her: die Feuerwerksphantasien eines Wells, das futuristische Gehirn Einsteins, die animalischen Schlafgewohnheiten der Bären und Yogis – alles, alles ist in diese Maschine komprimiert, gepreßt und verschmolzen." Jeder macht freilich auf seine Weise davon Gebrauch. Der praktische Fahrradkin übersetzt die Herrschaft über die Zeit in eine Rache an Rednern, deren Gefasel man durch schnellen „Vorlauf" überspringen kann, in Hühnerbrutapparate oder eine Selbstbeförderung zu einem „Altbolschewiken mit

dreihundertjährigem Parteibuch" – wegen der Autorität. Die Phosphoreszierende Frau vom „Institut für Geschichte der Entstehung des Kommunismus" zeigt die Haltung der Forscherin, die sich lebendigen, etwas eigentümlichen Beweisstücken gegenübersieht. Sie rechnet in großen Zeiträumen. Aber alle handeln sie respektlos gegenüber den Formeln der Sprachregelung und die Scheinordnung der Stereotypie. Wie Majakowski Seltsamkow sagen läßt: „In diesem Augenblick bringe ich sämtliche Hellseher, Kartenlegerinnen und Propheten um ihr Brot."

Man muß sich allerdings davor hüten, Majakowskis Korrekturkonzept in dieser „Gegensprache" zu sehen. Sie selber ist nicht ohne Ironie behandelt, die Naivität der Erfinderpartei unterläuft Majakowski nicht, sie ist Absicht.

Die Korrektur steckt im Vorspielen einer generellen Ungesichertheit: Die wirksamen Methoden gesellschaftspolitischer Analyse, wie sie an der Lenin-Sprache untersucht worden waren, sind gegen Perversion nicht gefeit. Hochfliegende Entwürfe verkommen in Großsprecherei. Definition wird Sprachregelung. Analyse endet im Formelgeklapper. Das traf zugleich das linke Kunstkonzept, das von Reflexberechnung, Standardschau, Austreibung aller Art Unübersichtlichkeit der Realität sehr viel gehalten hatte.

April 1976/Juni 1977

1 „Prawda" vom 9. 3. 1930.
2 „Proletarskaja literatura" 1931, Nr. 4, S. 178.
3 M. I. Kalinin, Über die Reinigung des Sowjetapparats, „Iswestija" vom 21. 6. 1929.
4 „Komsomolskaja prawda" vom 22. 3.1930.
5 „Rabotschi i teatr" (Arbeiter und Theater) vom 1. 4. 1930.
6 Siehe besonders den Beschluß des ZK der KPdSU(B) vom 14. 3. 1930. „Über die Bekämpfung der Verzerrungen der Parteilinie in der Kollektivwirtschaftsbewegung". In: Die KPdSU in Resolutionen und Beschlüssen der Parteitage, Konferenzen und Plenen des ZK 1898–1954, Bd. 8. Manuskriptdruck nach der 7. russ. Ausgabe in 3 Teilen. Berlin 1957, S. 72–77.
7 J. W. Stalin, Die rechte Abweichung in der KPdSU. In: Inprekor (= Internationale Pressekorrespondenz) 1930, Nr. 7, S. 134.

8 W. P. Danilow, Die Kollektivierung der Landwirtschaft der UdSSR. In: Sowjetskaja istoritscheskaja enziklopedija (Sowjetische Historische Enzyklopädie). Moskau 1965, Bd. 7, Sp. 486.
9 Sowjetskoje krestjanstwo (Die sowjetische Bauernschaft). Moskau 1970, S. 216f.
10 „Prawda" vom 18. 11. 1929.
11 Inprekor 1929, Nr. 110, S. 2600.
12 Inprekor 1929, Nr. 116, S. 2728.
13 Inprekor 1929, Nr. 114, S. 2689.
14 Danilow, a. a. O., Sp. 489f.
15 Sowjetskoje krestjanstwo, a. a. O.
16 „Literaturnaja gasjeta" vom 31. 3. 1930.
17 „Iswestija" vom 1. und 5. 9. 1929.
18 „Iswestija" vom 13. 6. 1929.
19 S. M. Eisenstein, Schriften III. „Oktober" mit den Notaten zur Verfilmung von Marx' „Kapital", hg. von H. J. Schlegel. München 1975, S. 311.
20 L. J. Brik, Die letzten Monate, In: Vladimir Majakowskij. Memoirs and essays. Editors: B. Jangfeldt / N. A. Nilsson. Stockholm 1975, S. 15f.
21 Majakowski-Museum Moskau.
22 L. J. Brik, a. a. O., S. 21.
23 W. Schklowski, J. Tynjanow u. a.: Sprache und Stil Lenins. Berlin 1970.
24 Wladimir Majakowski, Sämtliche Werke, Bd. 1. Moskau 1955, S. 284.
25 Ebenda, Bd. 4. Moskau 1957, S. 108.
26 Ebenda, Bd. 7. Moskau 1958, S. 227.
27 Ebenda, Bd. 9. Moskau 1958, S. 320.
28 Wladimir Majakowski, Ausgewählte Werke. Gedichte, nachgedichtet von Hugo Huppert. Berlin 1966, S. 356.
29 Wladimir Majakowski, Ausgewählte Werke. Stücke. Berlin 1967, S. 364.
30 Wladimir Majakowski, Sämtliche Werke, Bd. 7. Moskau 1958, S. 203–205.

Welimir Chlebnikow in diesem Augenblick

Für Olsha Sulejmenow

> Chlebnikow weiß nicht, was das ist – ein Zeitgenosse. Er ist Bürger aller Geschichte, des gesamten Systems der Sprache und der Poesie. Irgendein idiotischer Einstein, der nicht begreift, was näher liegt – die Eisenbahnbrücke oder das „Igor-Lied".
> Chlebnikows Poesie ist idiotisch in der direkten, griechischen, nicht der beleidigenden Bedeutung dieses Wortes. Die Zeitgenossen fanden und finden den Mangel an Epochenaffekt, von dem er auch nicht den geringsten Anflug besitzt, unverzeihlich. Wie groß erst ihr Entsetzen, wenn dieser Mensch, der den Gesprächspartner einfach nicht bemerkt, der seine Zeit in nichts aus den Jahrhunderten heraushebt, sich dabei als ungewöhnlich umgänglich erweist und in hohem Maße begabt mit der ganz Puschkinschen Kunst poetischer Causerie.
>
> *Ossip Mandelstam: Sturm und Drang 1923*[1]

Gerät, wer von Chlebnikow spricht, so stark in Erregung? Manchmal sagt er jedenfalls Dinge, die er bisher nicht zu sagen wagte und nie danach wird sagen können.
Noch bevor Mandelstam Chlebnikow „idiotisch" fand, nämlich unkundig der Übereinkünfte, war er Majakowski wie ein „höchstedler Ritter"[2] erschienen – was für ein Wort in seinem Munde! Nur das Entlegene sollte auf den Dichter passen? Meinten die beiden dann wirklich noch denselben Mann?
Sechs, sieben Jahre nach Chlebnikows Tod glaubten einige Erzähler plötzlich, er allein rette die russische Prosa. Möglicherweise hat Juri Tynjanow damit angefangen. In seinem Vorwort zur Chlebnikow-Ausgabe steht 1928 der verführerische Satz: „Der Einfluß seiner klaren Prosa liegt in der Zukunft."[3] Kurz darauf verwies Wsewolod Iwanow nach einem Ausfall gegen Tschechow und dessen „Lehrer Tolstoi", deren Einfluß „schädlich, zersetzend" sei und, wo immer er auftrete, „erbarmungslos bekämpft und unterbunden" wer-

den müsse, auf das Vorbild der Prosa „Chlebnikows, des Physiologen Pawlow, der Lehrbücher für Chemie und Geologie".[4] Juri Olescha bezog sich im Dezember 1929 auf Iwanow, interpretierte ihn aber in seiner Widmung für den Neudruck von Chlebnikows „Tiergarten" (1905)[5] in ganz anderer Richtung. Halluzination sei der Anfang der Dichtung: Welches Entzücken bereite einem doch die „erstaunliche Einfachheit der sogenannten Unverständlichkeit" Chlebnikows: „Den ‚Tiergarten' halte ich für ein Meisterwerk. ‚... ein Schrecken der Hirsch, erblühend zu wuchtigem Stein ...' – eine Akademie für Prosaschreiber. Die proletarischen Schriftsteller rufen ihre Jünger auf, bei den Klassikern zu lernen, bei Turgenjew, Tolstoi.
Lüge! Verderben!!!"[6]
Es muß eine große Verzweiflung gewesen sein, die den Schriftstellern diese dramatischen Reden wider die Klassiker eingab, eine Verzweiflung, gegen die nur das Fernste und Fremde half. Welcher Art mochte diese Verzweiflung sein und welcher Art die Hilfe, die man sich von Chlebnikow erhoffte? Wenn er gar Rettung verhieß, warum wurde sie so eilig in die Zukunft verlegt? Hatte man hier tatsächlich das „riesige allrussische Ritual- und Bilderbuch", aus dem nach Mandelstam Jahrhunderte zu schöpfen sei?[7] War Chlebnikow vielleicht das „Samenkorn des Menschen der Zukunft"[8], wie Artjom Wesjoly glaubte? Gab es aus dem Rausch der Verzweiflung keinen anderen Ausweg als in den Rausch der Prophetie?
Alles weist darauf hin, daß Welimir Chlebnikow in diesem Augenblick die Schlüsselfigur in einem verborgenen Kampfe war, der um die Orientierung der Literatur geführt wurde. Wie war er dazu gekommen?

1

Chlebnikows tiefste Sehnsucht war die Grenze der Zeit, und doch muß ich meine Versuche mit seinem Aufbruch im Raum beginnen. Was Chlebnikow entwarf, war die kühnste Landnahme[9] der russischen Poesie seit Alexander Puschkin. Anfang 1913 schloß er die kleine Schrift über die „Erweiterung der Grenzen der russischen Literatur" unmißverständlich mit dem Satz: „Das Hirn des Landes

darf nicht rein großrussisch sein. Besser, es wäre kontinental."[10]
Die russische Literatur habe sich um riesige Gebiete des Festlandes kaum gekümmert. Polen nennt Chlebnikow als erstes. Dann sei das erstaunliche Leben der tausendjährigen Seerepublik Dubrovnik-Ragusa, des „Slawischen Genua oder Venedig", nicht in die russische Literatur eingeflossen. Das slawische Rügen, die Pomoranen und Polaben fehlten ihr ebenso wie Samo, der erste Führer eines slawischen Großreichs zwischen Böhmen und Kärnten, ein Zeitgenosse Mohammeds – „vielleicht das nördliche Strahlen desselben Wetterleuchtens". Der byzantinische Kaiser Justinian – war er nicht Slawe, gar Russe und hatte Uprawda geheißen? Unempfänglich sei sie für die persischen und mongolischen Strömungen geblieben, obwohl doch die „Mongolo-Finnen" das Land vor den Russen beherrschten. Indien behandele sie geradezu wie einen Naturschutzpark. In den Jahrzehnten zwischen Rjurik und Wladimir oder dann zwischen Iwan dem Schrecklichen und Peter dem Großen habe das russische Volk für die russische Literatur so gut wie nicht existiert. Und weiter: Der Wolgastaat mit dem untergegangenen Bulgar, mit Kasan sei ebenso vergessen wie die alten Wege nach Indien, die Beziehungen zu den Arabern oder das nördliche Biarmia-Reich an den Ufern des Weißen Meeres mit seinen Verbindungen zu Persien und Byzanz. Mit Ausnahme von Nowgorod spielten die russischen Teilfürstentümer für sie keine Rolle, auch die Kosakenstaaten blieben unberücksichtigt, wo doch die Kosaken einen vom Geist des Landes geschaffenen niederen Adel darstellten. Zwar sei der Kaukasus besungen worden, nicht aber der Ural, nicht Sibirien und der Amur mit seinen uralten Orotschen-Sagen von der Herkunft der Menschen. Ausgeklammert auch die großen Schlachten des 14. und 15. Jahrhunderts, die die Geschichte Europas entschieden: auf dem Schnepfenfeld 1380, als Dmitri Donskoj die Tataren schlug; auf dem Amselfeld 1389, als die Osmanen auf dem Balkan siegten; bei Grunwald 1410, als ein polnisch-litauisch-russisches Heer den Deutschen Ritterorden besiegte. Unbemerkt geblieben schließlich das Leben der Juden. Insgesamt gesehen fehle es an Dichtungen, die den Geist des Kontinents und die Seele der besiegten Urein-

wohner aufnähmen und so an den Sieger weiterleiteten wie in Longfellows Indianerepos „The Song of Hiawatha".[11] Wie sich Chlebnikow die Bewältigung dieser Landnahme vorstellte, liest man im Vorwort zu einer Werkausgabe, die sechs Jahre nach der Programmschrift geplant war, aber nicht zustande kam. An drei Dichtungen, dem Stück „Gott der Jungfrauen" (1912), der Montage „Die Kinder des Otters" (1913) und der Prosa „Ka" (1916) erklärt er seinen Versuch, den Raum zu erobern. Aus dem „Gott der Jungfrauen" klinge die slawische Stimme – „das golden Lindene rein slawischen Ursprungs mit den Fäden, die sich von der Wolga bis nach Griechenland ziehen". Aus den „Kindern des Otters" klinge die asiatische Stimme – die Wolga ist hier „der Fluß der Indo-Russen" und Persien der „Winkel der russischen und makedonischen Geraden"; die Sagen der Orotschen vom Amur über den ursprünglich feurigen Zustand der Erde inspirierten Chlebnikow zu dem Plan, ein „gemeinasiatisches Bewußtsein in Liedern zu bauen". Aus „Ka" klinge die afrikanische Stimme – im Gleichklang mit Puschkins „Ägyptischen Nächten", Sehnsucht des nördlichen Schneesturms nach der Glut des Nils: Erzählt werden die Abenteuer eines geflügelten Ka, nach altägyptischem Glauben des Doppelgängers des Menschen nach seinem Tode; im Mittelpunkt steht Amenophis IV., der Mitte des 14. Jahrhunderts vor Christi Geburt als Echnaton für kurze Zeit den Kult der Sonnenscheibe Aton als Staatsreligion durchsetzte – Chlebnikow nennt ihn den „Mohammed Ägyptens".[12] Auf die Spitze getrieben findet man Chlebnikows Denken in Kontinenten und ihren Mythen und Religionen in einem Text von 1919, den er so gern hatte, daß er ihn mehrfach verwandte. Es ist die arkadische Vision einer spielenden, plaudernden, kunstfreudigen Götterrunde:

Dahin, dahin,
Wo Isanagi
„Monogatari" las Perun.
Wo Eros saß auf Shang-tis Knien
Und grau der Schopf auf Gottes kahlem Kopf
Dem Schneeball glich, dem Schnee.
Wo Amor Maa-Ema küßte
Und Ti-en Indra unterhält.

Wo Juno und Cihuacoatl
Correggio betrachten
Und von Murillo schwärmen.
Wo Unkulunkulu und Thor
Kopf in die Hand gestützt
Friedlich Dame spielen
Und wo von Hokusai entflammt Astarte –
Dahin, dahin![13]

Wer sich hier küßt, amüsiert, Dame spielt, an japanischer Prosa („Monogatari") oder europäischer und japanischer Malerei erfreut, das sind die obersten Götter der Japaner (Isanagi), Russen (Perun), Chinesen (Shang-ti, Ti-en), Polynesier (Maa-Ema), Indoarier (Indra), Amazulen (Unkulunkulu) und Skandinavier (Thor) und die Liebes-, Fruchtbarkeits-, Mutterschaftsgötter der Griechen (Juno, Amor, Eros), der Azteken (Cihuacoatl) und der Phönizier (Astarte).
Reizt schon das Unfeierliche, Lockere, ja Lose des Umgangs der gemischten Gesellschaft, so wird man die drastische Variante in der kleinen Szene „Die Götter" (1921), der unser Text als Motto dient, in vollen Zügen genießen. Chlebnikow zeigt die Götter verliebt in die Tücken ihrer Stofflichkeit: Unkulunkulu, der Holzklotz, lauscht dem Kratzen des Holzwurms in seinem Innern. Juno feilt ihre marmornen Zehennägel. Cihuacoatl fängt gedankenschwer eine Mükkenlarve, die auf einer Wasserlache in seinem ausgehöhlten Kopf schwimmt usw.[14]
Chlebnikow, der Eroberer? Die wenigen Andeutungen mögen genügen, um ahnen zu lassen, daß es sich hier um den Akt eines Lebensgewinns handelt, der in seinem Übermut und seiner Unheimlichkeit seinesgleichen sucht. Die unternehmende Seele des Dichters zog alles an sich heran, was ihr zur Ausforschung und zum Ausbau dienlich schien. Wer sich durch die Reihen der aufgerufenen Gestalten von Amenophis IV. über Marx, Mazdak und Mohammed bis Zarathustra zu schlagen versucht, wird es bestätigt finden: kein Archäologe noch Antiquitätensammler ist da am Werk, kein Präparator, kein Panoptikumserklärer. Chlebnikow bringt die Religionsstifter, Feldherren, Rebellen und Gelehrten aus vier Jahrtausenden ebenso unvermittelt und re-

spektlos zusammen, wie er die Götter aller Himmel versammelte: ihre Spiele und Geplänkel sind nicht weniger vertraut und ausgelassen, und ihr Gelächter erschüttert die Mauern zwischen den Epochen nicht weniger als zwischen den literarischen Gattungen.

Welche Schwierigkeiten es ihm bereitete, die andrängenden Gestalten alle zu beherbergen, hat Chlebnikow unumwunden eingestanden: „Ich stellte mir die Frage, ob es nicht Zeit sei, euch eine Skizze meiner Arbeiten zu geben, deren Verschiedenartigkeit und Verstreutheit mich manchmal erschöpft. Wenn die Seelen der großen Toten, so dachte ich, verurteilt wären, voller Sehnsucht durch diese Welt zu wandern, so müssen sie, müde von der Erbärmlichkeit anderer Menschen, sich die Seele eines Menschen als Insel wählen, um auszuruhen und sich in sie zu verwandeln. Auf diese Weise kann die Seele eines Menschen eine ganze Versammlung großer Schatten aufnehmen. Wenn aber die Insel über den Wellen etwas zu klein ist, mag es nicht erstaunen, wenn da von Zeit zu Zeit einer der Unsterblichen wieder ins Wasser gestoßen wird. Ein ewiger Wechsel in der Gesellschaft der Großen."[15]

Man lasse sich durch den Ton nicht täuschen, in dem sich hier der Eroberer als der Eroberte gibt. Chlebnikow war sehr wohl darauf aus, die irrenden Schatten aufzunehmen, und tat alles, damit ihre Wahl auf ihn fiel. Er nutzte vor allem die Gunst seiner Geburt, um ihrer so reichlich habhaft zu werden wie irgend möglich.

Wie viele seiner späteren Futuristen-Freunde war Chlebnikow in einem südlichen Grenzland geboren, das allein in historisch belegter Zeit der Schauplatz eines mehrere tausend Jahre währenden Zusammenstoßes und Austauschs iranischer, hellenistischer, buddhistischer, islamischer Kultur war. Sein Geburtsort lag unweit von Astrachan am Nordrand der Kalmykensteppe, auf dem ausgetrockneten ehemaligen Grund des Kaspischen Meeres, des „Meers der vierzig Namen"[16], wie Chlebnikow immer hervorhob. In dieser Steppe wohnten die Nachkommen des um 1630 eingetroffenen Westzweigs der Mongolen, die von den Mohammedanern und christlichen Russen Kalmyken genannt worden waren und schließlich diesen Namen angenommen hatten. Der Treffpunkt von Wolga und Kaspischem Meer

und die Gegend zwischen Wolga und Don, im Verstande der Alten die Grenze zwischen Europa und Asien, war seine Heimat; hier sei im Lauf der Jahrhunderte viele Male das Schicksal der Russen entschieden worden. Übrigens waren auch die anderen Landschaften seiner Kindheit und Jugend Grenzgebiete: im Westen Polen, im Osten Simbirsk, Kasan.
In seinen Adern fließe armenisches und Saporoger Blut. Die Saparoger Kosaken hätten ihre Außerordentlichkeit bewiesen, indem sie unter ihren Abkömmlingen die Naturforscher Prshewalski, Miklucho-Maklai und andere Landsucher vorweisen könnten. Naturforscher, wie sein Vater, der Ornithologe, einer war und als der er selber begann.[17]
1918, in der Zeit der maximalistischen Entwürfe, setzte Chlebnikow dann Astrachan als den möglichen Angriffspunkt für ein neues Festlandbild und entsprechendes Kontinentalkonzept: „Ich denke mir, daß an der Wolgamündung die mächtigen Wellen Rußlands, Chinas, Indiens sich begegnen und daß hier der Tempel zum Studium der menschlichen Rassen und Erbgesetze gebaut wird, um durch die Kreuzung der Stämme eine neue Menschenrasse künftiger Asiensiedler zu begründen; die indische Literatur studierend, wird man sich daran erinnern, daß Astrachan das Fenster nach Indien ist."[18]
Nur wer die Sprache des geistigen Maximalismus mißversteht, wird das für die Phantasien eines Eugenikers halten. In Wahrheit handelte es sich um Chlebnikows Versuch, den geschichtlichen Kode Astrachans zu entschlüsseln. Was er hier in die Zukunft projizierte, war längst im Gange gewesen. Viele Großreiche der Vergangenheit hatten das Kaspische Meer und die Gegend um Astrachan berührt oder sogar zum Grenzland gehabt: von Norden die Reiche der Skythen, Hunnen, Awaren, Chasaren, die in der Gegend des heutigen Astrachan ihre Hauptstadt Itil hatten, der Mongolen und Russen; und von Süden die Reiche der Perser, Griechen, Araber und mehrerer Turkvölker. So weit entfernt war Susa nicht, Darius' ehemalige Residenz, wo nach dem zehnjährigen Feldzug Alexanders des Großen 324 vor Christi Geburt die berühmte „Massenhochzeit" zwischen makedonischen Adligen und vornehmen Perserinnen stattfand. Und als der Herrscher der Chasaren 730 zum mo-

saischen Glauben übertrat, war der Weg in das russische Reich um Kiew frei; viel hat nicht gefehlt, und der Anschluß Kiews an Byzanz wäre nicht erfolgt.
Die „Kreuzung der Stämme“ sah Chlebnikow im Vorfeld jenes Lebenslaufs, den er auszufüllen, zu gewinnen, zu erobern aufgebrochen war. Daß sein vom schulmedizinischen Durchschnitt hochgradig abweichendes Weltempfinden, Identifikations- und Assoziationsvermögen, wie sein Arzt es ihm 1919 bescheinigte,[19] die Empfänglichkeit für den Geist des Ortes ins Magische und Seherische trieb, las ich nach alldem ohne Überraschung. Wie anders sollte die eurasische Biographie geschrieben werden, wenn nicht unter Aufbietung des alten Priesterwissens vom Zusammenhang der geistigen, körperlichen und seelischen Kräfte des Menschen und mit dem Einsatz der vergessenen größeren Nähe zwischen Mensch und Tier, Mensch und Meer, Mensch und Stein.

2

Die kontinentale Biographie – wie sah sie aus? Als Beispiel höre man aus den „Kindern des Otters“ die „asiatische Stimme“.[20] Chlebnikow nennt die zwischen 1911 und 1913 entstandenen sechs Teile der Dichtung „Segel“: auf den „Wellen des Wortes“, erläutert er, treiben sie die Gedanken. Schauplatz der Montage aus Gedicht, Szene und Prosastück sind die Küsten des Kontinents: im Osten die Mündung des Amur, im Süden das Kaspische Meer, westlich das Schwarze Meer und das Mittelmeer.
Das erste „Segel“ treibt eine Kosmogonie: Der Sohn des Otters, ein geflügelter Geist mit Mongolenaugen, schießt mit schwarzem Speer die rote und die schwarze Sonne ab, zurück bleibt die weiße, der Himmel wird blau, das Meer grün, aus dem Boden quillt nun statt Lava Wasser. Aus dem Meer taucht die Magna Mater auf, ein Fischotter mit Fisch im Maul, und betrachtet sinnend ihre Werke. Die nun bewohnbare Erde bringt auch gleich Wesen hervor. Man hört den Todesschrei eines Schwans, das Grunzen eines Nashorns. Ein Naturforscher erscheint, den die Tochter des Otters hänselt, indem sie ihm Wasser in den Kragen gießt. Auf einem Delphin kommt einer mit dem Saitenspiel übers

Meer geritten – der Sänger Arion? Und nachdem der Heizer eines Fahrzeugs Sohn und Tochter des Otters feine Sachen gebracht und sie davongefahren hat, bleibt ein Kentaur zurück, der gedankenverloren eine Fliege von der Kruppe fängt – vielleicht der erfinderische Chiron selbst, Achills und vieler anderer Heroen Lehrer, der für Prometheus seine Unsterblichkeit hingab. Die Kinder des Otters treffen wir gleich darauf im Theater wieder, wo sie eine Mammutjagd verfolgen.

Bühne auf der Bühne auch im zweiten „Segel". Noch Wasserspritzer auf dem Gesicht, sehen die Kinder des Otters Achill mit seiner Geliebten, der schönen Sklavin Briseis, und den Handel um das Schicksal des Heroen auf dem Olymp, der sich jedoch bald in den Kahlen Berg verwandelt, den Hexentanzplatz der slawischen Mythologie.

Das dritte „Segel" treibt eine neue Verwandlung des Sohns des Otters. Als ein neuer Alexander der Große rettet er die Königin von Gerdai, einem Land am Westufer des Kaspischen Meeres, das von Warägern und Nowgoroder Flußpiraten – die auf der Wolga nach Süden vordrangen – erobert worden war.

Das vierte „Segel" – „Der Tod Paliwodas". Ein Prosastück. Erzählt wird das Schicksal eines Saporoger Kosaken, der im Kampf gegen die Krim-Tataren für das Heilige Rußland fiel.

Das fünfte „Segel" – „Eine Schiffsreise". Sie beginnt mit einem Gespräch zwischen einem weisen Alten und einem Jüngling an Deck eines von der Terekmündung her das Kaspische Meer kreuzenden Dampfers. Die beiden erörtern den möglichen Sieg über das Wüten der Naturgewalten und Kriege. „Wer sind wir?" fragt der Alte: „Keiner weiß es. Heiliges Ich, Werkzeug oder Ding." Ehe das Schiff in einer überraschenden Katastrophe sinkt, die nur die Kinder des Otters als die Geschöpfe mehrerer Elemente überleben, rettet die Tochter des Otters in einem Zwischenstück den in den Felsen gewachsenen Prometheus aus seinem kaukasischen Martyrium.

Das sechste „Segel" – „Die Seele des Sohns des Otters". Die Insel des „erhabenen Sternengeists" Chlebnikow, auf die sich die heimatlosen Geister aus dem „Meer der Erbärmlichkeit" retten, unter ihnen die Helden des Zweiten Punischen

Krieges Hannibal und Scipio, der Großfürst von Kiew Swjatoslaw, der die Chasaren und Wolgabulgaren besiegte, Stepan Rasin und Pugatschow, Jan Hus, Kopernikus und Lomonossow. Von einer „Stimme aus dem Innern der Seele“ werden sie begrüßt: „Helft mir. Seht ihr, wie ich darbe?“

In den „Kindern des Otters“ versuchte Chlebnikow zum erstenmal die Montage aller Gattungen, die dann besonders in „Der Krieg in der Falle“ und „Sangesi“ weiter erprobt wurde. Die Herausgeber der „Unveröffentlichten Werke“ Chlebnikows, Nikolai Chardshiew und T. Griz, haben 1940 darauf hingewiesen, daß der Dichter 1917 die Komposition ändern wollte: vor den „Tod Paliwodas“ sollte der „Gott der Jungfrauen“ gestellt werden (die „slawische Stimme“) und vor die „Seele des Sohns des Otters“ die Erzählung „Ka“ (die „afrikanische Stimme“). Der „Schiffsreise“ sollte eine „galizische Sache“ angefügt werden und dem „Tod Paliwodas“ der „Auszug des toten Sohns aus dem Hügelgrab“. Auch sollte Uprawda-Justinian im sechsten „Segel“ seinen Part erhalten.[21] Diese Ausweitung lag zweifellos auf dem Weg zu jenem globalen Menschheitstheater, das Chlebnikow vorschwebte und wofür er die Geschichtsgesetze, eine Gattungsstruktur und eine angemessene Weltsprache suchte: 1921 schrieb er an Majakowski, er gedenke eine Sache zu schreiben, an der alle 3 Milliarden Menschen teilnehmen könnten.[22]

Unter den Großformen sind die „Kinder des Otters“ die Dichtung, die die Gunst der Geburt für die Gewinnung des Kontinentalbewußtseins am sichtbarsten durchscheinen lassen. Der Dichter war unter Kalmyken geboren – „sein zweites Ich – ein Mongolenknabe, der über das Schicksal seines Volkes nachdenkt“[23]. Er hatte den Schwanz eines Fischotters gegessen – „eine bekannte Delikatesse. Man brachte das Tier, erdverkrustet, mit schwarzem, angetrocknetem Blut bedeckt, und unter Apfelbäumen, die damals gerade in Blüte standen, briet man seinen mit vereinzelten Haaren überzogenen Schwanz.“ Schwimmen war Chlebnikows Liebe – „Habe die Bucht von Sudak (3 Werst) und die Wolga bei Jepatjewsk durchschwommen“[24]. Die Freiheit war für ihn eine „Tochter des Meeres“[25]. Als Chlebnikow auf die Mythen der tungusisch-mandschurischen Orotschen vom Amur stieß,[26] muß der Funke sofort übergesprungen

sein: Die magischen Kräfte des Otters erlaubten die Struktur eines akausalen Gestalt- und Szenenwechsels. Bei den Orotschen kann siedendes Wasser einem Otter nichts anhaben. Die Chinesen kennen die Verwandlung des Otters in einen Menschen, Iren und Eskimos die Verwandlung eines Menschen in einen Otter, der Buddhismus die Reinkarnation eines Menschen als Otter. Der Otter als Helfer des Menschen, der ihn mit Fisch und Brennholz versorgt, der Otter als Wassergeist usw. So wurde es möglich, die Besonderheiten der Geburt ganz aufgehen zu lassen in einer überpersönlichen, kontinentalen Biographie.
Überschaubar, angeeignet, vertraut erscheint der Kontinent, weil er durchquerbar, umschiffbar, überfliegbar ist – auf magische wie auf natürliche Weise. Der Sohn des Otters fliegt über der glühenden Erde. Als Alexander kommt er aus den Wolken herab, um Unrecht zu rächen. Paliwodas Seele steigt gen Himmel. Ein Schiff quert das Kaspische Meer. Hannibal und Scipio agieren rund um das Mittelmeer. Olymp, Kahler Berg und Kaukasus sind wie Wolga, Nil und Amur leicht zu erreichen. „Der Sohn des Otters denkt an ein Indien an der Wolga; er sagt: ‚Jetzt stemme ich mich mit den Fersen in die Mongolische Welt und berühre mit der Hand die steinernen Locken Indiens.'"[27] Durchquert, umschifft, überflogen und überspannt wird der Kontinent zur Insel, zum Felsen in der Brandung, zu „Chlebnikow". Die Landnahme erweist sich als die geistige Einung der Menschheit, die, da sie schließlich eine Sprache sprechen wird, die ganze Welt als das „Eine Buch" erlebt und liest:

Ich sah, wie die schwarzen Veden,
wie Koran und Evangelium
und die in Seide gebundenen
Bücher der Mongolen
hingingen und
aus dem Staub der Steppen,
aus duftendem Trockenmist
– nach Art der Kalmykenfrauen
bei Tagesanbruch –
einen Scheiterhaufen errichteten
und sich drauflegten, zuhöchst.

Weiße Witwen hüllten sich ein in Rauchgewölk,
auf daß beschleunigt sei die Heraufkunft
des Einen Buches,
des Buchs mit den Seiten, die größer sind als
das Meer,
die da beben mit Blaufalterflügeln,
des Buchs mit dem Seidenfaden
als Lesezeichen an
der Stelle, wo
der Blick des Lesenden stehenblieb.

Es kommen die Flüsse, es kommen die großen
geströmt, eine tiefblaue Flut:
die Wolga, wo nachts die Lieder von Rasin
erklingen,
der gelbe Nil, wo sie beten zur Sonne,
der Jangtsekiang mit der dicken Jauche von Volk,
und du, Mississippi mit deinen Yankees,
die sich den Sternenhimmel an die Hosen nähn,
die ihre Beine in Himmelstuch wickeln,
und Ganges, du,
mit deinen dunklen Menschen – den Geist-Bäumen,
und die Donau, wo weiß im Weiß
Weißhemdige stehn überm Wasser,
und der Sambesi, wo die Menschen schwärzer sind
als der schwärzeste Stiefel,
und der stürmische Ob, wo sie den Götzen geißeln
und mit den Augen zur Wand stellen,
wenn Fettes gegessen wird,
und die Themse mit ihrem Grauspleen.

Das Geschlecht der Menschen ist dieses Buches
Leser.
Auf dem Umschlag, geschrieben
von des Schöpfers Hand:
mein Name, in hellblauen Lettern.
Jaja, du bist nicht achtsam beim Lesen –
sieh näher hin, schärfer,
zerstreut, das bist du, du liest mit Tagedieb-Augen.
Gleichwie
Lektionen in Gottes Gesetz

sind diese Gebirgsketten, diese
riesigen Meere.
Das Eine Buch:
bald liest du's, bald.
In diesen Seiten schnellt der Wal,
der Adler umsegelt das Eckblatt und kommt
niedergeschwebt auf die Wellen des Meers, auf die
Brüste der Meere
um auszuruhn auf des Seeadlers Bettstatt.[28]

Man wird sich noch lange damit vergnügen können, die kostbaren Mischungen zu probieren und die Spuren des Totemismus, der Seelenlehren der Inder, Ägypter und Griechen, der großen Religionen, der Zahlenmystiken, der alten Epen und Heldenlieder, der modernen Wissenschaften Darwins, Marx' und Einsteins zu genießen, eins aber sollten wir in diesem Augenblick sagen: Chlebnikow hat in diesem Jahrhundert den entschlossensten Anlauf zu einer weltgeschichtlichen Daseinsweise unternommen und den Weg des Eroberers eingeschlagen, den Arthur Rimbaud wenige Jahrzehnte zuvor gewiesen hatte: „Das erste Studium des Menschen, der ein Dichter sein will", schrieb der Franzose am 15. Mai 1871, „geht auf seine vollständige Erkenntnis des Eigenen aus. Er sucht seine Seele, mustert sie, stellt sie auf die Probe, lernt sie. Sobald er sie erkannt, muß er sie ausbauen [...] Der Dichter macht sich zum *Seher* durch eine lange, unermeßliche und durchdachte *Entgrenzung sämtlicher Sinne*. Alle Formen der Liebe, des Leidens, des Wahnsinns; er sucht selbst und erschöpft in sich alle Gifte, um nur ihre Quintessenzen zu behalten [...] Der Dichter ist wirklich einer, der das Feuer stiehlt. Er ist Beauftragter der Menschheit, selbst der *Tiere*; er muß seine Erfindungen fühlbar, griffbar, hörbar machen; wenn das, was er von *da unten* mitbringt, Form hat, gibt er ihm Form; wenn es unförmig ist, gibt er ihm Unförmigkeit."[29]

3

Die Kämpfe, die um einen Eroberer von dieser Entschlossenheit entbrennen, werden in der ersten Zeit nicht an der Oberfläche ausgetragen. Mit abergläubischer Furcht weicht die Kritik den unverblümten Fragen nach den Grundlagen der Poesie und den rigorosen Umbenennungen vertraut geglaubter Sachverhalte aus. Die Kündigung der Übereinkünfte toleriert sie bestenfalls als Tagträume, Spiele eines Kindes, Clownerie, erlesene Großsprecherei, Donquichotterie.

Obwohl von 1928 bis 1933 zwei Chlebnikow-Ausgaben erschienen[30] – ein künstlerisches Ereignis, das seinem literarischen Rang und philosophischen Anspruch nach alles Vergleichbare jener Zeit übertraf –, hat Chlebnikow in den Vordergrunddebatten der ausgehenden zwanziger und beginnenden dreißiger Jahre keine Rolle gespielt. Weder 1930 auf der Charkower Welt-Konferenz der proletarischen und revolutionären Schriftsteller noch 1932 auf dem Ersten Plenum des Organisationskomitees für den neuen sowjetischen Schriftstellerverband, noch 1934 auf dem Ersten Allunionskongreß der sowjetischen Schriftsteller ist Chlebnikow ausführlich gewürdigt worden. Dmitri Petrowskis Versuch, ihn auf dem Kongreß 1934 als den revolutionären Erneuerer der russischen Poesie ins Gespräch zu bringen, gar mit einem Paradox Viktor Schklowskis, und Nikolai Bucharin, der das Hauptreferat über die sowjetische Poesie gehalten hatte, ein Wort über den geliebten Lehrer abzulokken, blieb ohne Erfolg.[31] Und wenn einer meint, diese Veranstaltungen seien zu sehr mit administrativen Fragen befaßt gewesen, als daß sie auf spezielle poetologische Gegenstände hätten eingehen können, so muß ich den enttäuschen: auch in der Sammlung „Wie wir schreiben", in dem 1930 achtzehn Schriftsteller auf 216 Seiten Auskunft über die „Technologie literarischer Meisterschaft" gaben, war Chlebnikow nur ein einziges Mal aufgetaucht.[32]

War er tatsächlich schon in die Hände der Philologen gefallen, wie Leo Trotzki das für einzig angemessen gehalten hatte?[33] Ich würde sagen, leider noch nicht. Heute weiß jeder, daß Chlebnikow nichts Besseres hätte widerfahren können. Denn der erste Philologe, der sich des Dichters wirklich annahm, war Roman Jakobson, dessen siebzigseitiges Buch vom Mai 1919 „Die neueste russische Poesie"[34] am Beginn einer souveränen Chlebnikow-Lektüre stand, wie sie dann über Vinokur, Tynjanow, Brik, Trenin, Chardshiew, Eichenbaum und Gofman[35] bis zu den heutigen sowjetischen Semiotikern betrieben wurde.[36]

Doch zunächst blieb Jakobson die Ausnahme. Ehe nämlich im Vor- und Umfeld des seit 1933 von Nikolai Chardshiew vorbereiteten Bandes der „Unveröffentlichten Werke“ Chlebnikows die philologischen Bemühungen (besonders auch um die authentische Textgestalt) wieder aufgenommen wurden, kam es zu einer höchst bedenklichen Verschiebung in der Sicht auf den Dichter. Erörtert wurde nicht mehr, auf welch besondere Weise Chlebnikow den Vers zur Welt gemacht hatte, sondern ob einige Wünsche, die er an die technischen Revolutionen geknüpft hatte, in Erfüllung gegangen seien. Je skeptischer sich seine Gegner zeigten, desto hitziger wurden einige seiner Freunde. 1936, kurz nach dem fünfzigsten Geburtstag des Dichters, war der Höhepunkt erreicht.
Gegenüber standen sich Nikolai Assejew und Alexej Seliwanowski. Ein Dichter, der einst als der nächste Schüler Chlebnikows gegolten hatte, und ein Kritiker, der als ehemals führender Vertreter der 1932 aufgelösten Russischen Assoziation proletarischer Schriftsteller (RAPP) eine Geschichte der sowjetischen Poesie in Angriff genommen hatte. Der Waffengang entbehrte nicht der Komik, denn die da gegeneinander redeten, waren beide Epigonen, jeder auf seine Weise unmaßgeblich. Assejew hatte schon zum zehnten Todestag 1932 gemeinsam mit Alexej Krutschonych in einem Artikel für die „Literaturzeitung“ zu zeigen versucht, daß Chlebnikow jetzt „Besitz breiter Leserkreise“ sei und seine „Utopie zum Alltag“ werde.[37] Nun lag dieses Konzept seinem großen Aufsatz mit dem verräterischen Titel „Welimir“ zugrunde, der in der Balzac-Nummer der Zeitschrift von Michail Lifschitz und Georg Lukács „Der Literaturkritiker“ 1936 erschien: „Sonderbar und unnütz“, schrieb Assejew, „war er in der Weise wie Mitschurin und Ziolkowski mit ihren ‚phantastischen‘ Träumen von den interplanetaren Flügen und den in Sibirien gedeihenden Mandarinen.“[38]
In seiner Antwort „Die Segnungen bürgerlicher Kultur“, die zur Zeit des Minsker Lyrik-Plenums des Sowjetischen Schriftstellerverbandes gedruckt wurde, blieb Seliwanowski seinem Herausforderer nichts schuldig. Nur gut, hieß es da einleitend, daß die Architekten den Hirngespinsten einer Glasarchitektur, wie sie Assejew lang aus Chlebnikows Text

„Wir und die Häuser" vorgebracht hatte, nicht gefolgt seien; die Arbeiter von Gorlowka und Makejewka würden sich bedanken. Wer so etwas verteidige, rufe nach „formalistischem Konstruktivismus, expressionistisch-jazziger Musik, ‚linker' kubistisch-rationalistischer Malerei". Warnende Beispiele seien der Komponist Dmitri Schostakowitsch und der Maler Artur Fonwisin. Das sei auch der Grund, warum „der Meyerhold von heute sich nicht vom ‚Meyerholdismus' trenne, dessen Wiederkehr ebenso *ästhetisch reaktionär*" wäre wie eine „Rückkehr der sowjetischen Poesie zu Chlebnikow"[39].

Die Verkehrung war geglückt. Chlebnikows visionäre Weltaneignung, sein permanentes Laboratorium wurde als Gesellschafts-, mindestens aber als Kunst-Programm verkannt, hier gepriesen, da verteufelt. Ausgerechnet Chlebnikow mußte das passieren, der seine verdutzten Hörer einst mit diesen Offenbarungen hatte „auf verfeinerte Weise foltern" können: „Den Marxisten habe ich mitgeteilt, ich sei Marx im Quadrat, und denen, die Mohammed bevorzugen, ich sei die Fortsetzung der Lehre Mohammeds, der verstummt ist und das Wort durch die Zahl ersetzt hat [...] Das ist der Grund, warum alle diejenigen, deren Ehrgeiz nicht weiter reicht als bis zum Empfang von Stiefeln als Belohnung für gutes Betragen und loyales Denken, auseinandergestoben sind und erschrocken auf mich blicken."[40]

Mit der Verkennung der Vision als Programm hatte man sich, versessen auf eine sozialpädagogische Literatur, um die eigentliche soziale Leistung der Poesie Chlebnikows gebracht – den Eigenwert und die innere Logik des Kunstwerks. Kein anderer als ein Philologe hatte das im gleichen Jahr genau formuliert – Roman Jakobson. In seinen „Randbemerkungen zur Prosa des Dichters Pasternak" kommt er auf die Beziehungen zwischen dem Lyriker Pasternak und dem Epiker Chlebnikow zu sprechen und schreibt:

„Pasternak gesteht, daß Chlebnikows Errungenschaften für ihn in bedeutendem Maße auch heute unzugänglich seien, und erklärt zu seiner Rechtfertigung: ‚Die Dichtung meiner Auffassung verläuft immerhin in der Geschichte und in der Zusammenarbeit mit dem wirklichen Leben.' Dieser Vorwurf, er habe sich vom wirklichen Leben losgerissen, wäre sicher für Chlebnikow eine Überraschung gewesen: hatte er doch sein Schaffen als Bejahung der Wirklichkeit betrachtet, was der verneinenden Literatur der vorhergehenden Generationen fremd war. Chlebnikows Zeichenwelt ist derart voll verwirklicht, daß ihm jedes Zeichen, jedes geschaffene Wort mit einer vollen selbständigen Realität ausgestattet ist, und die Frage nach seinem Bezug zu irgendeinem außenliegenden Gegenstand, ja die Frage der Existenz eines solchen Gegenstandes wird vollkommen überflüssig."[41]

4

In Wirklichkeit eröffnete Chlebnikows Montage eines eurasischen Lebenslaufs die Aussicht auf einen Diskurs, dessen universale Verfügbarkeit jedes milieukritische oder sozialpädagogische Zweckdenken beschämen mußte. Spielend beherrschte er die Zeitverschiebungen und Ungleichzeitigkeiten historischer Prozesse und konnte in leichtem Gesprächston – ein verschmitzter Causeur – fröhlich sein Kontinentalleben als die Landschaft seiner Seele bauen.
Genau das war die frohe Botschaft: Die unerhörten, unübersichtlichen Umwälzungen in den Jahrtausenden auf sich beziehend, hatte Chlebnikow Formen entdeckt oder wiedergefunden, die eine unvergleichlich tiefere Betroffenheit durch viele Epochen erzeugten als jener „Epochenaffekt", den sich mancher bei russischen und französischen Romanciers des 19. Jahrhunderts einfach ausgeliehen hatte. Diese tiefere Betroffenheit war nicht zur Sprache zu bringen, wenn man seine Herkunft leugnete, seine Wurzeln ausriß, das Gelernte vergaß, wie es eine utilitaristische Ästhetik empfahl, die nur mit einzelnen Momenten einer kurzen Industrialisierungsphase rechnete. Gegen den wahnwitzigen, die Kreativität tödlich treffenden Umbau des Künstlers war mit Chlebnikow der exzessive Ausbau seiner Seele zu setzen – Versuchung, Probe, Traum, Erinnerung bis in die Mythen, „Entgrenzung aller Sinne". Der Zorn gegen Tolstoi, Turgenjew oder Tschechow galt dabei nie den Meistern selber – denn die hatten ihrerseits nichts anderes getan –, sondern immer nur ihren Epigonen und Kanonisatoren.
Diese Chlebnikow-Orientierung erfolgte freilich so sehr im

verborgenen, daß selbst Dichtungen, die genetisch deutlich auf den Eroberer zurückgingen, nicht mehr mit ihm in Zusammenhang gebracht wurden. Auch waren die Bücher einander so unähnlich, daß niemand sie auf einem Wege sah. Als erste seien drei genannt, die Chlebnikows eurasische Wunschbiographie der Russen aufnahmen. Ich meine Juri Tynjanows Gribojedow-Roman „Der Tod des Wesir-Muchtar" (1929), Sergej Tretjakows Bio-Interview „Deng Schi Chua" (1930) und Artjom Wesjolys Jermak-Roman „Tanze, Wolga" (1932): der russisch-persische Frieden von 1828, Rußland und die chinesische Revolution zwischen 1911 und 1927 und die Eroberung Sibiriens Ende des 16. Jahrhunderts. Diplomat, Revolutionär, Eroberer. Daß alle drei ihr russisch-asiatisches Grenzgebiet nicht als ein europafernes Exotikum behandelten, sondern, wie Tretjakow das nach den Befragungen seines Gewährsmanns Deng mitteilte, mit der Kenntnis eines „Untersuchungsrichters, Vertrauensmanns, Interviewers, Gesprächspartners und Psychoanalytikers", ist selbstverständlich. Ausschlaggebend wurde etwas anderes: die tief verborgene chlebnikowsche Anverwandlung des Lebens der Schriftsteller an ihre so dokumentarisch makellos erzählten Figuren. Tretjakow sprach sogar von einem autobiographischen „Oberton über den Zeilen"[42] dieses chinesischen Lebens.
Wurden hier die eurasischen Vorgeschichten moderner Lebensläufe unmittelbar erforscht, so fixierte eine zweite Gruppe von Büchern diese Lebensläufe unmittelbar. Um den Chlebnikow-Bezug deutlich zu machen, muß ich an einen beschwörenden Rat erinnern, den viele aus dem Munde des Dichters vernahmen. In Briefen von 1914 und zuletzt im Vorwort zur fehlgeschlagenen Ausgabe seiner Dichtungen, eingangs schon zitiert, beklagte er die „geistige Armut an Wissen über den inneren Himmel" des einzelnen: „Ich beschwöre die Künstler der Zukunft, genau über ihren Geist Tagebuch zu führen, sich wie den Himmel zu betrachten und genaue Aufzeichnungen über den Auf- und Untergang der Sterne des eigenen Geistes anzulegen. In diesem Bereich besitzt die Menschheit nur das eine Tagebuch der Maria Baschkirzewa – mehr nicht."[43] Diese Auszüge aus dem 6000 Seiten starken Tagebuch einer früh verstorbenen Malerin, in dem sie zwölf Jahre lang (1873–1884)

all ihre Begierden und Enttäuschungen, allen Jubel und allen Jammer, alle Trivialitäten ihres Lebens aufgezeichnet hatte – wie sie im vorsorglich hinterlassenen Vorwort schrieb, durchaus für die Nachwelt zur Lektüre, und sei es „für Naturforscher" –, bewegte um die Jahrhundertwende die Gemüter, und Chlebnikow glaubte, daraus eine genau bestimmbare Folge von „Ereignis und Gegenereignis"[44] im Leben eines Menschen herauslesen zu können. Sein eigenes Tagebuch führte und analysierte er auf diese Weise. Es erschien aus dem Nachlaß 1929 als elfte Folge des „Unveröffentlichten Chlebnikow".[45]

Der Beschwörung Chlebnikows, genau über seinen „Geist Tagebuch zu führen", verdankt die sowjetische Literatur einige ihrer überraschendsten Bücher: Juri Oleschas „Kein Tag ohne Zeile", Juri Tynjanows „Erzählungen, die keine Erzählungen sein wollten", Michail Soschtschenkos „Schlüssel des Glücks". Olescha notierte am 5. Mai 1930, ein halbes Jahr nach seiner leidenschaftlichen Widmung für Chlebnikow,[46] in sein Tagebuch: „Man muß ehrlich Tag für Tag den wahren Inhalt des Erlebten ohne Philosophieren aufschreiben, wenn es gelingt – auch mit Philosophieren. Alle sollen Tagebücher schreiben: Angestellte, Arbeiter, Schriftsteller, Ungebildete, Männer, Frauen, Kinder – ein Schatz für die Zukunft!"[47] Tynjanow begann sein Buch etwa um die gleiche Zeit, als er die „Fünfunddreißig überschritten" hatte, ein Buch der Selbstbeobachtung im Moment der Krankheit – Herkunft, die Stadt seiner Kindheit, Lektüre, die Bedrohungen des Augenblicks, Auskünfte zur Geschichte.[48] Auch Soschtschenko begann sein Buch der seelischen Selbstheilung kurz nach 1930, ein analytisches Erinnern, das aus der Ungewißheit über frühe Erlebnisse befreite.[49]

Zu den Büchern, die um 1930 die verborgene Chlebnikow-Orientierung aufnahmen, gehören aber auch zwei Romane, deren Verfasser den neuen Standard sowjetischer Literatur seit den dreißiger Jahren entscheidend mitbestimmten: Andrej Platonows Kollektivierungsroman „Die Baugrube", Dezember 1929 bis April 1930 geschrieben, und Michail Bulgakows „Meister und Margerita", das 1928 bis 1929 in einer frühen Version entstand und noch „Der Konsultant mit dem Pferdefuß" hieß. „Die Baugrube" bezeichnet den Übergang zu Platonows eurasischen Geschichten der dreißiger Jahre. Bulgakows Arbeit an „Meister und Margerita" bezeichnet seinen Weg zur epischen Konfrontation der Epochen.

Das im einzelnen zu besprechen, muß freilich weiteren Versuchen vorbehalten bleiben. Denn nun wäre es an der Zeit, Chlebnikows Sprachauffassung zu zeigen und den Zusammenhang seiner „neuen Sehweise"[50] mit Theater und Malerei. Das aber ist unmöglich, ehe er nicht als der „König der Zeit"[51] vor uns erschien, der einen großen Teil seiner fünfzehn schöpferischen Jahre den Berechnungen des Schicksals widmete, was kein Spleen war, sondern die Mitte seiner Dichtungen. Was es mit dem russischen Futurismus bzw. Postfuturismus und beider karnevalistischen Zügen auf sich hat, wird danach besser zu verstehen sein. Auch hoffe ich ein paar neue Vermutungen über das „Idiotische" und das „Ritterliche" bei Chlebnikow vorzutragen. Einstweilen aber wollen wir ihm in jenes redegesättigte Schweigen folgen, die andere Art des universalen Diskurses, die Chlebnikow nicht weniger gut beherrschte, wovon der Zeichner Juri Annenkow, bei dem der Dichter gelegentlich wohnte, ein vortreffliches Zeugnis hinterließ:

„Manchmal verbrachten wir bei mir in Petersburg oder Kuokkala lange schlaflose Nächte und sagten kein einziges Wort. In seinem Sessel aufgerichtet wie ein Reiher, blickte Chlebnikow mich unverwandt an, ich antwortete ihm ebenso. Es war etwas Hypnotisches in diesem gespannten Schweigen und in den sonderbar ausdrucksvollen Augen meines Gesprächspartners. Ich erinnere mich nicht, ob er rauchte oder nicht. Wahrscheinlich rauchte er. Schweigend führten wir unser Gespräch, vor allem über Kunst, manchmal aber auch weiter, bis zur Politik. Einmal, als ich gesehen hatte, daß Chlebnikow die Augen geschlossen hielt, stand ich leise auf, um das Zimmer zu verlassen, ohne ihn zu wecken. ‚Unterbrechen Sie mich nicht', sagte da Chlebnikow mit geschlossenen Augen, ‚reden wir noch ein bißchen weiter. Bitte!'"[52]

Januar 1980

1 Osip E. Mandel'štam, Burja i natisk (Sturm und Drang). In: Russkoe iskusstvo, 1/1923, S. 80f.
2 Vladimir V. Majakovskij, V. V. Chlebnikov. In: Polnoe sobranie sočinenij v 13 tomach (Vollständige Werkausgabe in 13 Bänden), Bd. 12, Moskau 1959, S. 28.
3 Jurij N. Tynjanov, O. Chlebnikove. In: V. V. Chlebnikov, Sobranie proizvedenij. Pod obščej redakciej J. Tynjanova i N. Stepanowa (Gesammelte Werke. Unter der Redaktion von J. Tynjanov und N. Stepanow), Bd. 1. Leningrad 1928, S. 20 (im folgenden zit. als: SP). Zugänglich in: Juri Tynjanow, Der Affe und die Glocke. Erzählungen, Drama, Essays. Berlin 1975, S. 437.
4 Vsevolod V. Ivanov, Anketa (Umfrage). In: Na literaturnom postu, 19/1929, S. 54.
5 Velimir V. Chlebnikov, Zverinec (Tiergarten). In: V. V. Chlebnikov, 1. Zverinec (k dvacatiletiju so dnja napečatanija). 2. Pis'ma Chlebnikova. 3. Vospominanija o Chlebnikove. Red. A. Kručenych. Predislovie Ju. Oleša (1. Tiergarten [Zum 20. Jahrestag der Erstveröffentlichung]. 2. Briefe von Chlebnikow. 3. Erinnerungen an Chlebnikov. Redaktion: A. Krutschonych. Vorwort: Ju. Olescha). Moskau 1930.
6 Jurij K. Oleša, „V otvet ..." („Antwort auf ..."). Ebenda, S. 4.
7 Mandel'štam, Burja i natisk. In: Russkoe iskusstvo, 1/1923, S. 81.
8 Artem Vesely, Prizyv (Aufruf). In: Aleksej e. Kručenych, 15 let russkogo futurizma. 1912–1927. Produkcija No. 151 (15 Jahre russischer Futurismus. 1912–1927. Produktion No. 151). Moskau 1928, S. 5.
9 Velimir V. Chlebnikov, O rasširenii predelov russkoj slovesnosti (Über die Erweiterung der Grenzen der russischen Literatur). In: Neizdannye proizvedenija. Poemy i stichi. Redakcija i kommentarii N. Chardžieva; Proza. Redakcija i kommentarii T. Grica (Unveröffentlichte Werke. Poeme und Gedichte. Redaktion und Kommentare: N. Chardshiew; Prosa. Redaktion und Kommentare: T. Griz. Moskau 1940, S. 341f.
10 Ebenda, S. 342.
11 Ebenda, S. 341f.
12 Velimir V. Chlebnikov, Svojasi; SP, Bd. 2. Leningrad 1929, S. 7.
13 Velimir V. Chlebnikov, Tuda, tuda (Dahin, dahin); SP, Bd. 4. Leningrad 1932, S. 259.
14 Ebenda, S. 259f.
15 Zit. nach: Grigorij O. Vinokur, Chlebnikov. In: Russkij sovremennik, 4/1924, S. 222.
16 Velimir V. Chlebnikov, Rodilsja (Geboren). In: Neizdannye proizvedenija, S. 352.
17 Ebenda.

18 Velimir V. Chlebnikov, Otkrytie narodnogo universiteta. Mysli po povodu (Eröffnung der Volksuniversität. Gedanken bei diesem Anlaß). Ebenda, S. 351.

19 V. I. Anfimov, K voprosu o psichologii tvorčestva. V. Chlebnikov v 1919 godu (Zur Psychologie künstlerischen Schaffens. W. Chlebnikow im Jahre 1919). In: Trudy tret'ej krasnodarskoj kliničeskoj gorodskoj bol'nicy. Folge 1, 1936, S. 66–74.

20 Velimir V. Chlebnikov, Deti vydry (Kinder des Otters); SP, Bd. 2, S. 179.

21 Velimir V. Chlebnikov, Neizdannye proizvedenija, S. 11.

22 Velimir V. Chlebnikov an Vladimir V. Majakovskij, 18. Februar 1921; SP, Bd. 5. Leningrad 1933, S. 317.

23 Neizdannyi Chlebnikov (Der unveröffentlichte Chlebnikov), Heft 1/2. Moskau 1928 (vgl. Anm. 30).

24 Chlebnikov, Rodilsja. In: Neizdannye proizvedenija, S. 352.

25 Neizdannyi Chlebnikov, Heft 1/2.

26 Aus welchen Quellen Chlebnikow schöpfte, blieb bisher unbekannt. Außer in „Deti vydry" verwendet Chlebnikow Motive der Kosmogonie der Orotschen in den 1912 geschriebenen Texten „Plamena" (Flammen) und „Okó. Oročonskaja povest'" (Oko. Eine Orotschen-Novelle).

27 Chlebnikov, Deti vydry; SP, Bd. 2, S. 148.

28 Velimir V. Chlebnikov, Edinaja kniga (Das eine Buch); SP, Bd. 3. Leningrad 1931, S. 68f. – Übersetzung von Paul Celan; zit. nach: Welemir Chlebnikow, Poesiealbum 107. Berlin 1976, S. 9–11.

29 Arthur Rimbaud, Gedichte. Französisch und deutsch, hg. von Karlheinz Barck. Leipzig 1976, S. 157f.

30 V. V. Chlebnikov, Sobranie proizvedenij. Pod obščej redakciej J. Tynjanova i N. Stepanova (= SP), 5 Bde. Leningrad 1928 bis 1933. Reprint in: Slavische Propyläen, Bd. 37, I–III. München 1968–1972. – Neizdannyj Chlebnikov. Red. A. Kručenych. Moskau 1928–1933 (von der „Gruppe der Freunde Chlebnikows", Jurij Oleša, Artem Vesely, Ivan Kljun, Igor Terent'ev, Boris Pasternak, Valentin Kataev, Katanjan u. a., mit der Hand abgeschrieben). Die einzelnen Hefte (24 Folgen) sind aufgeführt in: Anatolij K. Tarasenkov, Russkie poety XX veka. 1900–1955. Bibliografija (Russische Dichter des 20. Jahrhunderts. 1900–1955. Bibliographie). Moskau 1966, S. 391f.

31 Pervyi vsesojuznyj s-ezd sovetskich pisatelej. 1934. Stenografičeskij otčet (Erster Allunionskongreß der sowjetischen Schriftsteller. 1934. Stenografischer Bericht). Moskau 1934, S. 536.

32 Kak my pišem (Wie wir schreiben). Leningrad 1930, S. 70 (V. Kaverin).

33 Leo N. Trotzki, Literatur und Revolution. Nach der russischen Erstausgabe von 1924 übersetzt von Eugen Schaefer und Hans von Riesen. Berlin [West] 1968, S. 112.
34 Roman O. Jakobson, Novejšaja russkaja poezija (Die neueste russische Poesie). Prag 1921.
35 Vgl. Literatura o Chlebnikove (Literatur über Chlebnikow). In: Slavische Propyläen, Bd. 37, III. München 1972.
36 Vgl. u. a.: Vjačeslav V. Ivanov, Struktura stichotvorenija Chlebnikova „Menja pronosjat na slonovych ..." (Die Struktur des Gedichts von Chlebnikow „Man trägt mich ..."). In: Trudy po znakovym sistemam. III. Tartu 1967, S. 156–171; A. Levitina, O prirode neologizmov V. Chlebnikova (Über die Natur der Neologismen bei W. Chlebnikow). In: Materialy XXVI naučnoj studenčeskoj konferencii. Tartu 1971, S. 124–126; V. P. Grigor'ev, Onomastika Velimira Chlebnikova (Welimir Chlebnikows Onomastik). In: Onomastika i norma. Moskau 1976, S. 181–200.
37 Nikolaj N. Aseev/Aleksej E. Kručenych, Velimir Chlebnikov. In: Literaturnaja gazeta, 29/1932.
38 Nikolaj N. Aseev, Velimir. In: Literaturnyi kritik, 1/1936, S. 187.
39 Aleksej P. Selivanovskij, Dary buržuaznoj kul'tury (Die Gaben bürgerlicher Kultur). In: Literaturnaja gazeta, 29. Februar 1936.
40 Velimir V. Chlebnikov an Vera Chlebnikova, 2. Februar 1920; SP, Bd. 5, S. 316.
41 Roman O. Jakobson, Randbemerkungen zur Prosa des Dichters Pasternak. In: Slavische Rundschau, 1935, S. 361. Neu gedruckt in: Erweckung des Wortes. Leipzig 1987.
42 Serej M. Tret'jakov. Den Ši-chua. Ljudi odnogo kostra. Strana-perekrestok (Deng Schihua. Menschen eines Scheiterhaufens. Kreuzungsland). Moskau 1962, S. 26f.
43 Velimir V. Chlebnikov, Svlojasi; SP, Bd. 2, S. 10.
44 Velimir V. Chlebnikov, Vremja mera mira (Zeit – Maß der Welt). Petrograd 1916. Reprint in: Slavische Propyläen, Bd. 37, III. München 1972, S. 441f.
45 Neizdannyi Chlebnikov. Dnevnik Chlebnikova (Chlebnikows Tagebuch). Moskau 1929.
46 Vgl. Anm. 6 zu diesem Aufsatz.
47 Jurij K. Oleša, Izbrannoe (Auswahl). Moskau 1974, S. 568f.
48 Jurij N. Tynjanov, Iz zapisnych knižek (Aus den Notizbüchern). In: Novyi mir, 8/1966.
49 Michail M. Zoščenko, Ključi sčast'ja (Schlüssel des Glücks). Diesen ursprünglichen Titel änderte der Autor in „Povest' o razume" („Erzählung vom Verstand"). Der erste Teil erschien als „Pered voschodom solnca" („Vor Sonnenaufgang") in: Oktjabr,

6–7, 8–9/1943, der zweite postum in: Zvezda 3/1972. Beide Teile zusammen unter dem Titel: Schlüssel des Glücks. Leipzig 1977.

50 Vgl. dazu die wegweisenden Aufsätze: N. I. Chardžiev, Majakovskij i živopis' (Majakowski und die Malerei); ders., Majakovskij i Chlebnikov. In: N. I. Chardziev/V. V. Trenin, Poetičeskaja kul'tura Majakovskogo (Die poetische Kultur Majakowskis). Moskau 1970, S. 9–49, 96–126.

51 So seit dem Aufruf „Truba marsian" (Trompete der Marsianer) vom Sommer 1916.

52 Jurij P. Annenkov, Dnevnik moich vstreč. Cikl tragedij (Tagebuch meiner Begegnungen. Ein Zyklus von Tragödien), Bd. 1. New York 1966, S. 141.

Anna Achmatowas „Majakowski im Jahr 1913"

Für Christa Wolf

1

In der dritten ihrer „Nördlichen Elegien" beklagt Anna Achmatowa den Verlust von angestammtem Platz und Namen:

Mein Leben ward vertauscht. In einem andern Bett
Strömt es hinab, vorbei an fremden Hängen,
Und meine eignen Ufer kenn ich nicht.

Versäumt wie viele Stücke. Wie vielen Freunden nie begegnet. Wie viele Verse nicht gschrieben: ihr geheimer Chor wird sie vielleicht ersticken. Anbeginn und Ende und Leben nach dem Ende längst vertraut und noch etwas danach, woran nicht zu rühren sei. In fremdem Grabe schließlich wird sie liegen. Doch wenn von dorther sie hinüberschaute zu ihrem jetzigen so fremden Leben, erführe sie endlich, was man meint mit – Neid.
In der vierten der „Nördlichen Elegien" rührt Anna Achmatowa doch an das Verbotene:

Und dann erst kommt das Bitterste: wir sehen,
Daß wir in unsres Lebens Grenzen nicht
Jene Vergangenheit zu halten wüßten.

Die Toten nicht mehr zu erkennen und die, von denen Gott sie trennte, glänzend ausgekommen ohne sie.
War dieses Bitterste der Preis des neuen Lebens? Versuchung und Glanz des Wechsels – seine Tödlichkeit?
Mit dem Datum ihrer ersten verweisen die „Nördlichen Elegien" unsere Frage zurück in das Jahr 1940, das Jahr, das Anna Achmatowa von Wahnsinn bedroht sah in seinem Anfang und von ihm befreit an seinem Ende. Doch hier erwartet uns nur eine neue Frage: Zwischen dem drohenden Wahnsinn und dem Beginn des neuen, fremden Lebens, zwischen März und Dezember 1940, zwischen den letzten

Wladimir Majakowski

Anna Achmatowa

Versen des „Requiems“ und den ersten des „Poems ohne Held“ – was in diesen Tagen rettete Anna Achmatowa? Wenn es Auskünfte darüber gibt, so nur verborgen in einem Gedicht, dessen Unverfänglichkeit nicht das geringste ahnen ließe. Einem Gedicht mit großem Gegenstand, das dennoch alle gewöhnliche Erwartung mühelos befriedigte und keinen Argwohn weckte. Das Jahr 1940 hielt nur einen Gegenstand bereit, der diesem hohen Anspruch genügte: Majakowski.

Leben und Tod Majakowskis waren in den Literatur- und Theaterkämpfen, in den kulturpolitischen Fehden, auch durch das Engagement der Volkskommissare, später des Generalsekretärs Gemeingut geworden, dem ganzen Lande sichtbar, nahe aus Neigung oder Pflicht und in ihrer mythischen Anschaulichkeit unbezweifelbar aufgenommen in das Selbstverständnis jener Gegenwart. In den vier Jahren nach Stalins Spruch vom Dezember 1935 waren 25 Bücher Erinnerungen und Untersuchungen erschienen. Von der 1939 eröffneten zwölfbändigen Werkausgabe lagen 1940 schon acht Bände vor. Die Zahl der Aufsätze in der Presse überstieg 500. Majakowski war in aller Munde. Es war das denkbar Zugänglichste in einer von Trennung, Mißtrauen und Schweigen verstellten Welt.

Ihm vertraute Anna Achmatowa sich an. In der Woche vom 3. bis 10. März 1940 schrieb sie ihr Huldigungsgedicht „Majakowski im Jahr 1913“. Es erschien sofort im Majakowski-Heft der Leningrader Zeitschrift „Zvezda“, in der Leningrader Essay-Sammlung „Für Majakowski“, beide Male gleich vorn, und in ihrem eigenen Band „Aus sechs Büchern“ vom Sommer 1940, dem ersten seit siebzehn Jahren.

Nicht dich im Ruhm kannt ich, ich erinnre
Mich an den Aufgang nur, deinen stürmischen, doch
Kann sein, das ist mein Recht, ich lenk die Erinnerung
Auf jene Jahre, die fern sind.
Kraftvoller schlugen die Töne, neue
Stimmen schwirrten im Vers, die jungen
Hände, nicht faul: dräuende

Gerüste richteten sie auf.
Was du berührtest, schien anders,
Als es bisher war. An dessen Zerstörung
Du gingst, zerstört liegts. In jeglichem Wort
Pulste das Urteil.
Einsamer du, selten zufrieden, du triebst
Das Schicksal voll Ungeduld, immer
Wußtest du: bald, heiter
Ziehst du zum großen Kampf, frei.
Und schon, wir hörtens im Widerhall,
dumpfbrausend,
Trugst du Gedichte vor, Flut.
Zornig schielte der Regen, ungestüm
Gingst du mit der Stadt in den Streit.
Und, noch niemals gehörter, flog dein
Name, Blitz in den stickigen Saal.
Heute, vom ganzen Land bewahrt,
Tönt er wie ein Signal zum Kampf.
(Deutsch von Rainer Kirsch)

Diese Huldigung für Majakowski schloß so genau an die Erlebnisse des Herbstes und Winters 1913, an die Auftritte der Futuristen in Petersburg und die Uraufführung von Majakowskis Tragödie „Wladimir Majakowski" am 2. und 4. Dezember im Theater „Luna-Park" an, daß man die Stichworte, etwa „Zerstörung", „Ungeduld", „Saal" in den Zeugnissen der Zeit wiederfindet. So im Bericht über Rußlands „Ersten Abend der Sprachschöpfer" vom 13. Oktober 1913: „Der Saal war zum Bersten gefüllt, die Karten alle ausverkauft, eine Phalanx von Schutzleuten und Revieraufsehern, befehligt von einem Polizeioffizier, trennte die unglücklichen Kartenlosen von allen, denen das Schicksal hold gewesen war. Hier und da tauchten die Helden des Abends auf und entfachten die Ungeduld des ohnehin erregten Publikums." Majakowskis These sei gewesen: „Wir zerstören eure alte Welt ... Ihr werdet uns hassen."
In diese historische Miniatur schrieb Anna Achmatowa ein Selbstbildnis, darstellend einen Kampf auf Leben und Tod, dessen Unerhörtheit der des beschworenen Namens in nichts nachstand. Eingezeichnet in das Bild des Dichters findet sich ein Gegenbild, das, um es mit dem fremdesten

Wort des Gedichts zu sagen, das „Signal“ war für einen Biographienwechsel, dessen Folgen weit in unsere Zeit hineinreichen.
Anna Achmatowa bannt den Wahnsinn, indem sie ihn der Kontrolle unterwirft, und erhebt sich zu ihrem neuen, fremden Leben. Dieses Leben, ein Leben in der Verborgenheit, gewinnt für ihre Zeit die gleiche wertsetzende Macht, wie sie Majakowskis Leben in der Öffentlichkeit für seine Zeit gehabt hatte. Und: Die Dauer im tödlichen Wechsel, die Anna Achmatowa vorlebt, stiftet für Rußland das Bild des alten Dichters: behauptet es sich nicht in seinem Glanz seither neben dem Bild der jungen Toten als eine große Versuchung?
Der Tag, an dem Anna Achmatowa das Majakowski-Gedicht abschloß, war der 10. März 1940. Es war der zweite Jahrestag der erneuten Verhaftung ihres Sohnes, des Orientalisten Lew Nikolajewitsch Gumiljow. War er 1935 durch einen Brief der Achmatowa an Stalin freigekommen, so entging der Sechsundzwanzigjährige nun dem schon beschlossenen Tode nur, weil seine Richter vor ihm erschossen wurden und die Revision das Urteil in Lager und anschließende Verbannung umwandelte, wohin er Mitte August 1939 transportiert wurde. Die Woche vor dem 10. März, die dann zum Datum des Majakowski-Gedichts wurde, ist die Woche des „Requiems“, einer Folge von Gedichten auf das Schicksal ihres Sohnes und seiner Leidensgefährten: „Widmung“ und „Epilog“, die die neun Gedichte von 1935, 1939 und 1940 umfassen, sind in diesen Tagen geschrieben. Am 4. Mai fügte Anna Achmatowa noch ein Stück hinzu, das von den Eingangsversen her die Situation der März-Tage aussagt: „Schon hat des Wahnsinns Flügel / Die halbe Seele mir verschattet [...]“ Am 10. März 1940 begann Anna Achmatowa das kleine Poem „Den Weg aller Welt“, das sie „in der Nacht des Sturms auf Wyborg und der Verkündung des Waffenstillstands“ zwischen Finnland und der Sowjetunion, also vom 12. zum 13. März beendete und später eine „große Seelenmesse für mich“ nennen würde. Sie sieht sich hier auf der Flucht in die Geborgenheit des Ungeborenseins, es ist ein Weg durch das vom ersten Weltkrieg zerfetzte Europa zurück in die Jugend und Kindheit, heim in die erste und letzte Ruhe. Sie sieht sich als Frau aus Kitesh, die

in ihre Heimat zurückstrebt, jene im 13. Jahrhundert vor den Tataren wunderbar gerettete Stadt am See Swetlojar: Unsichtbar gemacht – auf den Grund des Sees gesunken oder in den Himmel erhoben –, war sie der Gewalt der Feinde entgangen.
Am 10. März starb Michail Bulgakow. „M. B. zum Gedenken", ihr Klagegedicht auf den bewunderten Mann, stammt aus den Tagen danach. Sie, „Klageweib", sie, „halbentseelt", sie habe eines zu gedenken, „der voll Kraft und schöner Pläne willensstark gesprochen".
All das blieb unsichtbar. Das Bulgakow-Gedicht erschien nicht. Von den anderen Dichtungen wurden 1940 nur verhüllende Auszüge bekannt. Aus „Den Weg aller Welt" 20 Verse von 144. Aus dem „Requiem" das siebente Stück ohne Hinweis auf den Zyklus, ohne die Überschrift „Das Urteil" und fünf Jahre vordatiert. Das Requiem als Ganzes existierte überhaupt nur mündlich. Nach Lidija Tschukowskajas Erinnerungen kannten es außer der Dichterin und ihr nur sieben Menschen.
In solcher Nachbarschaft bezeichnet das Majakowski-Gedicht den einen heiklen Augenblick, für den Anna Achmatowa die Welt ihren verborgenen Kampf um Existenz und Poesie sehen ließ, ohne sich ihr preiszugeben: Das Klageweib als Zeugin, die Klage in Gedächtnis wendet.

2

„Majakowski im Jahr 1913" ist der lexikalisch aggressivste Text, den Anna Achmatowa je geschrieben hat. Das Einsam-Unzufrieden-Ungeduldige, Sturm, Ungestüm und Zerstörung, die grimmige Heiterkeit eines aus freien Stücken erklärten Kampfs, die Rastlosigkeit des Verurteilens und Umstürzens – ein Name, ein Blitz, ein Signal: mit Naturgewalt bricht das herein. Es sind die Fahnenwörter des jungen Majakowski, die den Ton angeben und die Stimme der Zeugin zu ersticken drohen.
Die Konstellation war nicht unbekannt. Knapp zwanzig Jahre war es her, daß Majakowski in Moskau die Achmatowa unsanft aus der russischen Poesie der Gegenwart entlassen hatte und daß ihre Dichtung in Petrograd bei dem Theatergericht „Die Kunst auf dem elektrischen Stuhl"

auch nicht gerade glimpflich davongekommen war. Knapp zwanzig Jahre war es her, daß man sie beide – Achmatowa und Majakowski – für gleichermaßen unzeitgemäß wie gleichermaßen zeitgemäß erklärt hatte. Doch ist dies nur der Vordergrund. Der gewaltsame Umgang mit ihrer Poesie benennt – so verbergend wie enthüllend – die Gewaltsamkeiten ihres Lebens.

Unübersehbar sind die Korrespondenzen, die die „jungen Hände" des Zerstörers und sein „Urteil in jeglichem Wort" mit ihren eigenen „jungen Händen" und dem „Urteil", dem siebenten Stück des „Requiems", zeigen. „Meine jungen Hände" beginnt ein autobiographisches Fragment von 1940, das mit einer Klage über den geraubten Sohn abbricht. Es sind die „jungen Hände", die vor dreißig Jahren, am 25. April 1910, den Ehevertrag mit dem Dichter Nikolai Gumiljow unterschrieben, ihrem ersten Mann, dem Vater ihres Sohnes Lew, dem – wie 1921 seinem Vater – 1939 das Todesurteil gesprochen worden war.

Doch bliebe auch das Vordergrund, erführe nicht Achmatowas tödlicher Zusammenhang mit Majakowski eine entschlossene Neubewertung. Die sprachliche Begegnung der beiden im Gedicht zeigt die Achmatowa freigebig bis zur Selbstaufgabe. Nicht nur, daß sie ihren Vers Majakowskis Lexik öffnet, sie überläßt ihm dazu ihre eigenen Worte, und zwar gerade die, die wie „Meine jungen Hände" und das „Urteil" ihre geheimsten Empfindungen trugen. Die in „Anno Domini", ihrer letzten Sammlung vor der Unterbrechung ihrer Publikationen von 1923 bis 1940, favorisierten Wörter „Tage", „Hände", „Augen", „Stadt", „Stimme" sind alle zur Stelle. Nicht um das Ungestüm zu neutralisieren, wie sich zeigt, nein, um sie in diesen Prüfungen wiederzugewinnen.

Der Tag, der immer ihr Tag war, der Tag ihrer Liebe, ihrer Trauer, groß, hell, geheimnisvoll, frei von Sünde oder Gehorsam – der Tag gehörte ihm, wurde der „Tag jener fernen Jahre", sein Tag.

Ihre Hände, im Muff versteckt, die Ohren verschließend vor unwürdiger Rede, die Hände, die „unsere Sonne" im silbernen Sarg trugen, Alexander Blok, ihre „jungen Hände" wurden seine „jungen Hände", rastlos richteten sie die Gerüste des neuen Verses auf. Die Stadt, ihre Stadt, die Petersburg-Petrograd-Leningrad ist, die Stadt, von der es in der

dritten der „Nördlichen Elegien“ heißt: „Nur eine Stadt kenn ich auf dieser Welt“, die Stadt war sein, mit dieser Stadt ließ sie ihn in den Streit gehen. Seinem Kampf gab sie, was bis zur Sammlung „Anno Domini“ ihr vorbehalten gewesen war: ihre Heiterkeit, ihre Freiheit. Gab sie ihm, um in einem Augenblick überhellen Lichts (des Wahnsinns?) Untergang und Wiedergeburt ungeteilt in einem Namen zu erfahren. Die Schlußverse des Gedichts sprechen davon ohne Umschweife.
Der unerhörte Name fährt – ein Blitz – in den stickigen Saal, um seither, bewahrt vom ganzen Land, zu ertönen wie ein Signal zum Kampf. Für diese Strophe verwandte Anna Achmatowa offensichtlich ein doppeltes Chlebnikow-Zitat, das ihr erlaubte, ein Bild vom Dichter zu entwerfen, das beider Existenzen übergriff. Roman Timentschik in Riga verdanken wir den Hinweis, daß der zweite Vers „Blitz in den stickigen Saal“ auf die Eingangsverse eines Todestraums des Dichter-Propheten Zangezi in Chlebnikows gleichnamiger „Überprosa“ aus den Jahren 1920 bis 1922 zurückgeht:

Ich, Schmetterling, der sich verflog
In das Zimmer eines Menschenlebens.

Tatsächlich stand ursprünglich bei Achmatowa „Schmetterling“ statt „Blitz“. Zangezis Schmetterling ist der Gefangene in den grauen, langweiligen Tapeten des Menschenlebens, erloschen das Himmelslicht der Zeichnung, der blaue Sturm der Flügel, müde schlägt er ans durchsichtige Nein seines Fensters, des Menschen. Von jenseits klopfen die ewigen Zahlen den Ruf (das Signal?) der Heimat: Zahl, kehre zu Zahlen zurück.
Was von dem Zitat blieb, war eine Konstellation: Leben in einem fremden Körper, der Schmetterling (die Seele?) in den engen Grenzen des Menschen. Bei Achmatowa direkter: der Dichter im stickigen Saal der Welt. Schon in dieser ersten Fassung umgriff der Vers beider Sphären, Achmatowas und Majakowskis. „Stickig“, auf dessen besondere „emotionale Expressivität“ Boris Eichenbaum in seiner ersten Achmatowa-Studie von 1923 hingewiesen hat, bringt die biographische Betroffenheit, Gefährdung der Achmatowa in das Gedicht. Der „Schmetterling des Dichterher-

zens“ war es, auf den im Gedicht von 1913 Majakowski die hundertköpfige Laus der Spießermenge sich stürzen sah. Vielleicht ist es die Entschiedenheit, mit der Majakowski bei Beginn des Krieges diese Sicht aufkündigte, die Anna Achmatowa die Änderung vornehmen ließ. In einem Pamphlet des Dichters vom November 1914 hieß es, „Nicht Schmetterlinge, sondern Alexander von Makedonien“ hätten die Dichter zu sein. (Nebenbei: Anna Achmatowa hat diesen Text sicher erst nach Niederschrift der ersten Fassung entdeckt, als sie sich bei Lidija Tschukowskaja den von Nikolai Chardshiew kommentierten Band 1 der neuen Majakowski-Ausgabe lieh, um nachzusehen, ob die Tragödie „Wladimir Majakowski“ wirklich im „Luna-Park aufgeführt worden sei.)

Wie immer aber die Änderung zustande kam, das Gedicht gewann erst damit seine rettende Macht. Als Zitat im Zitat brachte Anna Achmatowa Chlebnikows „Blitz“-Konzept in den Vers, der nun wie der einzig gültige sentenziöse Schluß aus dem zuvor entfalteten Bild der Naturgewalten wirkte. Der Blitz war für Chlebnikow Urform der Welt, Prinzip der allumfassenden Einheit und Archetypus des Wortes, alles gebärend und alles verschlingend. 1920 schrieb er in „Unsere Grundlage“: „Man muß sich einprägen, daß der Mensch schließlich ein Blitz ist, daß es den großen Blitz des Menschengeschlechts gibt und den Blitz des Erdballs.“ In der Dichtung „Die Schwestern Blitze“ spricht der Chor der Blitze:

> Wir sind die Gleichheit der Welten, gemeinsamer Nenner.
> Wir sind die Einheit der Menschen und Dinge.

Und an anderer Stelle:

> Menschen, wir tragen euch als unsere Kleidung.

Das Verhältnis von Chlebnikows Konzept zu den orientalischen und europäischen Blitzlehren und Blitzsymboliken (man denke nur an Nietzsches „Zarathustra“) wie auch Achmatowas Kenntnis dieser Ideen kann hier nicht ausführlich zur Rede stehen, für unseren Gedanken, Anna Achmatowa habe sich durch ihr Majakowski-Gedicht gerettet, ist jedoch bemerkenswert, daß das einzige Mal, daß

Blitz in ihrer frühen Dichtung vorkommt, er auch mit einem Todestraum, und zwar in einem Gedicht von 1913, verknüpft ist. Der Tod sollte sein: Zusammenprall der Wolken in der Höhe und des Blitzes rasches Feuer und eine Stimme jubelnder Freude.
Spätestens damit ist ein Bezugsfeld genannt, dessen man wohl auch ohne die Änderung von „Schmetterling" zu „Blitz" gewahr geworden wäre, das aber nun mit der Entscheidung für das „Feuer", den „Pfeil", die „Waffe" Gottes dominierte. Der Blitz begleitet Gott bei Theophanien im Alten und im Neuen Testament. Zweifellos waren es aber die Ankunft des Menschensohnes und sein Gericht, welche bei den Evangelisten wegen ihrer universalen Sichtbarkeit und Augenblicklichkeit mit dem Blitz verglichen werden, an die die rettende Macht des Gedichts sich gebunden zeigte. Etwa Matthäus 24,27: „Denn, gleichwie der Blitz ausgehet von Aufgang und scheinet bis zum Niedergang; also wird sein die Zukunft des Menschen Sohnes."
Majakowskis Aufgang – die Ankunft eines anderen Menschensohnes. Die Tragödie „Wladimir Majakowski" vom Jahr 1913 ist sehr wohl so zu lesen. Aber auch weiter bis zum Prolog „Mit aller Stimmkraft" und zum Abschiedsbrief hatte sich Majakowski immer neu als einer verstanden, der für die Welt litt. In Anna Achmatowas Sicht vom März 1940 nun auch für sie. Es ist eine Sicht voller wichtiger Konsequenzen für die Lektüre des Gedichts. Sie läßt Naturgewalt als göttliche Gewalt lesen, Ruhm als Herrlichkeit, das Zerstören als ein: „Wahrlich: ich sage euch: Es wird hier nicht ein Stein auf dem andern bleiben, der nicht zerbrochen werde" (Matthäus 24,2).
Ein Majakowski von dieser Art universaler Sichtbarkeit war es also, dem Anna Achmatowa ihre Worte anvertraute. Daß er für sie mitgestorben war, schloß an eine Auffassung an, die in ihrer Umgebung verbreitet war. Im Hause Michail Bulgakows, den Majakowski und seine Linke ebensowenig geschont hatte wie Anna Achmatowa, war man der Meinung, daß Majakowskis Tod am 14. April 1930 die Antwort Stalins auf Bulgakows Brief vom März 1930, in dem er seine vollständige berufliche Isolierung darstellte, günstig beeinflußt habe. 1935, als Stalin Majakowski zum einzigen poeta laureatus der Sowjetepoche erklärte, war Boris Pasternak

ihm dankbar, daß ihm, der von einer Gegenpartei, beflügelt durch Nikolai Bucharins Kongreßrede von 1934, schon dazu auserkoren war, auf diese Weise ein „Leben außerhalb des Geheimnisses und der Unbemerkbarkeit, ein Leben im Spiegelglanz der Ausstellungsvitrinen" erspart geblieben sei.

Nach alldem lesen sich die letzten Verse weniger fremd als auf den ersten Blick. Vom ganzen Land zu bewahren, das hieß nichts anderes als dieses Namens eingedenk zu sein und doch diesen Aufbruch, diesen Opfergang als ein Signal für den eigenen Kampf wahrzunehmen.

Das Exzentrische, Zerstörerische, Forcierte am Aufgang Majakowskis, die betörende körperliche Anwesenheit des Dichters in seinem öffentlichen Kampf bezeichnet den äußersten Gegensatz zum verborgenen Existenzkampf der Achmatowa. Am 25. August 1928, dem Todestag Nikolai Gumiljows, schreibt ihr Ossip Mandelstam von der Krim den berühmten Brief, der prophetisch die Entstehung einer ganz anderen Art von Zusammenhang benennt, den der Verborgenheit: „Ich möchte nach Hause, ich möchte Sie sehen. Sie sollen wissen, daß ich ein heimliches Gespräch nur mit zwei Menschen zu führen imstande bin: mit Nikolai Stepanowitsch und mit Ihnen. Das Gespräch mit Kolja ist nicht unterbrochen und wird nie abbrechen." Diese Anreicherung geistiger Kräfte bleibt nun in der Tat so sehr im verborgenen, daß etwa 1929, als Anna Achmatowa schon in ihren Puschkinstudien steckt, die Kukryniksy in ihrer „Literaturenzyklopädie in Karikaturen" die Dichterin nicht anders vorzustellen wissen als rauchend auf einer Ottomane. Was folgt, führt immer weiter weg von der universalen Sichtbarkeit Majakowskis: 1933 der Verkauf der Bibliothek wegen akuter Geldnot. Bittgänge zu Jenukidse nach Mandelstams Verhaftung am 13. Mai 1934. Verweigerung der Teilnahme am 1. Schriftstellerkongreß wegen Mandelstams Verbannung. Mandelstams Wahnsinnsanfall in Tscherdyn, als er Achmatowas Leichnam suchte. 1935 die erste Verhaftung des Sohnes und ihres Mannes Nikolai Punin, der Brief an Stalin. 1936 der Besuch bei den in Woronesh angesiedelten Mandelstams, Mandelstams heimliche Besuche in der Hauptstadt. Mandelstams zweite Verhaftung und sein Tod. Die zweite Verhaftung ihres Sohnes, siebzehn Monate in

Nikolai Gumiljow

den Schlangen vor dem Untersuchungsgefängnis, das Todesurteil und seine Revision. Boris Pilnjaks und Nikolai Kljujews Tod im Lager. 1940 Bulgakows Tod in Moskau.
In diesem Leben, das in seinen Irritationen und seiner Kärglichkeit, in seiner körperlichen Angefochtenheit, seiner Unbehaustheit das gerade Gegenteil zu dem Majakowskis darstellte, wurde der neue Zusammenhang zwischen den Menschen begründet, den Ossip Mandelstam in seinem Brief beschrieben hatte. Ungehindert durch Grenzen in Zeit und Raum war man miteinander im Gespräch. Charakteristisch für diese neue Art der Beziehungen war ihre Unabhängigkeit von den alten literarischen Gruppierungen.
Achmatowas Begegnungen und Korrespondenzen mit den bedeutenden Philologen, den Puschkinforschern Boris Tomaschewski in Leningrad, Bondi und Vinokur in Moskau, mit Boris Eichenbaum und Viktor Shirmunski, mit Nikolai Chardshiew, dem glänzenden Futurismus-Kenner, mit den Schklowskis zeigen das Ende der alten Fronten. Wohl hatte es um 1930 mehrere Versuche gegeben, in einer wenn auch lockeren Form einige der alten Freundeskreise wiederzubeleben. In Leningrad trafen sich die Post-Futuristen in der OBERIU. In der Gesellschaft der Freunde Chlebnikows betätigten sich Futuristen und ihre Freunde, selbstverständlich jenseits der LEF-Dogmatik. „Die „Skythen" Andrej Bely und Iwanow-Rasumnik pflogen regelmäßigen Verkehr. Ins Jahr 1930 fiel auch die Idee, die OPOJAS, die Gesellschaft zum Studium der poetischen Sprache, neu zu begründen, dazu Roman Jakobson aus Prag zu gewinnen und Viktor Schklowski zum Präsidenten. Das organisatorische Scheitern aller dieser Kreise war nichts anderes als ein letztes Zeugnis für die Unangemessenheit solcher Strukturen in einer Zeit, da die geistigen Kämpfe nicht öffentlich, sondern in der Verborgenheit ausgetragen wurden. Für eines der bedeutendsten Ereignisse dieses verborgenen Ringens vor Achmatowas Majakowski-Gedicht halte ich Ossip Mandelstams Gedichte auf den Tod Andrej Belys vom Januar 1934, auf einen Dichter, dessen literarisches Suchen Mandelstam vorzeiten heftig beargwöhnt hatte.
Keine Gruppe, kein Kongreß und kein Verband schuf einen so sicheren Zusammenhalt und verläßlichen Austausch und so eine Geborgenheit wie diese andere Art Universali-

tät – die universale Anstrengung des Gedenkens, der Gedächtnisse. Die Probe auf diese Universalität war die Auseinandersetzung mit dem äußersten Gegenüber – Majakowski. Das Majakowski-Gedicht erweist sich so als die Schwelle zum „Poem ohne Held", der Gedächtnisdichtung ihres neuen Lebens, die alle aufnahm – den mit einem Kosenamen, den mit seinem Todesdatum, den mit zwei Versen, sogar einen „Gast aus der Zukunft" und wen erst in der ausgelassenen Strophe. Es ist ein Selbstbehauptungsgedicht. Gespensternd im ersten Teil, der „Petersburger Novelle" mit der Überschrift „Das Jahr Dreizehn", drastisch im Mittelstück, einem Gespräch des Autors mit den verstörten Kritikern, gelassen im Epilog; ineinander verschränkt fremdes und eigenes Wort, Zitat vor allem des Petersburg-Mythos, der Petersburger „Hoffmanniana", wie sie sagt, dem Stadtspuk der russischen Geschichte und Literatur. Vor dem Ganzen und vor den Teilen die Vorworte, Widmungen und Mottos, die die ohnehin schwebenden Bezüge endgültig zum Tanzen bringen. Zweimal träumte Anna Achmatowa ihr Poem als tragisches Ballett. Von den Tagen der ersten Widmung und der Einleitung her, vom 27. November 1940, dem zweiten Todestag Mandelstams, und vom 25. August 1941, dem zwanzigsten Todestag Gumiljows, wuchs das Poem und wuchs, zwanzig Jahre lang. Die halluzinatorische Struktur, der „dreifache Boden", wie Achmatowa im Mittelstück sagt – brauchten sie die Herausforderung des Wahnsinns?

3

Wie Anna Achmatowa in ihrem Majakowski-Gedicht den Biographienwechsel vorlebte und verstand – das war das Signal für eine Umwertung, in der sie von ihrer ganzen Generation am weitesten gehen sollte, indem sie lange lebte und mit neuer starker Stimme sprach.

Ausgangspunkt dieser Umwertung war die Vorstellung vom Gang der Zeiten. Majakowski und die Majakowski-Bilder waren deshalb zum Gegenstand beispielloser Anhänglichkeiten und Entzweiungen geworden (Pasternak als symptomatischer Fall), weil die Ungeduld, mit der er die Zeit anzutreiben meinte, für eine ganze Epoche stand. Als

Majakowski, der reinste Verfechter dieses Aktivismus, aufgab, blieb eine Leere zurück, die niemand so genau beschrieben hat wie Roman Jakobson in den Schlußsätzen seines Essays „Von einer Generation, die ihre Dichter vergeudet hat“:
„Wir haben uns viel zu stürmisch und gierig in die Zukunft gestürzt, als daß uns eine *Vergangenheit* bleiben könnte. Die Zeit ist aus den Fugen. Wir lebten viel zu sehr von der *Zukunft*, wir dachten an sie, wir glaubten an sie, und jetzt gibt es für uns keine selbstgenügende Tagessorge, das *Gegenwartsgefühl* ist uns abhanden gekommen. Wir sind Zeugen und Mitbeteiligte großer sozialer, wissenschaftlicher und anderer Kataklysmen. Der Alltag hat nicht Schritt gehalten. Nach einer großartigen Hyperbel Majakowskis ‚hinkt das andere Bein noch in der nächsten Gasse nach‘. Wir wissen, daß bereits die Absichten unserer Väter im Zwiste mit ihrem Alltag lagen. Wir lasen herbe Zeilen davon, wie die Väter sich den alten ungelüfteten Alltag ausborgten. Aber die Väter besaßen noch Überreste des Glaubens an seine Gemütlichkeit und Gemeingültigkeit. Den Kindern ist nur der entblößte Haß gegen den noch mehr abgetragenen, noch fremderen Plunder des Alltags übriggeblieben [...] Die Zukunft – die gehört uns auch nicht. In einigen Jahrzehnten wird man uns unheimlicherweise Menschen des vergangenen Jahrhunderts nennen. Wir hatten nur hinreißende Zukunfstlieder, und plötzlich sind diese Lieder aus der Dynamik des heutigen Tages zu einer literarhistorischenTatsache geworden. Wenn die Sänger tot sind und das Lied ins Museum geschleppt und an den gestrigen Tag angeklebt wird, kommt sich diese Generation noch öder und verwaister vor, enteignet im höchsten Sinne des Wortes.“
Dem Verlust aller Zeiten setzt Anna Achmatowa den Gewinn aller Zeiten entgegen, nicht im Sinn der chronologischen Erreichbarkeit einzelner Ziele, sondern in der Anstrengung eines Gedächtnisses, das sich weder des geistigen Reichtums der Vergangenheit schämt, noch den Gefährdungen der Gegenwart ausweicht, noch sich vor den Ungewißheiten der Zukunft ergibt. Ja – Anna Achmatowa gibt den Trost der Zeitlichkeit auf – man lasse sich nicht täuschen durch die skrupulöse Datierung ihrer Gedichte. Das ist Abwehrzauber gegen die Kalenderzeit, Spuren verwi-

schen, was ihr mit der chronologischen Struktur ihrer Zyklen und dem Verwirrspiel der Mottos glänzend gelingt. Gleichzeitigkeit, gleiche Macht der Zeiten erlaubt der Achmatowa das Bekennen, Aushalten und Erwarten, ohne daß von kultureller Rente oder auf den Vorschuß der Utopie gelebt werden müßte. Achmatowas poetische Zeit war so universal, daß Ossip Mandelstam, der immer „niemands Zeitgenosse" sein wollte, in den dreißiger Jahren erklären konnte, er sei ein Zeitgenosse der Achmatowa: Achmatowas Zeitgenosse ist aller Zeiten oder niemands Zeitgenosse.

Ob wir nun die Klage der „Nördlichen Elegien" verstehen?

Vertraut, doch verloren das frühere Leben – fremd, doch gewonnen das neue – wäre es etwa eins?

Entbehrlich, von hier gesehen, im früheren, beneidet, von dort gesehen, im neuen Leben – wäre es etwa eins?

Ich weiß keine andere Antwort: Versuchung und Glanz des Biographienwechsels ist seine Tödlichkeit. Aber es bedurfte einer poetischen Zeitvorstellung wie der der Achmatowa, um seiner Tödlichkeit dieses neue, fremde Leben folgen zu lassen, dessen Schwelle sie im Majakowski-Gedicht betrat.

Doch gilt am Ende auch dies: Wenn Majakowski für sie und die Ihren mitgestorben ist, lebt er durch sie – ihr Leben gibt ihm und den Seinen lebendige Dauer.

Oktober 1980

Die Zeit der Achmatowa

Und suchtest im dunklen Gedächtnis, und findest
Handschuhe bis zum Ellenbogen
Und Petersburger Nacht. Und die Logen
Mit süßen, erstickten Gerüchen.

Und Wind weht vom Meer. Und zwischen den Zeilen
Über den Schmähsprüchen, überm Lob
Lächelt dir Blok verächtlich zu,
Tragischer Tenor der Epoche.
Um 1960

Gleich nach dem frühen Tod von Alexander Blok ist sein Platz in der russischen Poesie Anna Achmatowa zugewiesen worden: mit einer Sicherheit, die vermuten läßt, die Zeitgenossen seien sich einig gewesen, daß nur eine Frau tragen könne, worunter Blok zusammengebrochen war. Blok starb am 7. August 1921 an Nervenzerrüttung, Skorbut, Herzklappenentzündung, doch tödlich waren die Krankheiten für ihn geworden, weil er sich schon Jahre, nämlich seit seinem Revolutionspoem „Die Zwölf" (1918), taub fühlte, die „Musik des Weltorchesters" nicht mehr vernahm, keine Gedichte schrieb. Bedurfte es eines anderen Hörens, um da wieder etwas zu vernehmen?
Anna Achmatowa schien freilich zu zögern, den ihr zugewiesenen Platz einzunehmen. Wartet sie ab oder wird sie gehindert? Es sieht so aus, als habe sie erst Anwärter mit älteren Rechten gewähren lassen wollen. Tatsächlich beherrschen in dem neuen Jahrzehnt ganz andere die Szene. Von ihr erscheinen von 1922 bis 1940 keine neuen Gedichte im Lande, und noch als Boris Eichenbaum, der 1923 das erste Buch über die Dichterin veröffentlicht hatte, 1933 den neuerlichen Konstellationswechsel in der russischen Poesie beschreibt – vom Verhältnis Majakowski/Jessenin zum Verhältnis Pasternak/Mandelstam –, spielt Anna Achmatowa keine Rolle. Doch als auch diese beiden verschwinden – Mandelstam geächtet und verbannt, Pasternak die Rangerhöhung abwehrend; als die letzten großen Symbolisten tot sind – Sologub stirbt 1927, Woloschin 1932, Bely 1934,

Kusmin 1936; als endlich Marina Zwetajewa, aus der Emigration zurück, im Krieg Selbstmord begeht, da wird deutlich, daß Anna Achmatowa den Platz wirklich innehat. Besonders die nach dem Krieg in zwei Leningrader Zeitschriften erscheinenden größeren Auswahlen ihrer Gedichte von 1909 bis 1944 zeigen sie in ihrem Rang, den Boris Eichenbaum nun in zwei Vorträgen am 7. Januar und am 17. März 1946 benennt: „Das ist nicht einfach die russische Frau – das ist das russische Weib. Die Heldin der Lyrik der Achmatowa empfindet man als Frau aus dem Volk und ihr Schicksal als das Schicksal der *russischen* Frau."

Vehementer aber als in jeder positiven Beschreibung ist Anna Achmatowa die Geschichtlichkeit ihres Daseins und ihrer Poesie in einer negativen angetragen worden. Am 14. August 1946 faßte das ZK der KPdSU(B) seinen Beschluß „Über die Zeitschriften ‚Swesda' und ‚Leningrad'", in dem die Dichterin neben Michail Soschtschenko als national gefährdend vorkommt: Mit ihrer „Poesie einer wildgewordenen Gnädigen, die zwischen Boudoir und Bethaus pendelt", falle sie zurück in den „Geschmack der alten Salondichtung, die auf den Positionen des bürgerlich-aristokratischen Ästhetizismus und der Dekadenz stehengeblieben" sei. Shdanow, der zum Beschluß die folgenschweren Reden in Leningrad hielt, variierte zur endgültigen Diskriminierung der Dichterin eine Definition, die Eichenbaum 1923 zur Beschreibung der lyrischen Sprecherin der Achmatowa eingeführt hatte zu dem Satz: „Halb Nonne, halb Dirne oder besser Dirne und Nonne, Unzucht und Gebet in einem."

Die Achmatowa selber meinte, die Gedichte seien lediglich ein Vorwand gewesen. Stalins Zorn hätten vielmehr die beiden Besuche erregt, die ihr Sir Isaiah Berlin im November 1945 und im Januar 1946 in ihrer Wohnung an der Fontanka abstattete. Der aus Riga gebürtige englische Philosoph und Historiker gehörte nach dem Kriege, als russisch noch von wenigen gesprochen wurde, einige Monate zur Britischen Botschaft in Moskau. Anna Achmatowa war davon überzeugt, daß Berlins Begegnung mit ihr, die zufällig mit einer Leningrad-Visite von Berlins Studienfreund Randolph Churchill, Journalist, Sohn des ehemaligen britischen Premierministers, Abwehroffizier a. D., zusammenfiel, den kalten Krieg ausgelöst habe. Zweifellos korrespondieren die absurden Gerüchte über eine ausländische Delegation, die die Achmatowa zum Verlassen der Sowjetunion überreden sollte, ja über das Sonderflugzeug, das Winston Churchill, angeblich ein alter Bewunderer ihrer Poesie, nach Leningrad beordern werde, sowohl mit Stalins Kommentar zu Berlins Besuch: „Also empfängt unsere Nonne jetzt ausländische Spione", als auch mit Shdanows Argumentation. 1980 sagt Sir Isaiah Berlin von seinen Gesprächen mit Anna Achmatowa im Jahre 1965 in Oxford, wo sie den Ehrendoktor entgegennahm, und mit dem Blick auf das „Poem ohne Held" (1940–1962) und die umliegenden Gedichte: „Sie sah sich und mich als weltgeschichtliche Figuren, vom Schicksal erwählt, verhängnisvolle Partien in einem kosmischen Konflikt zu spielen [...] Das war konstitutiv für ihre gesamte geschichtsphilosophischeVision, der vieles in ihrer Dichtung entsprang."

1

Wenn sich das auch niemand hatte träumen lassen – hoch politisch war es von Anfang an zugegangen. Denn wie hatte die Zuweisung ausgesehen?
Sie begann verborgen mit einem Brief von Larissa Reissner (1895–1926), die in Afghanistan verspätet vom Tode Alexander Bloks erfährt: „Jetzt, da er nicht mehr da ist", schreibt sie am 24. November 1921 an Anna Achmatowa, „Ihr gleicher einziger geistiger Bruder, sieht man es deutlicher, daß Sie da sind, atmen, leiden, umhergehen [...] Ihre Kunst ist der Sinn und die Rechtfertigung von allem. Schwarz wird weiß, Wasser springt aus dem Stein, wenn die Poesie lebt." Dem Brief lag ein kleines Päckchen mit „ein wenig Brot und ein wenig Honig" bei.
Öffentlich wird die Zuweisung in einer „Prawda"-Rezension von Nikolai Ossinski (Obolenski) zu Achmatowas neuem Buch von 1922 „Anno Domini MCMXXI". „Nach dem Tod Alexander Bloks", heißt es da am 4. Juli 1922, „gehört der erste Platz unter den russischen Dichtern zweifellos Anna Achmatowa. Die Revolution tilgte aus ihren Gedichten alle Damen-Manier." Die alte gesellschaftliche Orientierung sei zwar noch nicht aufgegeben, entscheidend

seien aber die „glänzenden Formulierungen bedeutender und charakteristischer Bewegungen der menschlichen Seele“ in ihren Gedichten.
Was Ossinski nur andeutete, hat bald darauf Alexandra Kollontai (1872–1952) im dritten ihrer „Briefe an die werktätige Jugend“ in der Zeitschrift „Molodaja gwardija“ auf zwölf Seiten ausführlich kommentiert. Im Februar 1923 antwortete sie einer Genossin Mitstreiterin auf die Frage, warum vielen Arbeiterinnen und Studentinnen die Achmatowa mit ihren „drei weißen Büchlein“ – „Rosenkranz“, „Weißer Schwarm“ und „Anno Domini“ – so nahegehe, obwohl sie doch keine Kommunistin sei. Anna Achmatowa sei, so die Kollontai, die erste selbständige Dichterin der Übergangsepoche vom Kapitalismus zum Sozialismus. Da die Weltauffassung der Revolution die von beiden Geschlechtern geschaffenen geistigen und seelischen Werte aufnehmen müsse, seien die Zeugnisse der Dichterin von den inneren Umbrüchen unentbehrlich. Zwei Motive hebt Alexandra Kollontai hervor – den Konflikt in der Liebe: „Der Mann erkennt das menschliche ‚Ich‘ der Frau nicht an“, und den Konflikt in der Seele der Frau: „Sie kann ihre Liebe nicht mit der kreativen Teilnahme am Leben vereinbaren.“ Die Poesie der Achmatowa stärke die Selbständigkeit: „Den Platz der ‚Gefangenschaft in der Liebe‘ wird der beflügelnde Genuß der Liebe einnehmen, der der gegenseitigen Anerkennung entspringt, der kameradschaftlichen Behutsamkeit, dem vorsichtigen Umgang gleichgestimmter Seelen […] Die Kultur der werktätigen Menschheit wird Bedingungen schaffen, unter denen mit der Selbstentwürdigung der Frau auch ein uraltes Problem verschwindet: der Kampf der Geschlechter.“ Frappierend und weit vorausgreifend an dieser Zuweisung war, daß sie die poetische Gestalt der Befreiungsutopie nicht an aktivistische Modelle band. Nichts von der schreibenden Politkommissarin, der „Frau von den Barrikaden“, wie sie in Larissa Reissner geliebt wurde; nichts von der Leiterin des Internationalen Frauensekretariats der Komintern, der ersten Botschafterin der Welt, als die Alexandra Kollontai ihre emanzipatorischen Konzepte lebte und schrieb; und erst recht nichts von dem „Ingenieur“, den Walter Benjamin in der sowjetischen Regisseurin Asja Lacis feierte, die in ihm als Autor die „Ein-

bahnstraße", seine berühmte, ihr gewidmete Schrift, „durchgebrochen" habe.

Der Widerspruch gegen diesen kühnen Entwurf ließ auch nicht lange auf sich warten. Majakowski, der schon im Januar 1922 auf der ersten „Reinigung der zeitgenössischen Poesie" Achmatowas Dichtung als bedeutend, aber vergangen verworfen hatte, betonte im Januar 1923 mit seinen Freunden in der ersten Nummer von LEF, der Zeitschrift der „Linken Kunstfront", das Beliebige der Wertung Ossinskis: „Ossinski lobt die Achmatowa, Bucharin Pinkerton." (Das war der Moment, als Bucharin die Revolution nach dem Detektivmuster Nat Pinkerton zu schildern empfahl.) Die schärfere Attacke kam von seiten der proletarischen Schriftsteller. Im Herbst 1923 wirft G. Lelewitsch, der führende Kritiker der Zeitschrift „Na postu", der Kollontai vor, sie habe sich in den „Netzen des Kom-Feminismus" verfangen und nicht einmal Eichenbaums doch sehr treffendes „Dirne"-„Nonne"-Oxymoron zur Kenntnis genommen. In Wahrheit sei die Poesie der Achmatowa nichts als ein „kleiner schöner Splitter der Adelskultur", und Kollontais Interpretation gleiche dem Versuch, „Achmatowa mit Clara Zetkin zu verheiraten". Nimmt man hinzu, daß auch Leo Trotzki 1923 in seinem Buch „Literatur und Revolution" unter der Überschrift „Literatur außerhalb des Oktober" die Achmatowa sarkastisch abfertigte, dann scheint die große Zuweisung nicht nur gescheitert, sondern im Ansatz verfehlt. Die Literaturenzyklopädie beschreibt sie dann auch 1929 als eine Dichterin des Adels, die schon in der kapitalistischen Gesellschaft keine neue Funktion mehr erhalten, die alte aus der Feudalgesellschaft aber längst verloren hatte. Und eine zeitgenössische Karikatur, die den Baum der sowjetischen Literatur mit über siebzig Schriftstellern reich belaubt zeigt, plaziert sie mit Bely und Woloschin als „Lebenden Leichnam" – unter dem Baum.

2

Daß es unentscheidbar bleibt, wo Anna Achmatowa aus freien Stücken abwartet und wo gezwungenermaßen zurücktritt, gehört zum Bild der Zuweisung. Entscheidend ist, daß diese Zuweisung in Rußland eine verzweigte Vorgeschichte hat, die genauer zu betrachten wohl lohnte. Es handelt sich um eigentümliche Entwürfe, die gewissermaßen die Achmatowa ankündigen. Um kurz die Richtung anzudeuten, hier Stichworte zu zwei Vorgängen: Sophia-Kult der Symbolisten und Mystifikation durch Cherubina de Gabriac.

Sophia-Kult. Anfang des Jahrhunderts waren unabhängig voneinander Alexander Blok in Petersburg und Andrej Bely in Moskau, beide zwanzigjährig, der Sophia-Lehre des Mystikers Wladimir Solowjow gefolgt. Solowjow hatte die Heilige Sophia als Gottes Eben- und Gegenbild gesehen, die Königin der geeinten Vielfalt, die nach dem Akt der Weltschöpfung als ein Schutzengel die Geschöpfe vor dem Sturz ins Chaos bewahrt und sie aus der Mannigfaltigkeit der Welt in ihre ursprüngliche Heimat, die göttliche All-Einheit, zurückbringt. In seiner Philosophie der Liebe zeigte Solowjow dann, daß es die Liebe zwischen Mann und Frau ist, die das Werk der Einigung der Menschheit vollbringt. In der körperlich-geistig-seelischen Vereinigung entstehe die göttliche Zweieinigkeit der Androgyne, die die „Desintegration und den Tod“ überwinde: „Unsterblich ist nur der ganze Mensch.“ Noch bevor Blok und Bely sich persönlich kennenlernten, hat der Sophia-Kult nicht nur ihre Dichtung, sondern ihr gesamtes Verhalten geprägt. Bloks „Verse von der Schönen Dame“ meinen im Bild der „Ewig Jungen“, der „Herrscherin des Alls“, der „Geheimnisvollen Jungfrau“ immer zugleich die Sophia, den harmonischen, den ganzen Menschen, und die Geliebte – Ljubow Dmitrijewna Mendelejewa. Bloks Heirat mit Ljubow erlebten seine Moskauer Freunde als Mysterium der Welterneuerung. Die Stürze waren unvermeidlich, und im Verhältnis zwischen Blok, Ljubow Dmitrijewna und Bely würden bis zu den gegenseitigen Duellforderungen der beiden Männer alle Wendungen zu finden sein. Aber treu geblieben sind sie ihrer Jünglingsvision, und Blok hat 1912, in den Tagen, als Anna Achmatowas erstes Gedichtbüchlein erschien, eine Übersetzung von Solowjows Androgyne-Konzept vorgeschlagen, die auch als eine Ankündigung der Achmatowa zu lesen wäre. Als nämlich im Mai August Strindberg starb, entwickelte er sein Bild von einer neuen „Geschlechterauslese“, einer neuen Verteilung des „Männlichen“ und des „Weiblichen“. Wenn das Männliche zum Männchenhaften werde, entarte Zorn

Maximilian Woloschin

zu Bosheit; wenn das Weibliche zum Weibchenhaften werde, verwandle sich Güte in Gefühlsseligkeit. Zu beobachten sei nun, daß versucht werde, das „Männchenhafte mit dem Weiblichen und das Weibchenhafte mit dem Männlichen zu veredeln". Strindberg sei einer der ersten gelungenen „Probemenschen" gewesen, und ich halte es für sicher, daß Anna Achmatowa für Blok zu den nächstgelungenen „Proben" gehört hat. Sein Gedicht für die Achmatowa vom Dezember 1913 entwirft in ihrer Schönheit das Höchste – das Androgyne, das Zweieinige von Furchtbarkeit und Einfachheit der menschlichen Existenz: nicht so furchtbar zu sein, um einfach zu töten, und nicht so einfach, um nicht zu wissen, wie furchtbar das Leben ist.

Cherubina de Gabriac. Zwei Jahre vor Bloks eigenwilliger Übersetzung von Solowjows Sophia-Lehre hatte sich eine höchst merkwürdige Mystifikation der Petersburger Dichterschaft durch eine Cherubina de Gabriac abgespielt. In der eben gegründeten nachsymbolistischen Zeitschrift „Apollon" treffen per Post Gedichte von einer Frau ein: Absender ohne Adresse. Am Telefon eine dunkle Stimme. Spanische Aristokratin. Mutter früh verstorben. Jesuit als Beichtvater. Die Verse von feiner Trauer. Eine Entdeckung, die Redaktion Mann für Mann verliebt. Selbst der für untrüglich geltende Stilsinn des Dichters Nikolai Gumiljow versagt, er ist intrigiert und brennt darauf, die Unbekannte zu erobern. Das Geheimnis wird gelüftet, als Gumiljow eines Tages aus heiterem Himmel vom Dichter Maximilian Woloschin geohrfeigt wird und sich mit ihm duelliert. Woloschin, stellt sich heraus, hatte der als Dichterin in Petersburg durchaus bekannten Lehrerin Jelisaweta Dmitrijewa, die Gumiljows Geliebte gewesen war und auf eine Verbindung gehofft hatte, die exotische Biographie und den Stil verschafft und nun die Beleidigung der Frau durch Gumiljow, der noch nichts von der Identität der Gabriac wußte, handgreiflich gerächt. Kurz darauf wurde Gumiljow Anna Achmatowas erster Mann. Marina Zwetajewa hat in ihrem Woloschin-Essay darauf bestanden, die Mystifikation als eine Botschaft anzunehmen, die eine Ankündigung der Achmatowa und ihrer selbst umfaßt. Sie sagt vom Vers der Cherubina de Gabriac: „Das Bildliche ist Achmatowa, der Rhythmus meiner, Verse, die vor der Achmatowa geschrieben sind und vor mir – so richtig ist mein Satz, daß alle Verse, früher, jetzt und künftig, von einer Frau geschrieben sind – einer namenlosen."

3

Anna Achmatowa hat nie aufgehört, darüber zu staunen, was ihr da zugewiesen worden ist. Keinen Augenblick die Selbstverständlichkeit des Rangs – einer geheimen politischen Gegenregentschaft etwa, wie sie von Leo Tolstoi oder Wladimir Solowjows Rolle her bekannt gewesen und noch von den Symbolisten übernommen worden war. Dafür überscharf das Empfinden einer Unangemessenheit, einer Zumutung fast, einschneidender: einer Vertauschung des Lebens, eines Biographienwechsels. Was sie in der Erinnerung an ihr erstes Büchlein „Abend" notierte, gilt durch die Jahre: „Diese armen Gedichte eines denkbar unbedeutenden Mädchens werden nun schon zum dreizehnten Mal gedruckt [...] Das Mädchen selber hatte ihnen (soweit ich mich erinnere) dieses Los nicht zugedacht und versteckte die Zeitschriftenhefte, in denen sie zuerst gedruckt worden waren, unter die Sofakissen: ‚um sich nicht zu ärgern!'. Und vor Ärger, daß der ‚Abend' erschien, reiste sie sogar nach Italien (1912, Frühjahr), wo sie, in der Straßenbahn die Nachbarn betrachtend, dachte: Die Glücklichen – von denen erscheint kein Büchlein."
Es ist genau diese Art des minutiösen Berichts über die Wahrnehmungen des Augenblicks gewesen, der sie wieder etwas vernehmen läßt, wo Blok über dem Krachen vom „Zusammenbruch der alten Welt" das Hören vergangen war. Was an ihrer Poesie als leise, als Flüstern (bis zur „Flüstersyntax"!) beschrieben wurde, was sie selber als ihr stilles Wesen verstand und was die wilde Marina Zwetajewa bei der Begegnung im Juni 1940 so enttäuscht, als sie hören muß, daß die geliebte Achmatowa, für die sie sich „auf einem richtigen Scheiterhaufen" hatte verbrennen lassen wollen (1921), in diesen furchtbaren Zeiten einfach vom verspielten Harlekin-Petersburg des Jahres 1913 schreibt – alles das weist auf die Mitte der Existenz und der Poesie der Achmatowa. Noch als das apokalyptische, das revolutionär-maximalistische Katastrophendenken der Symbolisten

und Futuristen den Ton angibt, hat die Achmatowa am Lebensraum einer neuen Alltäglichkeit und Häuslichkeit, einer entschlossen angenommenen Gegenwart gearbeitet, die nun ihren Namen tragen sollte: nicht wegen der literarischen Führerschaft der Dichterin, sondern wegen der seelischen und geistigen und körperlichen Kraft, mit der sie die Zuweisung annahm und verwandelte, diesen fünfundfünfzig Jahren zwischen 1912 und 1966 ihren Sinn gab, sie zu ihrer Zeit machte.

Wie das geschah, wird den Leser ihrer Gedichte immer neu verwickeln. Er wird auf eine Verschränkung und Spiegelung der Zeiten, Kulturen und Sprachen stoßen, die im ganz Einfachen, im Vertrauten hier und nebenan die Einheit der Welt unerschrocken ausspricht: die Einheit der Welt, in der Solowjows Sehnsucht nach der Androgyne und die Trauer der Cherubina de Gabriac sich spiegeln in den seelischen Nöten der Revolutionäre, deren Linderung Ossinski und die Kollontai 1922 und 1923 der Achmatowa anvertrauten, sich spiegeln in den Leiden der Lager (ihr „Requiem“ auf Mann und Sohn) und in den Opfern des Krieges, die Eichenbaum 1946 in Anna Achmatowas Poesie ausgesagt und aufgehoben fand. Er wird einer Poetik der Gedächtnisse begegnen, die noch das Fernste in diesem Augenblick vereint: den Sturm ihrer Liebe zu Isaiah Berlin mit dem Nachkriegsschicksal Europas. Im „Poem ohne Held“ und den umliegenden Gedichten alles zurückgewendet auf 1913, das Jahr ihres Anfangs, das sie als den eigentlichen Beginn des 20. Jahrhunderts verstand, das Jahr des prophetischen Achmatowa-Gedichts von Blok. Man erwarte dabei keine Schlüsselliteratur. Gedächtnis ist für Anna Achmatowa natürlich so verhüllend wie enthüllend: erst im Medium der anderen Sprachen, Gestalten und Vorgänge gewinnt sie die Freiheit und die Befugnis zu sprechen. Ununterscheidbar eigenes und fremdes Wort. Hatte sie Blok am Ende als den „tragischen Tenor der Epoche“ gesehen, sie selber war bereit

> „Die Rolle zu übernehmen des
> schicksalverkündenden Chors.“

Februar 1985

Anna Achmatowa, Poem ohne Held. Poeme und Gedichte. Russisch und deutsch, 3. Aufl. Leipzig 1984. Bibliographie, S. 291–296. Das Motto-Gedicht über Blok in der Nachdichtung von Sarah Kirsch.

August-Beschluß: O žurnalach ‚Zvezda' i ‚Leningrad'. Iz postanovlenija CKVKP (b) ot 14 avgusta 1946. Moskau 1951, S. 4. – Doklad t. Ždanova o žurnalach ‚Zvezda' i ‚Leningrad'. Moskau 1946, S. 13.

Christiane Bauermeister-Paetzel/Sylvia Wetzel, Ein Huhn ist kein Vogel, ein Weib ist kein Mensch. Die neue Frau in der sowjetischen Kunst zur Zeit der Industrialisierung und Kollektivierung. In: „Kunst in der Produktion!" Sowjetische Kunst während der Phase der Kollektivierung und Industrialisierung 1927–1933. Katalog zur Ausstellung der Neuen Gesellschaft für Bildende Kunst Berlin (West). Berlin 1977, S. 24–48.

Michail Bekker, Poetessy (Dichterinnen). Moskau 1929. Enthält kleine literarische Porträte über Karoline Pawlowa, Julia Shadowskaja, Anna Achmatowa, Sinaida Hippius, Vera Inber, Jelisaweta Polonskaja, Warwara Butjagina, Anna Barkowa.

Isaiah Berlin, Personal Impressions = Selected Writings, 4. London 1980, S. 189–210. Leicht variierte Fassungen in: Times Literary Supplement 1236 October 31, 1980 und in Slavica Hierosolymitana Volume V–VI, Jerusalem 1981, S. 593–641 (eine Übersetzung ins Russische).

Alexander Blok, Zum Gedächtnis August Strindbergs. In: Ausgewählte Werke, 2. Frankfurt (Main) 1978, S. 367–373.

Boris Eichenbaum, Anna Achmatova, Opyt analiza (Versuch einer Analyse). Petrograd 1923, S. 114. Neudruck in: O poezii (Über Poesie). Leningrad 1969, S. 136.

Boris Eichenbaum, O Mandelštame [1933]. Ob A. A. Achmatovoj [1946]. In: Den' poezii 1967. Leningrad 1967, S. 167–171.

Cherubina de Gabriac. Vgl. Johannes von Guenther. Ein Leben im Ostwind. Zwischen Petersburg und München. München 1969, S. 284–300.

Alexandra Kollontai, Pis 'ma k trudjaščejsja molodeži. Pis 'mo 3-e (Briefe an die werktätige Jugend. Dritter Brief). In: Molodaja gvardija 1923, No. 2, S. 163–174.

G. Lelewitsch, Anna Achmatova. In: Na postu 1923, No. 2–3 (September–Oktober), S. 178–202.

Wladimir Majakowski, Za čto boretsja LEF? (Wofür kämpft LEF?). In: Polnoe sobranie socinenij, 12. Moskau 1959, S. 43.

Larissa Reissner, Brief an Anna Achmatowa. In: Izbrannoe. Moskau 1965, S. 518f.

Wladimir Solowjow, Vorlesungen über das Gottmenschentum (1877–1882). Rußland und die Universalkirche (1889). Der Sinn der Liebe (1892–1894). In: Deutsche Gesamtausgabe. Freiburg–München 1953ff.

Leo Trotzki, Literatur und Revolution. Berlin [West] 1968, S. 36.

Marina Zwetajewa, Brief an Anna Achmatowa vom 26. April 1921. In: Novyj mir 1969, No. 4, Woloschin-Essay: Živoe o živom (Lebendiges über einen Lebendigen). In: Proza. New York 1953, S. 286–352.

Der Akmeist und der Symbolist
Ossip Mandelstams Requiem für Andrej Bely (1934)

1

Am 8. Januar 1934 mittags halb eins starb in Moskau der Dichter Andrej Bely. Er war dreiundfünfzig. Die Lähmung der Atemwege, die ihn tötete, folgte einem Gehirnschlag, der ihn am 15. Juli des voraufgegangenen Jahres im Osten der Krim niedergeworfen hatte. Am 9. Januar gedachte man seiner im Schriftstellerhaus, am 10. Januar wurde er eingeäschert, am 18. Januar fand die Beisetzung der Urne auf dem neuen Friedhof des Nowodewitschi-Klosters statt. Bely hatte mitten in der Arbeit an seiner Autobiographie gestanden. Drei Bände waren abgeschlossen, einen vierten diktierte er gerade. Zwischendurch hatte er ein umfangreiches Manuskript seiner Erinnerungen an Rudolf Steiner fertiggestellt sowie zwei ausführliche intime Aufzeichnungen der Stationen seines Lebens – die eine mit dem sprechenden Titel: „Warum ich Symbolist geworden bin und warum ich in keiner Phase meiner denkerischen und künstlerischen Entwicklung aufgehört habe es zu sein" – und eine Analyse des Siebenjahresrhythmus seines Schicksals. Eine große Untersuchung über „Die Kunst Gogols", die zugleich einen bedeutenden Selbstkommentar vortrug, war vor dem Gehirnschlag im Sommer 1933 fertig geworden. Geplant war ein neuer Roman – „Deutschland", den er, wie ein Konspekt von 1931 zeigt, als die Geschichte eines faschistischen Putsches zu schreiben gedachte.

Im Oktober 1933 war in den Warschauer „Wiadomosci literackie" eine autobiographische Notiz erschienen, in der Andrej Bely seine Suche in diesen Sätzen beschrieb: „Mein Leben lang träumte ich von neuen Formen der Kunst, in denen sich der Künstler erleben könne als unmittelbar verbunden mit jeder Art von Kreativität; in dieser Verbundenheit liegt der Weg zum lebendigen Dasein: für einen selber und für die anderen. Das Buch beengte mich immer; mir fehlten die Töne, die Farben; ich wollte weg von dem matten Wort, hin zum strahlenden; daher die Experimente mit der Sprache, die ich als die Schaffung neuer Kommunikationszeichen (Worte) verstehe; daher das Interesse für die Volkssprache, die noch das Leben als Neuland bietet; daher auch die Fülle von Neologismen in meinem Wortschatz und das Erlebnis des Rhythmus als eines Prinzips, das die Poesie mit der „Prosa" verbindet; der Schriftsteller erschien mir als der Organisator der sprachlichen Intentionen des Volkes: er ist der lebendige Erzähler und der Sänger-und-Sprecher, der mit dem Timbre seiner Stimme und seiner Gestik agiert."

Die Nachricht vom Tode Andrej Belys weckte noch einmal die Leidenschaften, die dem hocherregbaren Mann zeit seines Lebens entgegengeschlagen waren. Befremdend vor allem und nur auf den ersten Blick amüsant, zuletzt immer schreckend und nicht geheuer in seiner Übermacht, was Bely unter seinem Rhythmus verstand und als seinen Rhythmus lebte – dieses Verhältnis von Figur und Tempo, genauer: von Ablauf, Gliederung und Geschwindigkeit der Bewegung seines Geistes und Leibes, ein Verhältnis, das seine Erscheinung im Innersten band, bändigte.

Leicht faßte das Gedenken, das sich sehnsüchtig an die erinnerbare Gestalt klammerte, diesen Rhythmus im Tanz, zumal Bely selber dies durch die Bauweise seiner Bücher, sein Auftreten und seine Theorien nahegelegt hatte – bis zum Tanz des sich verwirklichenden Denkens. Und so erstand er im Augenblick der Auflösung seines Leibes den Gedenkenden am ehesten tanzend. Tanzend, vermutete man, sei er wirklich bei sich gewesen, und wer ihn tanzend hätte, hätte ihn ganz. Am weitesten ist hier Marina Zwetajewa gegangen, die den Dichter in Moskau und Berlin getroffen hatte, nun in Paris, in der Emigration, von seinem Tod erfuhr und noch im Januar 1934 eine Niederschrift begann, die sie dann „Gefangener Geist" nannte. Sie erzählt darin an entscheidender Stelle, wie Bely bei einer Debatte unter freiem Himmel auf einer Wiese im Hof des Moskauer Rostow-Palais die Nitschewoken in einer glänzenden Improvisation buchstäblich (und sie verwendet das deutsche Wort) „übertanzt" habe, nämlich übertroffen in der Laut für Laut vorgenommenen Bedeutungsanalyse des Namens dieser kleinen Gruppe von Dichtern (nitschewo = nichts, macht nichts), die durch extreme Differenzierung der poe-

Andrej Bely

Ossip Mandelstam

tischen Mittel ins Nichts vorzustoßen gedachten, um damit Dichtung als eine besondere Form von Weltaneignung überflüssig zu machen:
„Aber das war nicht nur Inspiration im Wort", so Marina Zwetajewa, „das war ein Tanz [...] Vom Geländer herab, hinter dem Katheder hervor, auf der grünen Handfläche, der mit ihm davonrasenden kleinen Wiese, immer umzingelt, immer frei – ihr müßt nicht auseinandertreten, ich überflieg euch! [auch dies deutsch], immer begleitet vom Tanz der Schöße seines Gehrocks (Jacketts etwa – egal: Gehrocks!), altertümlich, elegant, auserlesen, vogelhaft – Magister und Zauberkünstler in eins, im Doppeltanz, im Drei- und Vierfachtanz der Bedeutungen, der Worte, der Gehrockschwalbenschwanzschöße, der Beine – oh, nicht der Beine, des ganzen Leibs, der ganzen zweiten Seele, der Außerdem-Seele seines Leibs, mit dem besonderen Leben ihres Dirigentenrückens und dahinter, hinauf zwei Flügel, zwei steigende Leitern, das Orchester körperloser Geister ...
Oh, so haben dich alle gesehen, vom Schweizer Geheimlehrer bis zur Zossener Zimmerwirtin, so wirst du bleiben, dauern, leichter Geist, einsamer Freund."
Man hat ihn Gedichte tanzen gesehen, Alexander Bloks „Skythen" etwa, die unheimliche Invektive gegen ein vergreistes Europa, das die geistige Kraft der russischen Revolution nicht spürt. Ganze Vorträge hat Bely tanzend dargeboten, auch seinen letzten, 1933 über Nikolai Gogol im Meyerhold-Theater: „Er kreiste, wich zurück, stieß vor, stellte sich auf die Zehenspitzen, flog auf, ging nieder, neigte sich, beugte sich: manchmal schien es, als hebe er jeden Moment vom Boden ab." Walter Benjamin hat ihn während seines Moskauaufenthaltes bei der berühmten Debatte über Meyerholds „Revisor"-Inszenierung beobachtet, den „ewigen Leser Gogols", der, ein romantischer Dekadent in Samtjackett und Binde wie bei Gavarni, eine „verflossene Gavotte tänzelt". Besuche konnten in getanzten Demonstrationen seiner Vers- oder Geschichtsauffassungen bestehen, viele Stunden lang. Schon Begegnungen schlugen häufig ins Exzessive. In der Berliner Zeit 1921 bis 1923, als er gelegentlich auch draußen in Zossen wohnte, war Bely gut befreundet mit dem Dichter Wladislaw Chodassewitsch

und seiner jungen Frau Nina Berberowa. In Berberowas Memoiren wird sich später diese Bely-Passage finden: „An einem anderen Abend erzählte er Chodassewitsch und mir zweimal hintereinander in allen Einzelheiten das ganze Drama seiner Liebe zu Ljubow Blok und seinen Streit mit Alexander Blok, und als er ohne Pause alles zum drittenmal zu erzählen anhob, sah ich, wie Chodassewitsch vom Stuhl auf den Boden sank – er war ohnmächtig geworden. In jener Nacht versuchte Bely mit einigem Getöse in mein Zimmer einzudringen, um irgend etwas noch weiterzuerzählen, aber Chodassewitsch, dem der kalte Schweiß auf der Stirn stand, beschwor mich flüsternd, nicht zu öffnen, nicht zu antworten – er hatte Angst, daß diese wilde, schreckliche, an sich völlig sinnlose und endlose Erzählung wieder von vorn beginnt."

Die letzte Steigerung erfuhr Belys Tanzen in seinem Berliner Foxtrott-Fieber. In den Tanzdielen des Westens schwelgte er mit den verdatterten zufälligen Partnerinnen in seinen Foxtrott-Phantasien, und niemand wußte zu sagen, ob da die Verzweiflung über den Verlust seiner Lebensgefährtin, die ihn verlassen hatte, und die Abweisung durch den Schweizer Geheimlehrer, nämlich Rudolf Steiner, von dem Bely nach der Dornach-Zeit im Kriege mehr Hilfe erwartet hatte, tanzend exekutiert oder exprimiert wurde, niedergetanzt, „übertanzt" oder aber – souverän – herausgetanzt.

Marina Zwetajewa hat auch hier das Äußerste an Deutung gewagt: „Belys Foxtrott ist reines Geißlertum; und darin nicht nur *Sühnetanz*, sondern (mein Wort) *Christustanz*, also wieder ‚Die silberne Taube', zu der er sich mit vierzig *körperlich* vorgetanzt hat." „Die silberne Taube" war Andrej Belys Roman von 1909, in dem er die Selbstaufgabe = Selbstverwirklichung eines Volkstümler-Intellektuellen erzählt hatte, der sich wissentlich zum Werkzeug und zum Opfer der bäuerlichen Sekte der „Tauben" machte.

Hier endlich zeigt sich das Verhängnisvolle dieser Beschwörung des Tanzenden: die Nähe schwand in dem Maße, wie sie gewonnen schien. Eingeschlossen in sich selbst, wurde der Dichter unerreichbar. Damit ging aber dem Gedenkenden nicht nur der Dichter, er ging sich selbst verloren. Eingeschlossen, gefangen in sich selbst auch er.

Noch die spätesten Erinnerungen sind dieser Verführung zur Evidenz erlegen.
Wie heraus aus der Gefangenschaft?
Der Weg wurde von einem Manne gewiesen, von dem man es am wenigsten erwartet hatte, von Ossip Mandelstam. In eben den Tagen, da Marina Zwetajewa in Paris ihr Porträt des Dichters begann, schrieb Mandelstam zwei Gedichte zu Belys Gedenken. Es handelt sich um ein Beispiel von Mandelstams „Zwillings"-Gedichten, „Zwillingstrieben", wie er seine Versuche bezeichnete, gleiches poetisches Material wechselnd, ja konträr wertend zu strukturieren. Im Falle seines Requiems auf Andrej Bely hat er damit erreicht, die umlaufenden Sichten auf den Dichter aufzunehmen, sich ihrer Faszination jedoch zu erwehren und den Dichter literarisch und geschichtlich aus seinen Selbstdarstellungen wie aus den Darstellungen seiner Freunde und Gegner zu befreien.
Unerwartet kam dieses Requiem, weil Mandelstam ein erklärter Gegner Belys gewesen war. Anfang der zwanziger Jahre hatte er Belys Arbeit eine „krankhafte und negative Erscheinung im Leben der russischen Sprache" genannt. Erbarmungslos zwinge er das Wort, dem „Temperament seines spekulativen Denkens" zu dienen. Berauscht von seinen raffinierten Bildungen, sei er nicht imstande, auch nur eine Wendung seines kapriziösen Denkens aufzugeben. Es war insbesonder Belys neue Prosa, die Mandelstam bei allem Respekt vor Früherem zu sarkastischen Bemerkungen hinriß. 1923 schrieb er in seiner Rezension über die „Aufzeichnungen eines Sonderlings", den in rhythmischer Prosa (fast durchgehend Hexameter!) verfaßten Dornach-Roman Belys:
„Der Mangel an Maß und Takt, der Mangel an Geschmack – das ist Lüge, das erste Anzeichen von Lüge. Dante genügte ein seeliches Ereignis für das ganze Leben. Wenn ein Mensch dreimal am Tage kolossale seelische Katastrophen erleidet, glauben wir ihm nicht mehr, dürfen wir ihm nicht glauben – er kommt uns lächerlich vor. Über Bely möchte man aber nicht lachen, und es wäre Sünde: er hat ‚Petersburg' geschrieben. Bei keinem russischen Schriftsteller sprach die vorrevolutionäre Erregung und starke Unruhe so mächtig wie bei Bely. Wenn er nun sein Denken, seine Er-

regung, seinen menschlichen und literarischen Stil in einen läppischen, geschmacklosen Tanz gewendet hat, um so schlimmer für ihn […] Der Hauptnerv der Prosa Belys ist der eigenartige Hang zum Raffinierten, zum Tanz, zur Pirouette, der Hang, tanzend das Nichtumarmbare zu umarmen.“ Fazit: „Die russische Prosa wird sich voran bewegen, sobald der erste von Andrej Bely unabhängige Erzähler auftaucht.“

2

Zehn Jahre später nun dieses „Zwillings“-Gedicht vom Januar 1934, das uns hier in einer deutschen Übertragung von Richard Pietraß vorliegt. Die beiden Texte wurden zu Mandelstams Lebzeiten nicht mehr gedruckt. Obwohl nach seiner ersten Verhaftung am 13. Mai 1934 durch den Einspruch von seiner Frau, von Anna Achmatowa, und Boris Pasternak zur Ansiedlung in Woronesh (Ukraine) statt im Nordural begnadigt, hat Mandelstam Gedichte nicht mehr publizieren dürfen. Pietraß folgt Mandelstam im Strophischen: zwölf Zweizeiler im ersten Gedicht, neun Vierzeiler im zweiten. Mit dem Vers verfährt er im ersten Gedicht freier, Mandelstam hat fünf Anapäste, Pietraß bewahrt nur die Länge der Zeile; für das russische Ohr ruft der Anapäst Nekrassow auf und Belys Nekrassow-Nachfolge in seinem Versbuch „Asche“, das eine Klage um Rußland aus Nekrassow zum Motto hatte. Mit den Jamben des zweiten Gedichts war es leichter.

Dem Andenken an Andrej Bely

Mit deinen Augen, den himmelblauen, und hitziger Stirn
Verführte dich dein weltverbißner, verjüngender Zorn.

Und weil das Schicksal dich belieh mit herrlicher Macht,
War nie dir Richtspruch und Schande zugedacht.

Sie stülpten dir die Tiara, die Kappe aufs Haar,
Türkisener Lehrer, Quäler, Herrscher und Narr!

Als Flocke über Moskau wirbeltest du, Gogolchen,
deinen Tanz,
Unverständlich-verständlich, verwirrend, leichter
Glanz.

Du Sammler von Räumen, durchgeprüftes
Vogelküken,
Erdichter, Stieglitz, Studentchen-Student,
Schellenrücken.

Kufenläufer und Vorgänger, das Jahrhundert im
Nacken,
Dem noch unterm Eisstaub die Fälle Aufwartung
machen.

Wie oft schreibt man *Leid* und liest richtig *Lied*:
Vielleicht ist Schlichtheit eine Krankheit, die den
Tod nachzieht.

Die Geradheit unsres Denkens ist nicht nur ein
Kindercolt.
Nicht bücherne Akten, nur Fakten retten das Volk.

Wie sich die Libellen trotz des Wassers ins Schilf
setzen,
So flogen auf den Toten die Bleistifte, die fetten.

Blätter für die ruhmvollen Nachkommen auf dem
Knietisch,
Zeichneten sie und baten um Verzeihung für jeden
Strich.

Zwischen dir und dem Land wächst ein eisiger Bund,
So lieg, werde jung und liege, mit ewig gespitztem
Mund.

Nicht fragen mögen die Jungen, Künftigen, was es
heißt,
Wie du da zu liegen, im Leeren, Reinen – ver-
waist …

Januar 1934

Mich martern zwei, drei beiläufige Sätze,
Ich traure fett, knurr ich den ganzen Tag.
O Gott, wie blauäugig und wie verfettet
Des Tods Libellen, wie die Himmelsbläue schwarz!

Wo herrscht noch Erstgeburt? Des Glückes Geste?
Wo schnellt der Habicht auf dem Augengrund?
Wo ist das Wissen? Der Bitternis Gebreste?
Wo klare Haltung? Wo ein grader Mund, –

Verworren, wie die braven Zickzackritzen
Des Schlittschuhläufers, die den Eisenstaub
Im Windessog zu blauer Flamme spitzen,
Klirrend prosten mit des Flusses harter Haut.

Die andern Maße höhlenhafter Räume,
Die nahen Stimmen, die verschwistert sind,
Der Seelen innere Stafettenträume
Sah in Jahrzehnten er, und taggeschwind.

Mit einemmal Musik aus einem Busche,
Nicht räuberisch, wie oft der Bogen strömt,
Dem Ohre nicht geweiht, nicht dem Genusse,
Den Muskeln nur, der Schläfe, die da dröhnt.

Der freundlichen, frisch abgehobnen Maske,
Der Gipshand, der ihr Federkiel entfällt,
Den Wulstlippen, der Zärtlichkeit, erstarrten,
Der Grobkornstille – und Güte, unvergällt.

Die Pelzfilze atmeten, Schulter an Schulter,
Wangenrot kochte, Blut und Schweiß;
O Traum, gehüllt in den Traum, den man träumte,
Voranzukommen, halbschrittweis!

Inmitten der Menge, nachdenklich, bärtig,
Stand schon der Graveur kupferner Kieferplatten,
Die, dreifach säurebegossen, erglänzten
Und wahrheitshell das Wachs durchstrahlten.

Als ob ich an meinen Wimpern hinge
Im wimmelnd geflügelten Luftbildersaal
Der Meister, die grabend in die Gesichter bringen
Die Gabe des Sehens, den Rang großer Kopfzahl!

Januar 1934

(Deutsch von Richard Pietraß)

Was Mandelstam mit diesem Zwillingsgedicht vollbrachte und entwarf, war eine folgenreiche Umwertung, die auch für den Gewinn der eigenen Haltung in der bevorstehenden Verbannungszeit entscheidend wurde.
Mit Andrej Bely, dem Sprecher und Lehrer einer Zeit, wird eine ganze Kulturperiode Rußlands verabschiedet, eine Kulturperiode, deren tiefste Not darin bestand, daß die messianisch gedachte Verwandlung allen Lebens in Kunst (wie es die russischen Symbolisten ersehnten) und aller Kunst in Leben (wie das die Futuristen und Konstruktivisten betrieben) zum Verlust von beidem geführt hatte. Es war der doktrinäre Utilitarismus, der beide Versuche auszeichnete und scheitern ließ. 1934 war völlig klar, daß der Symbolismus nicht zur allgemeinen „Lebensmethode" geworden war, die die Welt ungeteilt zu erfahren erlaubte, wie Bely das seit 1904 dreißig Jahre lang durchzusetzen versucht hatte, sondern am Ende zu einer Inflation des Symbolisierens geführt hatte, zu einem Symbolismus der Ehrenpräsidien, Monumentaldenkmäler, Leitfiguren und dergleichen. 1934 war völlig klar, daß der Futurismus und Konstruktivismus nicht eine allgemeine erfinderische „Beholfenheit", einen artistischen Standard des Umgangs miteinander heraufgeführt hatte, sondern beim „Ingenieur der Seele" steckengeblieben war. Übrigens: gut fünfzehn Jahre, bevor Sergej Tretjakow, der furiose Streitgeist der russischen Futuristen, 1921 den „Seeleningenieur, Seelenkonstrukteur" als den Virtuosen des Weltverkehrs hinstellte, hatte Andrej Bely Ibsen einen „Ingenieur des Chaos der menschlichen Seele" genannt und ihm den Vorzug vor Dostojewski gegeben.
Es ist nun die entschiedene Wendung ins Häusliche, mit der Mandelstam Andrej Bely aus der schreckenden Unheimlichkeit des monströsen Lebenslehrers befreit. Mandel-

stam nimmt die Namen auf, die Bely sich selbst gegeben hatte oder die ihm gegeben worden waren, um sie sogleich ins Vertraute des Augenblicks, ins Partielle, mehr: ins Gerätliche des Alltags zu wenden. Im Flockenwirbel des Januarschnees, im Schlittschuhlauf auf dem Eis der Moskwa verliert der Tanz das hysterisch Exhibitionistische. Hervor tritt: Leichtigkeit, Vogelleichtigkeit. Der Lehrer, quälend, herrisch, närrisch – und zwar im Original deutlicher als Possenreißer und als Narr in Christo, beides Selbstbeschreibungen Belys –, ist türkisen, also nicht von einer der emblematischen Farben Belys: Nicht „Gold im Azur", wie sein erster Gedichtband hieß und woran Marina Zwetajewa ihre Zossener Begegnung mit dem Dichter anschloß. Nicht das Rot des Aufruhrs vor dem Weiß der Helligkeit in dem Geißler-Roman „Die silberne Taube", seiner Rasputin-Prophetie, wie Bely meinte. Nicht das Schwarz-Gelb vor Grau des Terror-, Provokations- und Spionageromans „Petersburg", dieser Tragikomödie des Trugs. Sondern Türkis, eine Farbe, die Bely als die Farbe der Übergänge, des An- und Abbruchs, die Farbe des Abend- wie des Morgenhimmels, des nahenden Gewitters und des Frühlings nahm und durch die Mandelstam über den Türkis einen Halbedelstein ins Spiel brachte, der seinem Besitzer märchenhafte Geschwindigkeit und Schutz vor Stürzen sicherte.
Auszeichnend dann besonders, wie umständlich Mandelstam das Totengeleit vorkommen läßt – ein knappes Drittel des ersten, über die Hälfte des zweiten Gedichts befaßt sich mit den Tätigkeiten der Zeichner, der Musiker, der Gipsmasken- und Gipshandnehmer, mit der drängelnden, schwitzenden, strotzenden Menge der Gedenkenden und mit des Dichters unverwandtem, purem, vollem Sehen: „als ob ich an meinen Wimpern hinge". Auch hier die Wendung gegen die Faszination durch das Nächstliegende, das angesichts des Gehirnschlags auf der sommerlichen Krim ein frühes Gedicht war, in dem Bely seinen Tod durch die Sonne vorausgesagt zu haben schien. Die beiden Wertungen, auf die das Zwillingsgedicht hinarbeitet – *verwaist* („wächst ein eisiger Bund") und *geborgen im Menschengewimmel* („Rang großer Kopfzahl") – verstehen sich deutlich als der Versuch einer Überlagerung, bei der jede der Wertungen ihre Ausschließlichkeit behauptet und eben dadurch

wechselseitig steigernd oder relativierend wirkt. So zu verstehen auch die Überlagerung von literarischem Zitat und kritischer Selbstreflexion der Trauer zu Anfang des zweiten Gedichts: „Ich traure fett" ist ein Zitat aus dem „Igorlied", dem altrussischen Epos, das eine große Klage über die Leiden Rußlands an den fremden Eroberern enthält, darin der Satz: „Fette Trauer fließt durch das russische Land." „Ich traure fett" ist zugleich ein Appell an sich selbst, der sich einst „helle Trauer" gewünscht hatte.

3

Indem Mandelstam die von Bely in einer phantastischen Anstrengung zusammengezwungenen Kräfte des Sprechens, Tanzens, Malens, Musizierens wieder auseinanderlöst und sie in ihrem besonderen Wirken, hier im Mitwirken am Totengeleit, zeigt, gewinnt er das von den Symbolisten so ersehnte Zusammenspiel wirklich und befreit Andrej Bely aus der Gefangenschaft im Gesamtkunstwerk eines getanzten Lebens.
Marina Zwetajewa machte zum geistigen Zielpunkt ihrer Erinnerungen eine Charlottenburger Straßenbahnszene, in der Belys deutsches: „Weiter! Weiter!" nicht die Grenzen der Stadt, sondern die Grenzen der Welt zu meinen schien: „Ich glaube", schreibt die Zwetajewa, „daß ich auf dieser Fahrt Bely zum erstenmal in seinem eigentlichen Element erlebte: fliegend in seinem geliebten und gefürchteten Element – dem leeren Raum, deshalb ergriff ich seine Hand, um ihn *noch* auf der Erde festzuhalten.
Neben mir saß ein gefangener Geist."
Während Marina Zwetajewa so auf das irdisch Unerhebliche, Unzutreffende der Existenz Belys zielt, entdeckt Mandelstams Wendung ins Häuslich-Gewichtige-Sterbliche ihre verblüffende Augenblicksgerechtheit, eine geschichtliche Angemessenheit von beträchtlichen Konsequenzen. Mandelstam begreift an Belys Existenz den Ausweg für die Kunst aus ihrer Verstrickung in die ingenieur-utilitaristische Auffassung der sozialistischen Revolution. Man wird nur kurz daran erinnern müssen, daß Stalins Formel vom Schriftsteller als dem „Ingenieur der menschlichen Seele" von 1934 ihre Vorläufer hatte in Nikolai Bucharins „Verei-

nigung der marxistischen Theorie mit amerikanischer Sachlichkeit und mit ‚Managertum'" (1922) und Stalins eigener Definition des „Leninschen Arbeitsstils" als „Vereinigung von russischem revolutionärem Schwung" und „amerikanischer Sachlichkeit" (1924). Kein Wunder, daß es verlockend gewesen war, der Kunst in diesem Feld eine Legitimation zu verschaffen; sowohl die wilde Vortragstätigkeit Andrej Belys und anderer Symbolisten im Proletkult, der Fachbildungsorganisation der Arbeiterklasse, wie der Versuch der Futuristen und Konstruktivisten, nach der Revolution die Kommandostellen im Volkskommissariat für Bildungswesen zu besetzen, zeugen von kulturpolitischem Kalkül. Noch 1934 versucht Bely aus den aktuellen Konstellationen Schutz für sich zu gewinnen. In einem Brief an Stalin beschreibt er seine unsichere Stellung in der Gesellschaft, die ihm gerade durch die einmonatige Einsperrung seiner Frau schmerzlich zu fühlen gegeben worden war, und macht Leo Trotzki, den nun aus der Partei ausgeschlossenen und des Landes verwiesenen Gegner Stalins, dafür verantwortlich. Der habe ihm nämlich 1922 in seinem Buch „Literatur und Revolution" nur einen Platz „außerhalb des Oktober" angewiesen und zudem mit der politisch fatalen Mehrzahl seines Schriftstellernamens manipuliert: Andrej Bely ist Andreas, der Weiße. Wenn man, wie Trotzki empfahl, die Schilderung der alten Welt den Belys überlassen solle, dann hieß das im Nebensinn „den Weißen". „Bely ist tot und wird in keinem Geist mehr auferstehen." Eine böse Karikatur zeigte Bely bald unter dem üppig belaubten Baum der sowjetischen Literatur, abgefallen, totes Blatt, Aufschrift: „lebender Leichnam".

Mandelstam hatte sich von vornherein des Gedankens entschlagen, er könne mit seiner Poesie unmittelbar von Nutzen sein. Der Kürze und Schärfe halber personalisierend, antwortete er 1928 auf die Frage nach seinem Verhältnis zur Oktoberrevolution: „Ich fühle mich als Schuldner der Revolution, doch ich bringe ihr Gaben, die sie einstweilen nicht braucht." Nichts also von den furchtbaren Enttäuschungen angesichts des Steckenbleibens der Revolution im Ökonomischen, die Alexander Blok in den Tod und Andrej Bely nach Berlin trieben, Jessenin und Majakowski in den Selbstmord. Nichts von den dramatischen Gesten der Zeit, keine Kongreßreden, keine Emigration, kein Brief an Stalin, kein Selbstmord und keine gewaltsame Rangerhöhung danach, kein Ruhm aus Mißverständnis. Wenn es sehr schlimm kam, etwas elementar Unbesonnenes, Spontanes: Die berühmte Ohrfeige für Alexej Tolstoi, mit der er eine Beleidigung rächte, die Tolstoi gegen Nadeshda Mandelstam sich hatte zuschulden kommen lassen, keine „Ohrfeige dem öffentlichen Geschmack". Mandelstams Kommentar: „Ich strafe den Henker, der die Order gab zur Züchtigung meiner Frau." Oder der Sprung aus dem 3. Stock des Krankenhauses im ersten Verbannungsort Tscherdyn im Nordural, als er glaubte, man komme ihn noch einmal holen – nicht der Selbstmord als literarischer Fakt mit vorbereitetem Abschiedsgedicht. Selbst das Schimpf- und Warngedicht über Stalin eher beschreibend als erregt: die pudschweren Worte, der Schabenschnurrbart lachend, wie Hufeisen geschmiedet die tödlichen Befehle. Und erst das Gedicht, das wohl den Anlaß zu seiner Verhaftung in der Nacht vom 13. zum 14. Mai 1934 gab: „Den steigenden Zeiten zum höheren Ruhm". 1931 geschrieben, trägt es eine souveräne Epochen- und Revolutionsauffassung vor, die der Tödlichkeit der Umwälzung ins Auge sieht. In Celans deutscher Fassung heißt es:

Den steigenden Zeiten zum höheren Ruhm,
Dir, Mensch, zur unsterblichen Glorie,
Kam ich, als die Väter tafelten, um
Den Kelch; gingen Frohsinn und Ehre verloren.

Mein Wolfshund-Jahrhundert, mich packts, mich befällts –
Doch bin ich nicht wölfischen Bluts.
Mich Mütze – stopf mich in den Ärmel, den Pelz
Sibirischer Steppenglut.

Daß dem Aug, das Kleinmut und Jauche geschaut,
Das Rad mit den Blutknochen-Naben,
Nachtlang der Sternhund am Himmel erblaut,
Schön wie am Ursprungsabend.

Zum Jenissej führ mich, zur Nacht seiner Welt,
Zur Tanne, die morgenhin fand.
Denn ich bin nicht von wölfischem Blut, und mich fällt
Nur die ebenbürtige Hand.

Mandelstam verstand die Oktoberrevolution als die Verschlingung zweier ungleicher Kämpfe, des Kampfs um die soziale und politische Gleichheit und des Kampfs um das Heraustreiben der geistigen Ungleichheit. Die Formen, die Mittel dieser beiden Kämpfe sind voneinander so verschieden, daß es lange Zeit ständig zu Konflikten, zumindest Mißverständnissen kommen muß. Der extremen Sichtbarkeit politischer Vorgänge, sozialer Veränderungen steht die Unsichtbarkeit der geistigen gegenüber. Daher sind insbesondere die jeweiligen Organisationsformen nicht übertragbar. Je näher die soziale und politische Gleichheit rückt, desto stärker wird das Unbehagen in ihr, denn desto schärfer wird die geistige Ungleichheit erfahren. Zugleich bleibt diese näher gerückte soziale und politische Gleichheit lange eine Sache des Prinzips, der Möglichkeit, vielleicht sogar gesetzlicher Garantien, nicht aber praktischer Selbstverständlichkeit, und die Sorge um den Erwerb der materiellen Zeichen dieser Gleichheit (Güter, Titel, Orden usw.) nimmt wegen der Massenhaftigkeit des Vorgangs mit dem Näherrücken immens zu. Daher kommt es dann, daß die souverän gelebte Ungleichheit im Geistigen häufig als hochmütiger Rückzug aus dem politischen Kampf, bestenfalls kauzig anachoretischer Verzicht („nicht von dieser Welt"), schlimmstenfalls als soziale, gar politische Gegnerschaft mißdeutet und geahndet wird („Wolfshund-Jahrhundert").
Die Sicherheit, mit der Mandelstam die Ungleichheit im Geistigen nach der Revolution hervorzutreiben, auszuhalten und zu rühmen wußte, hängt mit einer eigenartigen Vorschule zusammen, die er mit wenigen Dichtern schon vor der Revolution durchlaufen hatte. Es handelte sich um den sogenannten Akmeismus, der 1912 aus der Kritik am russischen Symbolismus entstanden war, aber schon bald über die Grenzen einer literarischen Schule griff. Man machte den schrecklichen Kontertanz der symbolistischen

„Entsprechungen", dieses ewige Zuzwinkern – die „Rose" meint das „Mädchen", und das „Mädchen" meint die „Rose" – nicht mehr mit, man lobte die Rose als die Rose: jede Erscheinung habe ihre Spitze, ihre Schärfe, ihre Kraft, ihre Reife, ihren Gipfel, kurz – ihre Akme.
Als Mandelstam dann um 1920 seine wesentlichen Begründungen des neuen Weges schrieb, war – seine Worte – der „Akmeismus nicht nur eine literarische Schule, sondern eine gesellschaftliche Erscheinung in der russischen Geschichte". Der Akmeismus war nichts Geringeres als der Traum von einer organischen Poetik, die im Wort der Dichtung die lebendige Fülle und Einheit des Daseins faßt und der gegenüber der Symbolismus, jedenfalls der Schulsymbolismus, als plattester Utilitarismus erscheinen mußte – als was erst der Futurismus und Konstruktivismus? Nicht auf die Neubildung von Wörtern komme es an, sondern auf die Neuartigkeit ihrer Begegnung, das Unerwartete ihres Umgangs, ihres Spiels miteinander. In Mandelstams Essay „Gespräch über Dante" heißt es 1933: „So verstanden ist die Poesie kein Teil der Natur, und sei es ihr bester, erlesenster, noch weniger aber ist sie deren Widerspiegelung, was ein Hohn wäre auf das Gesetz der Identität; vielmehr besiedelt sie ein neues außerräumliches Aktionsfeld, in dem sie die Natur nicht nacherzählt, sondern durchspielt." Anfang der dreißiger Jahre hatte der Akmeismus längst tatsächlich die Grenzen der Gruppe überschritten und war, ohne daß es zu einer anderen Verbindung als der der Gewogenheit und des Eingedenkens führte, zum entscheidenden geistigen Bezugspunkt geworden, dem auch alle wirkende sowjetische Kultur von heute noch ihre Ausstrahlung verdankt. Außer Mandelstam und Anna Achmatowa würde ich Isaak Babel, Michail Soschtschenko, Michail Bulgakow, Boris Pasternak und vor allem Andrej Platonow zu einem so begriffenen Akmeismus stellen.
Die Bedingungen für diese Entwicklung hatte Mandelstam besonders in einem Essay „Über die Natur des Wortes" formuliert. Er band sie an eine Qualität der russischen Sprache, die er als inneren oder häuslich-heimischen Hellenismus begriff. Während Westeuropa sich lateinischen Einflüssen ergeben habe, seien die lebendigen Kräfte der griechischen Kultur in den Schoß des Russischen gegangen

und hätten die Sprache zum „klingenden und redenden Leib" gemacht.
Hellenismus in Mandelstams Verstand ist der Herd, an dem der Mensch sich der Wärme freut, die seiner inneren Wärme verwandt ist, es ist der Topf auf dem Herd und der Krug Milch, es ist die Verwandlung der Gegenstände in Gerät und Geschirr, die Erwärmung der Welt durch die feinste teleologische Wärme, den menschlichen Geist. Die neue Kunst werde geboren in den Zeugnissen dieser Erwärmung, in dem, was Mandelstam eigenwillig Folklore nennt: die privaten Briefe, die Erzählungen im Familienkreise, die Tagebücher und Erinnerungen, die Eingaben und Kanzleiberichte, Gerichtsakten und Annoncen.
Diese elementaren Zeugnisse sah Mandelstam geschichtlich vermittelt mit der Weltkultur. Leicht trage das Allereinfachste, das Häusliche die Last der Weltkultur – so wollte es Mandelstam, und er hat bis an das Ende seiner Tage daran gearbeitet, zwei Erfahrungen in eins zu bringen. Die eine: die märchenhafte Zugänglichkeit der Kulturen. Alles stehe offen, alle Labyrinthe, alle Verstecke, alle Geheimgänge. Die Dichter redeten wie in heiliger Verzückung in allen Sprachen der Welt. Und die andere: die unbedingte Häuslichkeit dessen, was er in der ursprünglichen Bedeutung „Philologie" nannte, die Liebe zum Umgang mit dem Wort. Philologie sei eine Sache des Seminars, in dem man sich mit Vor- und Vatersnamen anredet, des Hauses, der Familie, denn überall da halte man sich durch die Intonation, das Zitat, die Anführungszeichen. Noch das lässig fallende Wort habe seine Nuance. So hat Mandelstam Rußland bis in seine Staatlichkeit aus der Sprache sich bilden gesehen.
Ganz deutlich ist es dieser Wärmestrom welterfahrener Häuslichkeit, der Andrej Bely aus Krampf und Starre löst und die andere Dimension des Belyschen Tanzens offenbart. Nicht Gewißheit der Selbstdarstellung und Fülle zeigen sich da, sondern Mangel und Unsicherheit. Immer ist der Tanz das angebotene Gespräch, und erst das ausgeschlagene Gespräch führt zum Exzeß. Was Bely selbst als „Faxen vor den Leuten" bezeichnete, war das Verlangen nach dem Gesprächspartner, nach Antwort. Zweifellos ist da in Mandelstams „Requiem" auch die Erinnerung an den Sommer 1933 eingegangen, als sich die beiden Männer auf der Krim

in Koktebel trafen. Man weiß nichts über die Begegnung, außer daß sich die beiden verstanden und lange miteinander gesprochen haben. Bely erzählte wohl Mandelstam sein Gogol-Buch, Mandelstam Bely sein Dante-Buch. Es gibt ein Foto, das Bely und Mandelstam unter Freunden sitzend auf der Krim zeigt. Beschriebe man den Geist der Szene, so wenigstens mit den Worten, die vorverweisen auf Mandelstams Gedichte für Andrej Bely: gespannte Stille, wach.

Oktober 1985

Nachbemerkung. Eine Stippvisite

Meinem Sinn und meinen Jahren nichts angenehmer als diese Stippvisite: ausgeschlossen die Dauer der Bildungsreise, ausgeschlossen die Gemächlichkeit des Altersreisens. Jene hat die Arbeit vor sich, dieses sie hinter sich. Die kurze, starke Berührung ist die Berührung der Arbeitenden.

Ich nahm es als Arbeitsreise. Was aber heißt in diesem Falle Arbeit? Zunächst sah es so aus, als sollten das Beiträge zu Gesprächen über russische Symbolisten sein, in Pavia und in Bergamo, Universitätsstädten südlich und nördlich von Mailand. Von Berlin aus schien das einleuchtend, zumal die beiden Texte über Wjatscheslaw Iwanow und Andrej Bely mein neues Buch „Legende von den russischen Dichtern" eröffnen würden, in dem vom geistigen Auftrag der Russen in Europa die Rede sein soll. Doch schon in München sah man das anders.

Vor Münchens Toren, an der alten Handelsstraße zwischen Italien und Deutschland, liegt Murnau und dort, jenseits der Bahn, das Gabriele-Münter-Haus. Wenn je ein Ort deutsche und russische Geistigkeit am Werke sah, dann dieser. Hier fand Wassily Kandinsky mit der Münter, mit Alexej Jawlensky, Marianne Werefkin und Franz Marc 1908, 1909, 1910 die neuen Arbeitsweisen, und „Der blaue Reiter", die bedeutendste europäische Programmschrift des Jahrhunderts, die im Mai 1912 erschien, ist durch und durch murnauisch.

Und so zog ich das kleine Häuschen und seinen Garten und den Blick auf die Kirche und die Votivbildchen, deren manche den „Heiligen Georg" zeigen und dem „Blauen Reiter" Pate standen, zog das Murnauer Moos und seine Schafe dem durchaus ersehnten Gemäuer von Pavia einen Augenblick vor und war auf meinem Weg.

Jeden Tag würde es nun so sein. Die Fledermäuse zu Gustav Mahlers Mitternachtslied im Mondlicht des etruskischen Volterra und neben mir einer, der einen Nibelungenfilm ersinnt. Die blitzsauberen Ratten an der glühenden

Felsenmole von Neapel, die meine Pfirsichkerne wegtrugen, und in meinem Kopf der Schrecken des Russen vom zauberischen Neapel: Andrej Bely sah 1910 alles in Wagners Sinn – Neapel ist Klingsor, der Amfortas/Palermo mit der entwendeten heiligen Lanze verletzt; selber Amfortas, wartet Bely auf seinen Erlöser Parsifal. Wie sicher Bely war: er – Amfortas. Tschernobyl bedacht – wer ist da Versucher, wer Opfer, wer Werkzeug, wer Erlöser; die Analysen der IKP trug ich seit dem Mailänder Pressefest der Unitá für einen Berliner Freund bei mir. Die Ameisen und Eidechsen auf den im Mittagswind leicht staubenden Straßen von Pompei und am verlassenen Ende der Strada dell Abbondanza, der Straße des Überflusses, der eine einsame Feigenbaum, der mich nährte. Von den Bauern in Volterra gefragt, was mein stärkster Eindruck von Italien sei, erklärte ich unumwunden: die Größe des Basilikums. Man weiß, daß dieses königliche Kraut heilt und heiter, gelöst und fröhlich macht, und wenn ein Land das büscheweise hervorbringt ... Angesichts meiner Länge stand gleich der Unterschied zwischen Deutschland und Italien fest: in Deutschland sind die Leute groß und das Basilikum ist klein, in Italien umgekehrt. Folgte das Rezept eines Geist und Leib kräftigenden Elixiers:

1 Liter reiner Alkohol
1 Liter Wasser
500 g Zucker
50 Blätter Basilikum
Saft von 3 Zitronen
2 Stunden ziehen lassen und durch
1 Filter pressen.

Das herzustellen, schaffte ich nicht, kochte aber ausgiebig Feigen-, Brombeer- und Pflaumenkonfitüre und konnte, als ich in Venedig in den Räumen der Futurismus-Ausstellung doch noch Schinken mit Feigen aß, neben der Gigantomanie von Freund Marinetti (Dutzende von Tagebüchern in Folio!) auch die vorzügliche Qualität der fichi kennerisch genießen.

Wer so reist, verpaßt viel. Von der berühmten Reiterpalio in Siena, einem Pferderennen auf der schrägabfallenden

Piazza, sah ich tags darauf nur noch den Lehmbelag auf dem Steinboden.
Von dem Gespräch über Wjatscheslaw Iwanow, der 1926 zur katholischen Kirche übergetreten war und seine späten Jahre in Pavia verbracht hatte, erwischte ich nur noch das Plakat, wo ich doch wenigstens mit dem Sohn Dmitri Wjatscheslawowitsch unsere Ausgabe der philosophischen und kunstkritischen Essays des Vaters besprechen wollte. Florenz gar mit Frau Laura auf der Suche nach Söckchen durchstreift. In Neapel stand eine Ausstellung über die neapolitanischen Hegelianer bevor, Mittelpunkt: Staatsauffassung. Labriola, Gramscis und Togliattis Lehrer, war Neapolitaner. Auch sollte Neapel einen Monat später endlich die Rockoper vom Heiligen Franz von Assisi zu sehen bekommen, ein Gegenstück zu „Jesus Christ Superstar". Schließlich: ich kam nicht bis Palermo, Sizilien blieb weit weg. Der Ausgangspunkt Friedrichs II., des Staufers, nicht erreicht. Wagners und Andrej Belys „Parsifal"-Ort nicht betreten. Das Geheimnis des zerrissenen Lächelns, zerrissen in die Grimasse des Gelächters und die des Schmerzes, das Bely dort beschlossen glaubt – unberührt.
Aber kann man so etwas verpassen? Wer eine welterfahrene Häuslichkeit lebt, wie sollte er sie leben, wenn er die Häuslichkeit nicht in der Welt erfährt?
In Mailand saß ich zwei Abende stundenlang bei einer Flasche Soave vom Adige in den Passagen zwischen Dom und Scala, der Galleria Vittorio Emanuele II, wo man wie durch ein universales Café spazierengehen, radfahren und rollschuhlaufen kann und wo selbst noch der gemessene Schritt der Stadtwachen mit Degen und feiner Mütze einer raffinierten Choreographie folgt. Gezeichnet und kommentiert fand ich das am Ende der Reise auf der Futurismus-Ausstellung in Venedig wieder: Carlo Carrás 13 introspezioni seines Rapporto di un Nottambulo milanese von 1914. In der Toskana dann noch zwei Palios. In Volterra Fahnenspiele von Gruppen aus Bologna, Ferrara, Asti. In Pomerance, nah am Mittelmeer, lebende Bilder aus Ortssage, Othello, Boccaccio. Alles in heftiger Erregung der Städtchen ausführlich zelebriert und im Stile von Fußballreportagen angesagt. In Volterra glaubte ich für einen Augenblick die Wildheit mancher etruskischen Terrakotten in den Gesichtszügen ei-

ner Bäuerin zu sehen, die uns bewirtete, diese ganz anderen Maßverhältnisse zwischen Stirn, Nase, Mund und Kinn, die leicht häßlich genannt werden – waren das damals doch Porträts gewesen?
In Neapel kam ich zurecht zum Fest des Heiligen Gennaro, des Patrons der Stadt. Der Handel tobte auf den abendlichen Straßen und stieg von der Domstraße die Stufen zum Dom hinauf mit Luftballons, Vogelstimmen, Bonbons, Schleifen, Glastierchen bis an die Tore von San Gennaro, wo der Erzbischof mit einer Wucht predigte, die mit Stimme und Gesten die Inbrunst aller seiner Schutzbefohlenen draußen und drinnen überstieg. In Rom die gewaltige Leiblichkeit der Weltschöpfung und des Jüngsten Gerichts von Michelangelo in der Sixtinischen Kapelle. Kurz nach Petersdom und Vatikanischen Museen aber die erstaunlichste Begegnung meiner Reise. Auf dem Borgo St. Spirito in der Mittagshitze, kein Mensch auf der Straße. Ich versuchte, in eine höhergelegene schattige Gegend zu gelangen, um von dieser Seite des Tiber auf Rom zu sehen. Der Fußsteig schmal, gelegentlich eine Treppe herab aus einem Palast, eben wieder, der Rest des Fußsteigs nur noch eine Stufe breit. Da erreicht von der Gegenseite ein anderer die Treppe, ein Mönch. Wir weichen einander aus, er den Schritt auf die Straße, ich den Schritt auf die nächste Stufe. In der vollkommenen Leere der Gegend Grund genug, einander anzusehen: Ein Lächeln, das unmöglich mir allein galt, zumindest der ganzen Welt mit und wie zur Linderung meines Staunens das Wort: „Francescano – io.“ „Ich bin Franziskaner.“
Es gab, und dies zum Schluß, noch ein anderes Wort, das mich die ganze Zeit begleitete. Bevor ich fuhr, hatte ich wieder den „Briefwechsel zwischen zwei Zimmerwinkeln“ gelesen, die Korrespondenz zweier Russen in einem Petersburger Zimmer von 1920. Wjatscheslaw Iwanow hatte darin seinem Zimmergenossen Michail Gerschenson den Umgang mit den überkommenen Kulturen mit einem Vers von Leopardi angenehm machen wollen:

> E il naufragar m'è dolce in questo mare.
> Und süß in diesem Meer zu versinken.

Als ich in Volterra Leopardi las, fand ich auch das Gedicht wieder, das mit diesem Vers schließt: „L'Infinito."/„Das Unendliche". Iwanows Demut, dienstbereit aus dem Willen zum Gedächtnis: Die Arbeitenden wissen sich in der kurzen, starken Berührung in dieser Welt zu Hause.
Ist dies dann vielleicht der Beginn der „Legende"?

20. Oktober 1986

Zu den Silhouetten

Jelisaweta Sergejewna Kruglikowa (1865–1941) entstammte einer alten russischen Adelsfamilie, die in den Gouvernements Moskau und Tula ihre Besitzungen hatte. Ihre Mutter war eine ausgezeichnete Pianistin. Nach Hausunterricht zwei Jahre Mädchengymnasium. Ab 1890 Kunstschule in Moskau. 1892 erste Auslandsreise: über Konstantinopel nach Griechenland, die griechischen Inseln, dann über Italien nach Wien. 1894 zur Vervollständigung ihrer Ausbildung nach Paris, wo sie sich auf der rue Boissonade ein Atelier einrichtet. Fünfzehn Jahre arbeitet sie hier mehrere Monate jährlich, das Atelier wird ein Anziehungspunkt der russischen Parisreisenden. Selber lange in Paris, hat Alexander Benois, der große Meister des russischen Jugendstils, den Pariser Habitus der Kruglikowa eindrucksvoll beschrieben: „Ihre Ratschläge sind um so wertvoller, als sie eigentlich in keiner einzigen der Zungen des Kunstbabels spricht und doch in gleichem Maße allem aufgeschlossen ist, was sich dort regt. Dafür haßt sie mit ganzer Seele, der Seele eines auf russische Weise freien Menschen und eines pariserisch unabhängigen Rapins jede Schablone, jede Routine, le poncif, le pompier. J. S. ist selber höchst besonders und dabei sehr pariserisch. Sie gehört zur Familie der Steinlen, Valloton, Rafaelli und der anderen ‚Sänger der Straße'. Für sie gibt es keine anderen Aufgaben als eine möglichst lebendige Fixierung des Straßentreibens, der Gesichter der Straßen und der Straßengesichter. Man muß gesehen haben, wie das Jagdfieber sie packt, wenn sie sich mit ihrem kleinen Album unter die Spaziergänger mischt, die Restaurantchen besucht, die Bistros, Bastringues, Music-halls, den Zirkus, die öffentlichen Bälle, Märkte, Pferderennen, Illuminationen und all den liebenswerten Rummel, der die unerschöpfliche Lebensfreude der wahren Söhne und Töchter von Paris ausmacht! Sie kennt keine Angst, nichts kann sie erschrecken oder irritieren. In der Menge fühlt sie sich wohl wie der Fisch im Wasser, und je lauter, je dichter die Menge desto fröhlicher wird sie, desto mehr gibt es zu beobachten und festzuhalten."

Seit 1903 Radierungen. Entwickelt für die russische Graphik als erste die Monotypie. Nach vielen Ausstellungsbeteiligungen in Rußland und Paris 1913 große eigene Ausstellung in St. Petersburg. 1915 erscheint in 500 Exemplaren „Paris am Vorabend des Krieges in Monotypien von J. S. Kruglikowa", Petrograd 1916, mit Texten von Alexander Benois, Nikolai Roehrich, Georgi Tschulkow, Alexej Tolstoi, Alexej Remisow, Konstantin Balmont, Wjatscheslaw

Iwanow, Maximilian Woloschin, Fjodor Sologub u. a. In dieser Edition kamen zu den Monotypien zum erstenmal Silhouettenporträts russischer Dichter, so von Balmont, Sologub und Iwanow. Diesen ersten Silhouetten folgten bis 1935 etwa 1000: 1922 bis 1924 eine Serie russischer Dichter vom 18. bis 20. Jahrhundert, von Dershawin, Puschkin und Lermontow bis Alexander Blok, Sergej Jessenin und Anna Achmatowa. 1925 die Serie „Führer der Revolution". 1920 bis 1930 eine Serie russischer Maler der Gegenwart und russischer Schauspieler, Komponisten, Musiker, Kunsthistoriker.
Unserer Auswahl liegen die Silhouetten aus dem Buch „Paris am Vorabend des Krieges" und „Silhouetten von Zeitgenossen. I. Die Dichter", Moskau 1922 zugrunde.

Nachweis der Erstdrucke und Rechtsnachweise

„Das Einhorn durchbohrt den Ritter". Symbolistische Rußlandbilder

In: Sieg über die Sonne. Aspekte russischer Kunst zu Beginn des 20. Jahrhunderts. Katalog zur Ausstellung vom 1. September bis zum 9. Oktober 1983 (= Schriftenreihe der Akademie der Künste, Bd. 15). Berlin (West) 1983, S. 168–194.

Drei kleine Romane von Michail Kusmin

In: Michail Kusmin, Die Abenteuer des Aimé Leboeuf, Leipzig 1986, S. 237–249.

Sturmgesang und Maskenspiel: Bloks „Zwölf"

In: Alexander Blok, Die Zwölf. Ein Poem. Deutsche Nachdichtung von Paul Celan. Mit 5 Schablithografien von Rolf Münzner. Leipzig 1977, S. 73–79.

Alter Leib geschüttelt von den Stürmen der Phantasie

In: Wiener Slawistischer Almanach, Bd. 14. Wien 1984, S. 105–115.

Im Zeichen Babels

In: Isaak Babel, Prosa. Hg. von Fritz Mierau. Berlin 1983, S. 599–607.

Marienhofs Jessenin-Roman

In: Anatoli Marienhof, Roman ohne Lüge. Berlin 1984, S. 181–185.

Ehrenburg unterwegs

In: Ilja Ehrenburg, Visum der Zeit. Leipzig 1983, S. 273–279.

Standard auf der Bühne oder Fiasko dreier Meister. Tretjakows „Ich will ein Kind haben"

In: El Lissitzky Maler Architekt Typograph Fotograf. Katalog der Ausstellung in der Staatlichen Galerie Moritzburg Halle vom 7. November 1982 bis zum 9. Januar 1983, S. 82–85.

Viktor Schklowski: 92

Unveröffentlicht.

Erinnerung an eine Gemeinschaft

In: Erweckung des Wortes. Essays der russischen Formalen Schule. Leipzig 1987.

Briefwechsel mit Freunden

In: Voprosy literatury 1984, Heft 12, S. 188–201 (deutsch von F. Mierau).

Majakowskis letztes Stück

In: Wladimir Majakowski, Die Wanze Schwitzbad und andere satirische Dichtungen aus den Jahren 1928–1929. Nachdichtung von Rainer Kirsch. Darmstadt und Neuwied 1980, S. 210–238 (unter dem Titel: War Majakowski voraus oder zurück?).

Welimir Chlebnikow in diesem Augenblick

In: Erbe und Erben. Traditionsbeziehungen sowjetischer Schriftsteller. Hg. von Edward Kowalski und Georgi I. Lomidse. Berlin und Weimar 1982, S. 181–199.

Anna Achmatowas „Majakowski im Jahr 1913"

Vortrag am Slawischen Seminar der Universität Heidelberg am 20. 11. 1980.

Die Zeit der Achmatowa

In: Frauen Literatur Geschichte Schreibende Frauen vom Mittelalter bis zur Gegenwart. Hg. von Hiltrud Gnüg und Renate Möhrmann. Stuttgart 1985, S. 281–288.

Der Akmeist und der Symbolist. Ossip Mandelstams Requiem für Andrej Bely (1934)

Vortrag am Institut für klassische deutsche Literatur der Nationalen Forschungs- und Gedenkstätten der klassischen deutschen Literatur in Weimar am 22. Oktober 1985.

Inhalt

Universal Bibliothek BELLETRISTIK

Chorus an die verkehrte Welt

Russische Dichtung des 18. Jahrhunderts

Aus dem Russischen. Herausgegeben von A. und H. Graßhoff

Mit einem Nachwort von A. Graßhoff

Mit 16 Abbildungen

Band 990 (Sonderreihe) · Broschur 3,– M

Chorus an die verkehrte Welt – eine zeitkritisch-satirische Dichtung Alexander Sumarokows – steht als Leitmotiv über dieser Anthologie, in der lyrische, dramatische und Prosawerke von neunzehn Autoren vereint sind. Sie enthält außer bekannten Namen wie Kantemir (Satiren), Lomonossow (Oden), Nowikow (publizistische Polemik), Fonwisin (Komödien), Dershawin (Oden und Satiren), Karamsin (Novellen), Krylow (Fabeln und Erzählungen) auch bisher kaum in Übersetzung veröffentlichte Autoren. Als lebendige Zeugnisse des Jahrhunderts der Aufklärung, in dem Rußland die entscheidende Wende zu einer neuen, europäischen Lebensweise vollzog, spiegeln sie den rationalen Impuls und eine das Individuum betonende neue Lebenshaltung, aber auch die krassen Gebrechen der Zeit – Herrschsucht, Gewalttätigkeit, Geldgier, Karrierismus.